Shirin Ebadi
Mein Iran

PIPER

Zu diesem Buch

Mit nicht einmal 30 Jahren wurde Shirin Ebadi als erste Frau im Iran zur Richterin ernannt und übernahm schließlich den Vorsitz des Teheraner Gerichts. 1979 wurde sie im Zuge der islamischen Revolution ihres Amtes enthoben und später aufgrund ihrer Tätigkeit als Verteidigerin vor Gericht angeklagt. Doch weder Einzelhaft noch Berufsverbot konnten Shirin Ebadi von ihrem Kampf für Freiheit und Menschenrechte abhalten. In »Mein Iran« erzählt die erste muslimische Friedensnobelpreisträgerin die beeindruckende Geschichte ihres Lebens zwischen Verfolgung, Demütigung und Verhaftung und gewährt dabei Einblick in die gesellschaftlichen Strukturen ihres Heimatlandes.

Shirin Ebadi, geboren 1947, ist die erste muslimische Friedensnobelpreisträgerin. Sie wurde wegen ihres Engagements für Freiheit und Menschenrechte im Iran jahrelang von der Regierung bedroht und schikaniert. In ihrem Heimatland hat sie viele politische Gefangene als Anwältin verteidigt und sich seit den 90er-Jahren besonders für die Rechte von Frauen und Kindern eingesetzt. Seit 2009 lebt Shirin Ebadi im Exil.

Azadeh Moaveni wuchs in Nordkalifornien auf und studierte Politikwissenschaften an der University of California. Die ehemalige Redakteurin der »Los Angeles Times« ist heute als Korrespondentin des Nachrichtenmagazins »Time« für islamische Angelegenheiten tätig. Sie lebt in Teheran.

Shirin Ebadi
mit Azadeh Moaveni

Mein Iran

Ein Leben zwischen Hoffnung und Revolution

Aus dem amerikanischen Englisch
von Ursula Pesch

PIPER
München Berlin Zürich

Mehr über unsere Autoren und Bücher:
www.piper.de

Im Gedenken an meine Mutter und meine ältere Schwester, Mina, die beide von uns gingen, während ich dieses Buch schrieb. Ein Teil des Autorenhonorars soll in ihrem Namen für gemeinnützige Zwecke gespendet werden.

»Mein Iran« berichtet von wahren Begebenheiten. Einige Namen und Indentifikationsdetails wurden abgeändert. Gespräche stützen sich, gezwungenermaßen, auf die Erinnerung der Autorin.

Die Originalausgabe erschien 2006 unter dem Titel »Iran Awakening. A Memoir of Revolution and Hope« bei Random House New York, einem Imprint von Penguin Random House LLC.

MIX
Papier aus verantwortungsvollen Quellen
FSC® C083411

Ungekürzte Taschenbuchausgabe
Oktober 2016
© Shirin Ebadi, 2006
© der deutschsprachigen Ausgabe:
Pendo Verlag GmbH & Co. KG, München/Zürich 2006
Umschlaggestaltung: Büro Jorge Schmidt, München
Umschlagabbildungen: Shirin Ebadi
Karte: © Anita Karl und Jim Kemp
Satz: Fuldaer Verlagsanstalt, Fulda
Gesetzt aus der Albertina MT
Druck und Bindung: CPI books GmbH, Leck
Printed in Germany   ISBN 978-3-492-30855-7

Traurigkeit ist für mich die glücklichste Zeit,
wenn sich aus den Ruinen meines trunkenen Geistes eine
strahlende Stadt erhebt.
In jenen Zeiten, wenn ich schweigsam und ruhig bin wie die Erde,
ist der Widerhall meines Rufens im ganzen Universum zu hören.

Mevlana Jalaluddin Rumi

Beim Nachmittag! Der Mensch erleidet bestimmt Verlust,
außer denjenigen, die glauben und die guten Werke tun,
und einander die Wahrheit nahe legen und die Geduld nahe legen.

Der Koran, Sure 103,1–3

Inhalt

Vorwort	9
Eine Jugend in Teheran	14
Die Entdeckung der Gerechtigkeit	28
Der bittere Geschmack der Revolution	58
Der Iran im Krieg	82
Krieg in den Städten	100
Seltsame Zeiten, mein Liebling	130
Vom Wohnzimmer in den Gerichtssaal	155
Terror und die Republik	176
Aufkeimende Hoffnung	195
Im Gefängnis aus Gewissensgründen	213
Im Schatten der Reformen	244
Der Nobelpreis	272
Nachwort	282
Danksagung	293
Quellen	294
Die Autorinnen	296

Vorwort

Im Herbst 2000, beinahe ein Jahrzehnt nachdem ich meine Arbeit als Anwältin aufgenommen und damit begonnen hatte, vor den Gerichten des Irans Gewaltopfer zu verteidigen, durchlebte ich die zehn quälendsten Tage meines gesamten Berufslebens. Die Fälle, mit denen ich es normalerweise zu tun hatte – misshandelte Kinder, missbrauchte Ehefrauen, politische Gefangene –, führten mir täglich menschliche Grausamkeit vor Augen, doch bei dem Fall, um den es nun ging, hatte ich es mit einer Bedrohung ganz anderer Art zu tun.

Die Regierung hatte vor kurzem eine Mittäterschaft bei den Ende der Neunzigerjahre vorsätzlich verübten Morden an Dutzenden von Intellektuellen eingestanden. Einige waren erdrosselt worden, während sie Besorgungen machten, andere waren in ihren Häusern erschlagen worden. Ich vertrat die Familien von zweien der Opfer und hatte dringend darauf gewartet, die Akten der richterlichen Ermittlungen einsehen zu können.

Der vorsitzende Richter hatte den Anwälten der Opfer nur zehn Tage Zeit gegeben, die gesamte Akte zu lesen – nur zehn Tage, in denen wir Zugang zu den Ermittlungsergebnissen haben würden – und die unsere einzige Chance waren, Beweismaterial zusammenzutragen. Das Durcheinander der Ermittlungen, die Versuche, die Beteiligung des Staates zu verschleiern, der mysteriöse Selbstmord eines Hauptverdächtigen im Gefängnis, machten es uns noch schwerer, zu rekonstruieren, was tatsächlich geschehen war, von den *fatwas*, religiösen Edikten, die die Morde anordneten, bis zur Hinrichtung der Betroffenen. Es hätte nicht mehr auf dem Spiel stehen können.

Zum ersten Mal in der Geschichte der Islamischen Republik hatte der Staat zugegeben, seine Kritiker ermordet zu haben, und zum ersten Mal sollte ein Prozess stattfinden, um die Täter zur Rechenschaft zu ziehen. Die Regierung selbst hatte zugegeben, dass eine Gruppe eigenmächtig handelnder Mitarbeiter des Informationsministeriums für die Morde verantwortlich sei, doch der Fall war bislang noch nicht vor Gericht gekommen. Als es schließlich so weit war, trafen wir nahezu bebend vor Entschlossenheit im Gerichtsgebäude ein.

Nachdem wir den Umfang der Akten gesehen hatten – mannshohe Berge –, war uns klar, dass wir sie gleichzeitig würden lesen müssen und nur einer von uns sich an die chronologische Reihenfolge halten konnte. Diesen Part überließ man mir.

Die Sonne schien durch die schmutzige Fensterscheibe und ihre Strahlen schienen viel zu schnell durch den Raum zu wandern, während wir schweigend Schulter an Schulter über den kleinen Tisch gebeugt saßen und nur das Geraschel von Papier und gelegentlich das dumpfe Schaben der Stuhlbeine auf dem Fußboden zu hören war.

Die entscheidenden Passagen in den Akten, die Abschriften der Verhöre mit den des Mordes Angeklagten, waren überall verstreut, vergraben zwischen Seiten voller bürokratischer Worthülsen. Diese Abschriften enthielten Beschreibungen der brutalen Morde, Absätze, in denen der Mörder anscheinend mit Vergnügen davon berichtet, bei jedem Stoß, als düstere Hommage an die Tochter des Propheten Mohammed, »*Ya Zahra*« ausgerufen zu haben.

Im Raum nebenan saßen die Anwälte der Angeklagten und lasen andere Teile des Dossiers, und durch die Wand hindurch spürten wir beständig die Anwesenheit dieser Männer, die jene verteidigten, die im Namen Gottes gemordet hatten. Die meisten der von ihnen Vertretenen waren Funktionäre des Informationsministeriums von niederem Rang, Handlanger, die die Todeslisten auf Geheiß ranghöherer Beamter unterzeichnet hatten.

Um die Mittagszeit ließ unsere Energie nach, und einer der Anwälte bat den jungen Soldaten im Gang, uns Tee zu bringen. Sobald uns das Teetablett gebracht worden war, beugten wir die Köpfe wieder über die Akten. Ich war bei einer Seite angelangt, auf der die Dinge detaillierter und flüssiger geschildert wurden als in anderen Passagen, und las deshalb langsamer und konzentrierter. Es war die Abschrift einer Unterhaltung zwischen einem Regierungsminister und einem Mitglied des Todeskommandos. Als mein Blick auf den Satz fiel, der mich viele Jahre lang verfolgen sollte, glaubte ich, mich verlesen zu haben. Ich blinzelte einmal, doch der Satz stand noch immer da: »Die nächste Person, die getötet werden soll, ist Shirin Ebadi.« Ich.

Mein Hals war plötzlich wie ausgetrocknet. Ich las diese Zeile immer und immer wieder. Die gedruckten Wörter verschwammen vor meinen Augen. Die einzige weitere Frau im Raum, Parastou Forouhar, deren Eltern zu den Ersten gehört hatten, die in ihrem Teheraner Haus mitten in der Nacht getötet – erstochen und verstümmelt – worden waren, saß neben mir. Ich fasste sie am Arm und deutete mit dem Kopf auf die vor mir liegende Seite. Sie neigte ihr verschleiertes Haupt herüber und ließ die Augen über den Text wandern. »Hast du das gelesen? Hast du das gelesen?«, flüsterte sie immer wieder. Wir lasen gemeinsam weiter, lasen, wie der Mann, der mein Mörder werden wollte, zum Informationsminister ging und um die Erlaubnis bat, mich ermorden zu dürfen. Nicht im Fastenmonat Ramadan (im persischen *Rama-zan*), hatte der Minister geantwortet, aber jederzeit danach. Aber sie fasten doch sowieso nicht, hatte der Söldner argumentiert, diese Leute haben sich von Gott abgewandt. Dieses Argument – dass die Intellektuellen, dass ich, mich von Gott abgewandt hätte –, diente ihnen dazu, die Morde als ihre religiöse Pflicht zu rechtfertigen. In der grausigen Terminologie derjenigen, die den Islam als eine Religion interpretieren, die Gewalt duldet, war es *halal*, von Gott gestattet, unser Blut zu vergießen.

In diesem Moment öffnete sich knarrend die Tür. Wir bekamen noch einmal Tee, der zwar nach nichts schmeckte, uns aber wach hielt. Ich lenkte mich damit ab, die vor mir liegenden Papiere neu zu ordnen, völlig benommen von dem, was ich gelesen hatte. Ich hatte keine Angst, wirklich nicht, und ich war auch nicht wütend. Ich erinnere mich vor allem an das überwältigende Gefühl, es nicht glauben zu können. Warum hassen sie mich so sehr?, fragte ich mich. Was habe ich getan, um einen solchen Hass auszulösen? Wie ist es möglich, dass ich mir Feinde gemacht habe, die so begierig darauf sind, mein Blut zu vergießen, dass sie nicht einmal bis zum Ende des Ramadan warten können?

Wir sprachen damals nicht sofort darüber. Wir hatten keine Zeit für Pausen oder mitfühlende Worte, etwa: »Wie schrecklich, dass du die Nächste auf der Liste warst.« Wir konnten es uns nicht erlauben, die begrenzte, kostbare Zeit, die uns für das Studium der Akten zur Verfügung stand, zu vergeuden. Ich nippte an meinem Tee und las weiter, obwohl meine Finger wie gelähmt waren und ich nur mit Mühe die Seiten umblättern konnte. Gegen zwei Uhr hörten wir auf, und erst dann, während wir über den Hof nach draußen gingen, erzählte ich es den anderen Anwälten. Sie schüttelten den Kopf und murmelten *Alhamdulellah*, Gott sei

Dank, dass ich im Unterschied zu den Opfern der Familien, die wir vertraten, dem Tod entkommen war.

Als ich auf die Straße hinaustrat, empfing mich die willkommene Kakophonie des Teheraner Verkehrs. Zu dieser Tageszeit waren die breiten, von niedrigen Häusern gesäumten Straßen der Stadt überfüllt von schnaufenden alten Autos. Ich nahm ein Taxi und ließ mich vom Rütteln des staubigen Wagens einlullen, bis wir mein Haus erreichten. Ich rannte hinein, zog mich aus und blieb eine Stunde lang unter der Dusche, ließ das kalte Wasser an mir herabströmen, damit es den Schmutz dieser Akten wegwusch, der sich in meinem Kopf und unter meinen Fingernägeln eingenistet hatte. Erst nach dem Abendessen, nachdem meine Töchter ins Bett gegangen waren, erzählte ich es meinem Mann.

Heute ist mir bei der Arbeit etwas Interessantes passiert, begann ich.

Eine Jugend in Teheran

Meine nachsichtige, liebevolle Großmutter, von der wir Kinder nie auch nur ein einziges böses Wort hörten, schimpfte uns am 19. August 1953 zum ersten Mal richtig aus. Wir spielten in einer Ecke des dämmrigen, von Laternenlicht beleuchteten Wohnzimmers, als sie uns mit angespanntem Gesichtsausdruck anfuhr, ruhig zu sein. Es war das Jahr, bevor ich in die Grundschule kam, und meine Familie verbrachte den Sommer im geräumigen Landhaus meines Vaters, das im Randgebiet der westlichen Provinz Hamadan lag, in der meine Eltern aufgewachsen waren. Meine Großmutter besaß ganz in der Nähe ebenfalls ein Haus, und ihre Enkel kamen dort jeden Sommer zusammen, spielten Verstecken in den Obsthainen und kehrten bei Sonnenuntergang zurück, um sich mit den Erwachsenen um das Radio zu setzen. Ich erinnere mich noch lebhaft an jenen Abend, an dem wir mit klebrigen Fingern und von Beerensaft verschmierten Kleidern ins Haus kamen und die Erwachsenen in einer düsteren Stimmung vorfanden. Diesmal beachteten sie unseren Aufzug gar nicht. Sie saßen völlig gebannt und enger zusammengedrängt als sonst um das Radio und hatten die Kupferschalen mit Datteln und Pistazien nicht angerührt. Eine zittrige Stimme in dem batteriebetriebenen Radio verkündete, dass Ministerpräsident Mohammed Mossadegh vier Tage nach den Unruhen in Teheran durch einen Staatsstreich gestürzt worden sei. Wir Kinder kicherten über die niedergeschlagenen Blicke und die ernsten Gesichter der Erwachsenen und huschten aus dem Wohnzimmer, in dem eine Stimmung herrschte wie bei einem Begräbnis.

Die Anhänger des Schahs, die den staatlichen Rundfunk unter ihre Kontrolle gebracht hatten, verkündeten, das iranische Volk habe mit dem Sturz Mossadeghs einen Sieg errungen. Außer denen, die für die Mitwirkung an diesem Staatsstreich bezahlt worden waren, teilten nur wenige diese Einschätzung. Für die Iraner, ob religiös oder nicht, arm oder reich, war Mossadegh weit mehr als ein beliebter Staatsmann. Für sie war er ein geliebter Nationalheld, eine Persönlichkeit, die ihrer begeisterten Verehrung würdig war, ein fähiger Führer an der Spitze ihrer großen Zivilisation mit ihrer über 2500 Jahre alten Geschichte. Zwei Jahre zuvor, 1951, hatte der Ministerpräsident die iranische Ölindustrie verstaatlicht, die bis dahin von westlichen Ölkonsortien kontrolliert worden war. Diese hatten gemäß Verträgen, die für den Iran nur eine geringe Gewinnbeteiligung vorsahen, große Mengen des iranischen Öls gefördert und exportiert. Dieser mutige Schritt, der die Gewinnerwartungen des Westens im ölreichen Mittleren Osten durcheinander brachte, trug Mossadegh die ewige Bewunderung der Iraner ein, die in ihm die Vaterfigur der iranischen Unabhängigkeit sahen, so wie Mahatma Gandhi in Indien dafür verehrt wurde, seine Nation von der britischen Kolonialherrschaft befreit zu haben.

Die Popularität des 1951 durch eine überwältigende Mehrheit demokratisch an die Macht gewählten Mossadegh ging über die Anziehungskraft seines Nationalbewusstseins hinaus. Seine offene Forderung nach Pressefreiheit, sein Hang, die diplomatischen Angelegenheiten von seinem Bett aus zu leiten, sein Studium in der Schweiz und seine iranische Cleverness bezauberten die Menschen, die in ihm einen brillanten, geschickten Führer sahen, der nicht nur ihre Hoffnungen verkörperte, sondern auch ihr kompliziertes Selbstbild – wie sie steckte er voll scheinbarer Widersprüche, vereinte aristokratische Wurzeln und populistische Ambitionen mit einer Empfänglichkeit für die weltlichen Dinge, die jedoch niemals Bündnisse mit mächtigen Geistlichen ausschloss.

Die iranische Verfassung von 1906, die die moderne konstitutionelle Monarchie begründete, verlieh der Monarchie lediglich symbolische Macht. Unter Resa Schah, einem weisen Diktator, der mit Hilfe einer gewissen Unterstützung des Volkes die absolute Macht übernahm, war das Land von 1926 bis 1941 von der Monarchie geprägt. Nachdem jedoch während des Zweiten Weltkrieges britische und russische Truppen den Iran besetzt hatten, war Resa Schah 1941 gezwungen, zugunsten seines Sohnes abzudanken. Der junge Schah leitete eine Periode relativer politischer Offenheit ein, die durch eine größere Pressefreiheit gekennzeichnet war und in der sich das Gleichgewicht der Macht wieder zugunsten der gewählten Regierung verschob; das Parlament und sein Ministerpräsident übernahmen wie in der Verfassung vorgesehen die Kontrolle über die Angelegenheiten des Landes. Während der Ära von Ministerpräsident Mossadegh verlor der Schah an Einfluss, und bis zum Staatsstreich von 1953 wurde das iranische Volk eigentlich erfolgreich von seinen gewählten Vertretern regiert.

1951 wirkte der ungeliebte 32-jährige Schah, der Erbe einer noch sehr jungen, unpopulären, von einem persischen Kosakenoffizier gegründeten Dynastie, neben dem Ministerpräsidenten wie ein nicht eben viel versprechender Grünschnabel. Der Schah, Mohammed Resa Pahlewi, beobachtete besorgt Mossadeghs Aufstieg. Die große Unterstützung, die der Ministerpräsident durch das Volk erfuhr, machte seine eigene Verletzbarkeit als ungeliebter Monarch, der nur seine Generäle, die Vereinigten Staaten und

Großbritannien hinter sich hatte, umso deutlicher. Die Verstaatlichung des iranischen Öls durch Mossadegh erzürnte die beiden Westmächte, doch ließen sie sich mit einer Antwort Zeit. 1953 hielten sie die Umstände für günstig, Mossadegh zu stürzen. Kermit Roosevelt, der Enkel von Teddy Roosevelt, kam nach Teheran, um den nervösen Schah zu beruhigen und den Staatsstreich zu lenken. Ihm standen fast eine Million Dollar zur Verfügung, um die Massen im ärmlichen Süden Teherans für organisierte Protestmärsche zu bezahlen und die Herausgeber von Zeitungen zu bestechen, mit falschen Schlagzeilen die zunehmende Unzufriedenheit mit Mossadegh zu propagieren.

Innerhalb von vier Tagen, in denen sich der kränkelnde, angebetete Ministerpräsident in einem Keller versteckte, wurde der käufliche, junge Schah wieder an die Macht gebracht, wofür er Kermit Roosevelt mit den berühmt gewordenen Worten dankte: »Ich verdanke meinen Thron Gott, meinem Volk, meiner Armee und Ihnen.« Es war ein zutiefst demütigender Moment für die Iraner, die zusehen mussten, wie die Vereinigten Staaten in ihre Politik eingriffen, so als ob ihr Land irgendein annektiertes rückständiges Nest sei, dessen Führer ganz nach Laune eines amerikanischen Präsidenten und seiner CIA-Berater ein- oder abgesetzt werden konnten.

Der Schah ordnete einen Militärprozess für Mossadegh an, und die Zeitungen brachten auf ihren Titelseiten Fotos, die den gestürzten Ministerpräsidenten beim Betreten des überfüllten Gerichtssaales zeigten, seine hagere Gestalt und seine Adlernase eindrucksvoller denn je. Der Richter fällte ein Todesurteil, sagte jedoch, er würde die Strafe auf drei Jahre Gefängnis herabmildern, um der unendlichen Gnade des Schahs Tribut zu zollen. Drei Jahre lang ließ man Mossadegh in einem Gefängnis im Zentrum Teherans dahinsiechen. Anschließend zog er sich in sein Dorf in Ahmadabad zurück und verbrachte seinen Ruhestand damit, Briefe seiner erschütterten, treuen Anhänger zu beantworten. In späteren Jahren hingen seine Antworten, geschrieben in seiner feinen, klaren Handschrift, eingerahmt in den Büros führender iranischer Oppositioneller, die den Schah ein Vierteljahrhundert später während der Revolution von 1979 entmachten sollten.

Zwölf Jahre vor dem Staatsstreich, der eine Zäsur in der iranischen Geschichte und im Leben der Menschen darstellte, lernten meine Eltern sich kennen. Sie heirateten, wie es für Iraner ihrer Generation typisch war, gemäß dem traditionellen, als *khastegari* bekannten Werbungsritual. An einem strahlenden Frühlingsnachmittag im Jahr 1945, an dem von den Bergen her eine kühle Brise über die alte Stadt Hamadan strich, hielt mein Vater im Haus der Familie meiner Mutter um ihre Hand an. Mein Vater und meine Mutter waren entfernte Verwandte und hatten sich einige Monate zuvor im Haus eines Cousins zweiten Grades zum ersten Mal gesehen. Die Familie empfing meinen Vater in ihrem Besucherwohnzimmer, und meine Mutter servierte Tee und *shirini* (das Wort bedeutet Süßigkeiten und hat den gleichen Ursprung wie mein Name). Während sie vorsichtig und auf anmutige, für genau diesen Anlass einstudierte Weise den mit Kardamom gewürzten Tee eingoss, betrachtete sie das schöne Profil meines Vaters. Für meinen Vater war es Liebe auf den ersten Blick, und bis heute ist mir noch kein Mann begegnet, der seine Frau hingebungsvoller anbetet. Während ihres langen gemeinsamen Lebens sprach er sie ehrfürchtig mit Minu *khanum* an. Damit fügte er ihrem Namen das formelle persische Wort für »Dame« hinzu, als fürchtete er, die Vertrautheit würde seine Achtung mindern. Sie nannte ihn Mohammad-Ali Khan.

Als meine Mutter heranwuchs, träumte sie davon, Medizin zu studieren und Ärztin zu werden. Doch schon vor dem Tag des *khastegari* hatte ihre Familie diese Möglichkeit aus Gründen, auf die meine Mutter kaum Einfluss hatte, verworfen. Als sie in die Pubertät kam, entging es niemandem, dass sie sich zu einer auffälligen Schönheit entwickelte. Wäre sie eine Generation früher zur Welt gekommen, als Frauen noch nicht das College besuchten, hätte ihre strahlende, hellhäutige und schlanke Gestalt ihr auf dem Heirats-*bazaar* sicher einen Vorteil verschafft. Doch für eine junge Frau, die Ende der Zwanzigerjahre geboren worden war, zu einer Zeit, als das Patriarchat langsam seine Kontrolle über die iranische Gesellschaft verlor und einige wenige Frauen an Universitäten aufgenommen wurden, war ihr gutes Aussehen für alle über die Ehe hinausgehenden Pläne eher hinderlich.

Den Schleier trug sie nicht, denn ihre Familie war nicht so traditionsverhaftet, darauf zu bestehen, dass Mädchen ihr Haar bedeckten. Aber sie erlebte das *hejab*-Verbot als Teil der Modernisierungskampagne, die Resa Schah, der sich 1926 selbst zum Kaiser des Irans krönte, initiierte.

Shirin Ebadis Mutter

Ein riesiges Land von Dörfern und Kleinbauern über Nacht in einen zentralisierten Staat mit Eisenbahnlinien und einem Rechtssystem zu verwandeln, war allerdings eine schwierige Aufgabe. Resa Schah glaubte, dass dies ohne die Beteiligung der Frauen des Landes nicht möglich sei, und machte sich daran, ihre Emanzipation voranzutreiben, indem er den Schleier, das Symbol des Jochs der Tradition, verbot. Resa Schah war der erste, aber nicht der letzte iranische Herrscher, der ein politisches Programm – Säkularisierung und Modernisierung des Landes, Einschränkung des Einflusses der Geistlichkeit – an der Front der Frauenkörper austrug.

Die Umstände und der Zeitgeist hielten meine Mutter davon ab, die Universität zu besuchen, aber zumindest heiratete sie einen Mann, der so wenig dem Bild eines Patriarchen entsprach, wie es zu seiner Zeit nur möglich war. Mein Vater war ein heiterer Mensch, der sich, auch wenn er wütend war, immer unter Kontrolle hatte und den niemand je dazu bringen konnte, seine Stimme zu heben. Wenn er verärgert oder gereizt war, ging er, die Hände auf dem Rücken, im Haus auf und ab, oder rollte sich sorgfältig eine Zigarre, wobei er vorsichtig Tabak aus einer Silberdose nahm. Er nutzte diese Zeit, um sich zu beruhigen, und hob erst wieder den Kopf, wenn ihm das vollständig gelungen war.

Mein Vater wurde in eine wohlhabende Familie hineingeboren. Sein Vater, ein Grundbesitzer, diente in den letzten Tagen der Kadjaren-Dynastie, die der Monarchie Resa Schahs vorausging, als Oberst beim Militär. Mein Großvater heiratete eine Kadjaren-Prinzessin, die er sehr liebte. Doch sie konnte ihm keine Kinder schenken. Nach schmerzlichen Jahren gab er schließlich dem Drängen seiner Brüder nach und nahm sich, mit Zustimmung seiner Frau, eine zweite Ehefrau, Shahrbanu, die meinen Vater und meinen Onkel zur Welt brachte. Mein Großvater starb, als mein

Vater sieben Jahre alt war, und ließ Shahrbanu mit ihren zwei Kindern alleine zurück. Die Verwandten stritten sich über das Testament meines Großvaters und nahmen der verwitweten Shahrbanu einen Großteil des reichen Besitzes. Entrüstet beschloss sie, sich zur Wehr zu setzen. In der Hoffnung, Geistliche zu finden, die ihr dabei helfen würden, das Sorgerecht für ihre Kinder und den ihr gebliebenen Besitz zu sichern, reiste sie nach Qom, eine der heiligsten Städte des Irans und Sitz der theologischen Schulen des Landes. Mit Hilfe der Geistlichen gelang es ihr, nicht nur ihre beiden Söhne, sondern auch genug Vermögen zu behalten, dass sie ihre Familie ernähren konnte. Damals waren Frauen sich ihrer Rechte nur insoweit bewusst, als sie intuitiv spürten, was richtig und was falsch war. Es war unvorstellbar, dass sie vor Gericht gingen, um zu ihrem Recht zu kommen. Stattdessen baten sie einflussreiche Männer der Gesellschaft – oftmals Geistliche –, ihre Angelegenheiten für sie zu regeln.

Ich wurde am 21. Juni 1947 geboren. Es war der Sommer, bevor wir von Hamadan nach Teheran zogen. Im Mittelpunkt meiner Kindheitserinnerungen steht unser Haus in der Hauptstadt, das in der damaligen Schah-Straße lag (die nach der islamischen Revolution wie die meisten Straßen der Stadt umbenannt wurde). Das sehr große, zweistöckige Haus mit seinen zahlreichen Zimmern war für meine Geschwister und mich ein wahres Spielparadies. Im Stil alter iranischer Häuser war es um einen Hofgarten voller Rosen und weißer Lilien gebaut. In der Mitte gab es einen Teich, in dem ein paar silbrige Fische schwammen, und an Sommerabenden wurden unsere Betten hinausgetragen, damit wir unter den Sternen einschlafen konnten, während die Luft erfüllt war vom Duft der Blumen und die Stille der Nacht vom Zirpen der Grillen. Meine Mutter hielt das Haus blitzsauber – sie konnte keine Unordnung ertragen – und wurde dabei von unseren Hausangestellten unterstützt. Viele der Landarbeiter, die in Hamadan für meinen Vater gearbeitet hatten, waren uns nach Teheran gefolgt. Meine Mutter übertrug jedem Diener eine bestimmte Aufgabe: Einer erledigte die Einkäufe, ein anderer kochte, ein dritter putzte und ein vierter servierte den Gästen die Mahlzeiten und den Tee.

Meine Mutter schien meinen Vater wirklich zu lieben, obwohl ihre Ehe arrangiert worden war und sie davon abgehalten hatte, das College zu besuchen. Sie konnte es kaum erwarten, seine tiefe, volltönende Stimme am Ende des Tages im Hof zu hören. Allerdings wurde sie während ihrer Ehe immer ängstlicher. Wenn wir auch nur fünf Minuten zu spät nach Hause kamen, fanden wir sie in der Gasse vor unserem Haus, außer sich vor Angst, es könnte uns jemand entführt oder überfahren haben. Diese Unruhe wirkte sich auch auf ihren Gesundheitszustand aus. Sie war oft krank und immer wieder in ärztlicher Behandlung. Doch keinem der Ärzte gelang es, die Ursache für ihren ständigen inneren Aufruhr zu finden. Es gab keinen nachvollziehbaren Grund dafür, denn sie hatte großes Glück gehabt: Sie wurde von einem idealen, liebenden Ehemann versorgt, war die Mutter gehorsamer, gesunder Kinder und lebte in guten sozialen und finanziellen Verhältnissen. Das hätte ausgereicht, um die meisten iranischen Frauen ihrer Zeit zufrieden zu stellen. Aber ich kann mich nicht an einen einzigen Tag erinnern, an dem meine Mutter wirklich glücklich zu sein schien.

Als ich älter wurde, legte meine Mutter noch immer größten Wert auf ein gepflegtes Äußeres und lächelte ruhig, wenn sie in der schattigsten Ecke unseres blitzsauberen Hauses saß und strickte, aber in ihrem Inneren tobte doch immer die Angst, und ihr Körper reagierte darauf mit einer Krankheit nach der anderen. Die dauernde Beschäftigung mit ihrer nachlassenden Gesundheit steigerte ihre Nervosität noch zusätzlich. Eine Weile lang hatte sie

Asthma, ging im Haus auf und ab und hatte das Gefühl, zu ersticken. Als ich vierzehn war, heiratete meine ältere Schwester und zog wieder nach Hamadan. Nun war ich das älteste Kind im Haus. Der schlechte Gesundheitszustand meiner Mutter bestimmte unser Leben, und ich hatte ständig Angst, dass sie sterben würde. Nachts lag ich wach, starrte durch das Moskitonetz an die Decke und machte mir Sorgen um meine Geschwister. Was würde aus ihnen werden, wenn unsere Mutter starb? Nacht für Nacht flehte ich Gott an, sie leben zu lassen, bis mein kleiner Bruder und meine kleine Schwester erwachsen wären. Damals dachte ich, ich würde von der Schule gehen und ihre Pflichten im Haus übernehmen müssen, wenn sie starb.

In jenem Jahr schlich ich mich eines Tages auf den Dachboden, um Gottes Hilfe zu erflehen. Bitte, bitte, lass meine Mutter leben, betete ich, damit ich weiter zur Schule gehen kann. Plötzlich überkam mich ein unbeschreibliches Gefühl, das sich von meinem Magen bis in die Fingerspitzen ausbreitete. Innerlich aufgewühlt erschien es mir, als würde Gott mir antworten. Meine Traurigkeit fiel ganz von mir ab, und ich wurde von einer seltsamen Euphorie erfasst. Seit jenem Augenblick ist mein Glaube an Gott unerschütterlich. Zuvor hatte ich meine Gebete nur auswendig dahergesagt, weil man es mir beigebracht hatte, zu beten, so wie man es mir auch beigebracht hatte, mir vor dem Zu-Bett-Gehen das Gesicht zu waschen. Doch von nun an betete ich aus tiefstem Herzen. Es ist schwer, jemandem, der noch nie verliebt war, das Verliebtsein zu erklären, und ebenso schwer ist es, das Erwachen der Spiritualität zu beschreiben. Das Erlebnis auf dem Dachboden erinnert mich an eine Zeile aus einem persischen Gedicht: »Oh du, der du schwer geprüft bist, die Liebe kommt von selbst zu dir, du kannst sie nicht erlernen.«

Auf der Highschool

Während meiner Kindheit fiel es mir natürlich noch nicht auf, dass unser Haushalt etwas Besonderes war. Für mich war es nichts Ungewöhnliches, dass meine Eltern uns Mädchen genauso behandelten wie meinen Bruder. Es schien völlig normal zu sein, und ich ging davon aus, dass es in jeder anderen Familie so üblich sei. Doch das war zweifellos nicht der Fall. In den meisten iranischen Familien hatten männliche Kinder eine Sonderstellung. Sie wurden von einer Schar von Tanten und weiblichen Verwandten gehätschelt und verwöhnt. Oft fühlten sie sich als Mittelpunkt der Familie. Ihr Ungehorsam blieb unbeachtet oder wurde sogar gelobt, und ihre kulinarischen Vorlieben wurden zur Hauptsorge der Köche. Mit zunehmendem Alter erhielten die Jungen immer mehr Privilegien – sie durften sich zum Beispiel frei in ihrem Viertel bewegen und mit Freunden treffen –, während das Leben der Mädchen immer eingeschränkter wurde, um sicherzustellen, dass sie *najeeb* blieben, ehrenhaft und wohlerzogen. In der iranischen Kultur galt es als natürlich, dass Väter ihre Söhne mehr liebten. In die Söhne setzten sie all ihre Hoffnungen; Zuneigung zu einem Sohn war eine Investition in die Zukunft.

Meine Eltern behandelten uns alle mit der gleichen Aufmerksamkeit, Zuneigung und Strenge. Ich hatte nie das Gefühl, dass mein Vater sich mehr um Jafar kümmerte, nur weil er ein Junge war, oder dass Jafar etwas Besonderes war. Bis zur Highschool mussten wir alle über unser Kommen und Gehen Rechenschaft ablegen, und von uns allen wurde absolute Pünktlichkeit verlangt. Erst nachdem ich die Highschool abgeschlossen hatte, durfte ich mit meinen Freunden ins Kino oder zu einer Party gehen, das Gleiche galt für meinen Bruder.

Manchmal verwirrte es unsere Hausangestellten, dass mein Vater uns alle auf die gleiche Weise behandelte. Die Diener betrachteten meinen Bruder als ihren zukünftigen Boss, und sie erwarteten, dass er von klein auf das Sagen über das andere Geschlecht hatte. Natürlich hatten sie, die traditionell erzogen worden waren, gelernt, dass Jungen eine besondere Unabhängigkeit und Freiheit verdienten und dazu erzogen werden sollten, als Männer ihre Autorität geltend zu machen. Da ich fünf Jahre älter war als mein Bruder, hatte ich bei Streitereien normalerweise die Oberhand. Meine Eltern bestraften mich nie und machten mir auch keine Vorwürfe. Stattdessen vermittelten sie freundlich zwischen uns, als ginge es um wichtige Friedensverhandlungen unter Erwachsenen. Entsetzt über eine derartige Auflösung der sozialen Ordnung, beklagten sich unsere Angestellten lautstark. »Warum erlauben Sie einem Mädchen, Jafar Khan zu schlagen?«, fragten sie meinen Vater. Er lächelte nur und antwortete: »Es sind Kinder, sie werden sich schon wieder vertragen.«

Erst als ich viel älter war, wurde mir klar, dass die Gleichheit der Geschlechter etwas war, das ich zuerst und vor allem zu Hause erfahren hatte. Erst als ich aus der Perspektive einer Erwachsenen über meinen Platz in der Gesellschaft nachdachte, verstand ich, dass meine Erziehung mich vor dem geringen Selbstbewusstsein und der anerzogenen Abhängigkeit bewahrt hatte, die ich bei Frauen aus traditionelleren Familien beobachtete. Die Tatsache, dass mein Vater meine Unabhängigkeit gefördert hatte – vom Spielplatz bis zu meiner späteren Entscheidung, Richterin zu werden –, hatte mir ein Selbstvertrauen verliehen, das ich nie bewusst wahrnahm, später jedoch als mein wertvollstes Erbe betrachtete.

Wenn ich an diese frühen Jahre zurückdenke, geht es in meinen Erinnerungen meistens um Hamadan und Teheran. Doch abgesehen von meinem religiösen Erwachen auf dem Dachboden ist mir nichts derart präzise im Gedächtnis geblieben wie der Tag, an dem Mossadegh gestürzt wurde. Der Tag, an dem der erste demokratisch gewählte Führer in einem von der CIA und ihrer Marionette organisierten Staatsstreich entmachtet wurde. Ich kann mich zwar kaum daran erinnern, was diesem Ereignis vorausging, und habe auch nur vage Erinnerungen an das Danach. Doch obwohl mir damals die schicksalhafte Bedeutung dieses Tages nicht klar war, erinnere ich mich genau an die Gesichter der Erwachsenen, den Ton, in dem meine Großmutter mit uns sprach und sogar an das Schimmern des hölzernen Radios.

Erst über ein Vierteljahrhundert später, als die islamische Revolution den Sturz des Schahs herbeiführte und Radikale die amerikanische Botschaft besetzten, wurde mir bewusst, welchen Einfluss der Staatsstreich auf die Geschichte des Irans im 20. Jahrhundert hatte. Doch als Kind spürte ich die Auswirkungen von Mossadeghs Sturz zuerst zu Hause. Mein Vater, ein langjähriger

Anhänger des abgesetzten Ministerpräsidenten, verlor seinen Posten. Vor dem Staatsstreich war er zum stellvertretenden Landwirtschaftsminister aufgestiegen. Danach bekleidete er jahrelang niedrigere Posten und wurde nie wieder mit einem hochrangigen Amt betraut. Nachdem mein Vater ins Abseits gedrängt worden war, wurde unser Haus zu einer politikfreien Zone. Eine Zeit lang war er ständig zu Hause und schritt nicht nur abends, sondern auch am Tag die Flure auf und ab. Er erklärte uns Kindern nie, was geschehen war, warum er nun den ganzen Tag zu Hause blieb, nachdenklich und ruhig. Wenn etwas Schreckliches passiert, versuchen die Iraner instinktiv, es vor ihren Kindern geheim zu halten. Kinder merken jedoch sofort, dass etwas nicht in Ordnung ist, und müssen nun neben ihrer Unruhe auch noch mit ihrer Unwissenheit fertig werden. Damals beschloss ich, es anders zu machen und mit meinen eigenen Kindern offen über Probleme zu sprechen.

Der Staatsstreich überzeugte viele Iraner davon, dass Politik ein schmutziges Geschäft war, ein kompliziertes Spiel aus in Hinterzimmern eingefädelten Deals und verschleierten Interessen, in dem der kleine Mann lediglich eine Schachfigur war. Der Staatsstreich nährte das Gefühl, dass wir unser Schicksal nicht in der Hand hatten, und verstärkte die Neigung der Menschen zu glauben, dass die Regierung alle Ereignisse für ihre Zwecke ausnutzte. Nach jenem Tag weigerte mein Vater sich, zu Hause über Politik zu diskutieren, denn er wollte verhindern, dass seine Kinder ein Interesse an Prozessen entwickelten, auf die sie keinen Einfluss nehmen konnten. Überzeugt davon, dass eine zerstörte Karriere pro Familie genug sei, bestand er darauf, dass wir hervorragende Universitäten besuchen und dem Land als Technokraten dienen sollten. Deswegen war meine Jugend auch noch in anderer Hinsicht sehr ungewöhnlich: Ich bekam, abgesehen von jenem Abend im Jahr 1953, nichts von Politik mit.

Die Entdeckung der Gerechtigkeit

Das Jahr 1965, in dem ich mein Jurastudium aufnahm, markierte für mich einen Wendepunkt. Die Atmosphäre auf dem Campus der Universität Teheran war nachhaltig geprägt worden von der zunehmend aufgeheizten Politik des Landes, Veränderungen, die ich – in der uns von meinem Vater auferlegten politikfreien Zone – kaum registrierte. Ich hätte nie gedacht, dass sich Jurastudenten derart mit der Politik des Landes auseinander setzen würden, als ich mich zu diesem Studium entschloss. In jenem Jahr kam ich zum ersten Mal mit dem Universitätsleben in Berührung, denn die juristische Fakultät zu besuchen ging im Iran einher mit einem erweiterten Bachelor-Abschluss. Ich hatte zunächst erwogen, Politologie zu studieren, und sah mich gelegentlich als Botschafterin. Doch ehrlich gesagt wusste ich genau, dass ich eine bessere Chance hatte, den *concours,* die schwierige Aufnahmeprüfung fürs College, in Jura zu bestehen, weil dieses Fach meinen Stärken entgegenkam. Im iranischen Rechtssystem braucht ein Richter nicht zunächst als Anwalt zu praktizieren, und ich nahm mein Studium in der Absicht auf, Richterin zu werden. Mein Kurs war voller Studenten, die Rechtsgelehrte oder wie ich Richter werden wollten. Zwar brüteten wir stundenlang in der Bibliothek über Texten des Strafrechts und versuchten, aktuelle Fälle zu konstruieren, doch konzentrierten sich die meisten meiner Studienkollegen gleichermaßen, wenn nicht sogar noch stärker, auf die sich abzeichnenden politischen Entwicklungen.

Ich erinnere mich an einen Nachmittag, als eine große Schar von Studenten sich vor der Universität Teheran versammelt hatte und alles herausschrie, was nicht sofort zu ihrer Festnahme führen würde. Sie schrien, die Studiengebühren seien zu hoch. Sie schrien, die Universitätsverwaltung sei dafür verantwortlich. Als ich mitten unter den Demonstranten stand, zwischen all den Frauen in Miniröcken und mit kunstvoll toupierten Hochfrisuren sowie den jungen Männern in kurzärmligen Hemden und mit ernsten Gesichtern, spürte ich, dass ihre Energie auf mich übersprang. Proteste zogen mich an wie ein Magnet. Was genau die Studenten skandierten, spielte kaum eine Rolle. Die meisten von ihnen demonstrierten gegen die Studiengebühren, aber selbst wenn sie gegen den in die Höhe schnellenden Teepreis protestiert hätten, hätte ich wahrscheinlich mitgemacht. Irgendetwas an Konfrontationen reizte mich – vielleicht das Adrenalin, der Funke einer Idee, das flüchtige Gefühl, etwas zu bewirken –, und ich nahm regelmäßig an den Demonstrationen teil. Da es Ende der Sechzigerjahre war und die Studenten fast jeden zweiten Tag demonstrierten, kam ich ganz auf meine Kosten.

Die Demonstrationen beunruhigten den Savak, die Geheimpolizei des Schahs, die den Campus durchkämmte, so wie sie auch die Straßen der meisten iranischen Städte durchkämmte und iranische Studentengruppen in den USA und Europa unter die Lupe nahm, um Dissidenten aufzuspüren, deren politische Aktivitäten über die in Mode gekommene Teilnahme an Demonstrationen hinausging. Denn welcher junge Mensch im Iran – ob religiös oder nicht, intellektuell oder Angehöriger der oberen Zehntausend, ernsthaft oder nur neugierig – ging nicht gelegentlich zu Demonstrationen? Es bedurfte der Energie und der

Ressourcen eines massiven politischen Apparates, um herauszufinden, wer tatsächlich das Schahregime zu untergraben plante und wer einfach nur wissen wollte, worum es bei diesem ganzen Spektakel ging. Um nicht in die Klauen des Savak zu geraten, gaben die Studenten vor, gegen die Studiengebühren zu protestieren. Dabei wollten sie eigentlich Dinge rufen wie: »Hör auf, unsere Öleinkünfte für amerikanische Kampfflugzeuge zu verschwenden!« oder »Komm aus St. Moritz zurück und kümmere dich gefälligst um die Armut in den Städten!«.

An jenem Tag hielt ich Ausschau nach meinen Freundinnen und ließ den Blick über die Grünflächen und die schlichten, aber eleganten Gebäude schweifen, die zum riesigen Campus einer der wenigen guten Universitäten eines Landes gehörten, das sich angesichts seiner Öleinkünfte viele weitere dieser Art hätte leisten sollen. Wie die meisten meiner Freundinnen, die an jenem Tag hier und da in der Menge zu finden waren, wäre ich nie auf den Gedanken gekommen, dass diese Demonstrationen den Beginn einer neuen Ära einläuteten. Ich hätte nie gedacht, dass sie eines Tages unser Leben verändern, die Welt erschüttern und die letzte große Revolution des 20. Jahrhunderts hervorbringen würden. Sie gehörten zu unserem Leben an der Universität, ein nachmittäglicher Adrenalinstoß, bevor wir nach Vorlesungsschluss hinüber zu dem in Uninähe gelegenen Kaffeehaus gingen, um Eiskaffee zu trinken.

An jenem Tag gingen wir jedoch nicht ins Kaffeehaus, denn an der Straße parkte der klobige weiße Paykan einer meiner Freundinnen. Wir quetschten uns zu sechst in den Wagen und fuhren Richtung Norden nach Darband, denn dort, in den Ausläufern des Elbursgebirges, das den nördlichsten Rand der Stadt säumt, gab es unzählige Cafés und Restaurants. Man könnte meinen, dass wir, da wir gerade von einer Protestkundgebung kamen, uns zumindest am Rande über ernsthafte Dinge unterhalten hätten. Aber so war es nicht. Wir plauderten über Kommilitoninnen, Filme, das Ziel unseres nächsten Ausflugs, allerlei Dinge, über die junge Studentinnen reden. Damals war es an der Uni groß in Mode, sich einen intellektuellen Anstrich zu geben und in einer Unterhaltung geschickt die Mängel des Schahregimes zu sezieren, doch ehrlich gesagt kümmerten uns solche Fragen nicht sonderlich.

Als wir im Schneckentempo nach Norden fuhren – der Verkehr rauschte in der entgegengesetzten Richtung an uns vorbei –, war überall die Verwandlung Teherans von der von Obstplantagen umgebenen Hauptstadt in eine wild wuchernde urbane Metropole zu erkennen. An jeder zweiten Straßenecke standen Baugerüste, Lastwagen mit Zementsäcken und Holzbrettern durchquerten die Stadt wie Ameisenarbeiterinnen, Kino-Reklametafeln mit Bildern von europäischen Filmstars ragten über geschäftige Plätze, und Kioske boten Magazine mit amerikanischen Filmsternchen im Bikini feil. Es war schon jetzt eine andere Stadt als das Teheran meiner Jugend – mehr Slums, mehr Restaurants, mehr Kinos, mehr junge Männer aus der Provinz in staubigen Kleidern und mit von Schlamm bedeckten Schuhen, auf dem Weg zu oder von ihrer Arbeit.

Neugierig darauf, mit eigenen Augen die für ihre Eleganz berühmten französischen Restaurants in Darband zu sehen, hatten wir uns in Erwartung eines fantastischen Mittagessens tagelang Geld vom Munde abgespart. Wir wählten ein Restaurant, von dessen geschmackvoll gedeckten Tischen aus ein kleines Flüsschen zu sehen war, das sich durch die Ausläufer des Elburs hinabschlängelte. Ein adrett gekleideter Kellner reichte uns die Speisekarten. Erschreckt ließen wir die Augen über die unverschämten Preise wandern. Wir würden uns auf keinen Fall mehr als ein Getränk auf der Speisekarte leisten können. Um uns aus dieser misslichen Lage zu befreien, beschlossen wir, nach dem Gericht zu fragen, das sie, wie wir wussten, nicht servieren würden: *kabab-kubideh*, einen einfachen Spieß mit Rinderhackfleisch, der unter den Gratins und den Coq-au-Vin-Spezialitäten, die die Speisekarte dominierten, nichts zu suchen hatte. Der Kellner schüttelte den Kopf, und wir standen auf und gaben vor, zutiefst enttäuscht zu sein.

Von jenem Tag an ignorierten wir die Erzählungen über die feineren Vergnügungen Teherans, über das griechische Restaurant, in dem man die Teller kaputtschlug, oder die Terrassencafés, in denen fein gekleidete Paare den Four Tops lauschten, während sie an ihrem Wodka-Tonic nippten. Wir beschränkten unsere Ausflüge auf bescheidenere Restaurants in Shemiran – das sowohl geografisch als auch im übertragenen Sinn die Grenze zum Norden Teherans markiert –, wo man immerhin zu dritt sein Geld zusammenlegen und sich einen Eisbecher teilen konnte.

Auf dem College. Shirin Ebadi in der Mitte

Wir verkehrten in gemischten Gruppen von Frauen und Männern und hielten uns dabei an bestimmte Regeln. Ja, es war die Ära des Minirocks, und in der Universität und überall in der Stadt entblößten modebewusste junge Frauen als Hommage an Twiggy, die Modeikone jener Zeit, ihre Beine. Doch die Nachahmung der westlichen Mode war kaum mehr als ein Trend. Die Studenten der Universität Teheran kamen aus der Mittelschicht oder der Arbeiterklasse und betrachteten ihr gesellschaftliches Leben nicht als Experimentierfeld. Wir trugen zwar keine Schleier – tatsächlich fielen die drei Frauen an unserer Universität, die dies taten, auf –, aber wir hatten auch keinen Freund im westlichen Sinn des Wortes. Wir trafen uns auf einen Kaffee oder zu Wochenendausflügen in gemischten Gruppen, und obwohl Männer und Frauen zusammen in der Bibliothek studierten, saßen die Frauen während der Vorlesungen noch immer in den vorderen Reihen, die Männer in den hinteren.

Mit Freunden aus dem College. Shirin Ebadi in der Mitte

In den Augen konservativer Geistlicher war die Universität eine Lasterhöhle, ein verderbter Ort, an dem Männer und Frauen unter dem Vorwand, gemeinsam zu lernen, sündigten. In den der Tradition verhafteten Schichten hatte der Vater das Sagen, der seine Töchter lieber im heimischen Hof eingeschlossen sah, wo sie Kräuter für das Abendessen hackten, statt sie zur Schule zu schicken. In diesen Kreisen wurde der Minirock zum Symbol für die Invasion der westlichen Kultur, ja, zur perfekten Ausrede, um schon allein den Gedanken an ein Universitätsstudium zu verwerfen.

Gegen Ende der Sechzigerjahre wurde die politische Atmosphäre im Land immer aufgeheizter. 1964, in dem Jahr bevor ich mein Jurastudium aufnahm, hatte der Schah den bis dahin wenig bekannten, missmutigen Geistlichen Ayatollah Ruhollah Khomeini wegen seiner feurigen Predigten, in denen er auf clevere Weise die Regierung angriff, nach Najaf im Irak vertrieben. Doch außer dem nun abwesenden Ayatollah waren noch keine Ideologie und kein Führer aufgetaucht, die die Unzufriedenheit der Einzelnen zu einer Anti-Schah-Bewegung hätten zusammenführen können. Das machte es leicht, gegen den Schah zu opponieren, denn die meisten Leute, die nicht direkt mit der Hofelite in Verbindung standen, hatten irgendetwas an ihm auszusetzen, und ein kritischer Standpunkt brachte einen nicht unmittelbar mit einem bestimmten gegnerischen Lager in Verbindung. Ein Schah-Gegner zu sein, hieß in jenen Tagen nicht automatisch, für Ayatollah Khomeini zu sein. Wenn ich in den Korridoren Bruchstücke politischer Unterhaltungen hörte, hatte ich oft den Eindruck, dass die Studenten immer schahfeindlicher wurden, ohne zu wissen, warum, so als sei dies, wie etwa die Lektüre der Werke von Simone de Beauvoir, ein Zeichen für ihren intellektuellen Status.

Eines Morgens kam einer der Jurastudenten aus dem 4. Semester, von Kopf bis Fuß in Schwarz gekleidet, zu spät zu unserem Französischunterricht. Wir nahmen an, einer seiner Verwandten sei gestorben, und fragten behutsam nach. »Ich trauere um Mossadegh«, verkündete er. Wir dachten, er meine unseren Studienkollegen Hamid Mossadegh, einen beliebten jungen Dichter, mit dem wir uns gelegentlich zum Tee in der Cafeteria trafen. »So jung! Wie schrecklich! War er krank?«, stießen wir hervor und ließen uns bestürzt darüber aus, wie ungerecht es sei, so früh sterben zu müssen. »Ich meine *Dr.* Mossadegh«, unterbrach uns der schwarz gekleidete junge Mann. »Ach der, er war doch sowieso schon ziemlich alt!«, sagten wir und seufzten erleichtert. Der Student starrte uns völlig entgeistert an, machte auf dem Absatz kehrt und redete eine Woche lang nicht mehr mit uns.

Als die Zeitungen von Mossadeghs Tod berichteten und ich zu Hause miterlebte, wie mein Vater darauf reagierte, schämte ich mich meiner Ignoranz. Der ehemalige Ministerpräsident, Mohammed Mossadegh, war nicht einfach ein gestürzter Staatsmann, sondern einer der größten Führer unserer Geschichte, der unser Land während des nach vielen Jahrhunderten ersten Aufflackerns der Demokratie regiert hatte. Selbst in seinen letzten Jahren – bevor er an Krebs erkrankte und in einem Teheraner Krankenhaus starb – war der Nachhall seiner abrupt beendeten politischen Laufbahn überall im Iran spürbar. Mossadeghs Sturz hatte einen dauerhaften Groll gegen den Westen, insbesondere die USA, hervorgerufen, der mit der Zeit noch bitterer wurde. Der alte Ministerpräsident starb zwar eines natürlichen Todes, wurde jedoch wie ein großer Held und Märtyrer betrauert, der in einer epischen Schlacht gefallen war. Die Intensität der Trauer junger Iraner spiegelte auch ihre wachsende Entfremdung vom Schah-Regime wider, die mit jedem Tag zunahm und eine immer klarere Richtung bekam.

Im März 1970 wurde ich im Alter von dreiundzwanzig Jahren Richterin. Das iranische Rechtssystem sah kein Mindestalter für diese Position vor. Zusammen mit meinen rund zwanzig Studienkolleginnen hatte ich die letzten beiden Jahre des Jurastudiums damit verbracht, in den verschiedenen Abteilungen des Justizministeriums ein Praktikum zu absolvieren. In vielen Fällen gestatteten uns die Bezirksrichter, sobald sie unsere Gesetzeskenntnisse für ausreichend hielten, den Vorsitz im Gerichtssaal zu führen. Nachdem wir unseren Hochschulabschluss gemacht und zwei Jahre lang als Praktikantinnen Erfahrungen gesammelt hatten, waren wir berechtigt, Richterin zu werden.

Bei der Vereidigungszeremonie, der der Justizminister, hochrangige Richter und Juraprofessoren beiwohnten, mussten die beiden besten Studenten des Jahrgangs einen riesigen Koran zum Podium tragen. Ich war sehr klein und der andere Student besonders groß. Während wir über die Bühne stolperten, schwang der Koran hin und her und neigte sich zu einer Seite. »Halt ihn tiefer«, zischte ich meinem Mitträger zu, und kämpfte darum, das Gleichgewicht zu halten. »Halt ihn höher«, flüsterte er ärgerlich zurück. Schließlich schafften wir es, das schwere heilige Buch zu seinem Bestimmungsort zu schleppen, und ich hielt mit lauter, kristallklarer Stimme meine Rede. Ich las den Eid vor, die anderen Studenten sprachen ihn mir nach, und wir verließen die Bühne. Von nun an, so war unsere feste Überzeugung, würden wir uns für den Rest unseres Lebens in den Dienst der Gerechtigkeit stellen.

Der Beginn meines Berufslebens fiel in eine Zeit, in der es noch möglich war, für eine Institution einer unpopulären Regierung zu arbeiten, ohne das Gefühl zu haben, Partei ergreifen zu müssen. Die meisten Iraner regten sich über die Exzesse und die Repressionen der Schahregierung auf, doch diese Unzufriedenheit führte nicht zu einer unüberwindbaren Kluft zwischen der Bevölkerung und dem Regime oder dazu, auch einzelnen Zwei-

Abschluss des Jura-Studiums mit 22 Jahren

gen der Regierung wie der Judikative zu misstrauen. Obwohl sie schon beim bloßen Gedanken an den Savak zitterten, vertrauten die Menschen noch immer dem Rechtssystem und glaubten fest daran, dass die Gesetze ihre Rechte schützen würden.

Auch wenn ich langsam begann, dem politischen Gerede um mich herum Aufmerksamkeit zu schenken, zog ich doch jeden Morgen mein Kostüm an und fuhr zu einem Justizministerium, dessen Repräsentantin zu sein mich mit Stolz erfüllte. Das Schahregime verfolgte seine politischen Gegner in Militärgerichten und hielt diese inoffiziellen Prozesse aus dem öffentlichen Rechtssystem heraus. In den Militärgerichten wurden Dissidenten mit vagen, globalen Beschuldigungen konfrontiert – Sabotage, Gefährdung der nationalen Sicherheit usw. –, mit denen repressive

Regimes jede Aktivität bezeichnen, die sie als Bedrohung empfinden. Doch die Gerichte, an die sich die meisten Iraner wandten, in Fällen von Scheidung bis zu Betrug, arbeiteten parallel und galten infolgedessen auch weiterhin als fair und korruptionsfrei.

Normalerweise ließen wir im Ministerium den Fernseher nicht laufen, doch an jenem Tag im Jahr 1971, an dem der Schah vor einer begeisterten Nation sein enormes Ego und sein begrenztes Urteilsvermögen zur Schau stellte, war es unmöglich, nicht zuzusehen. Er hatte ein grandioses Fest organisiert, um bei den alten Ruinen von Persepolis, wo sich bereits vor Christi Geburt der Sitz der iranischen Könige befunden hatte, das 2500-jährige Bestehen des Persischen Reiches zu feiern. Monarchen und Präsidenten aus aller Welt nahmen an diesem Spektakel teil, mit dem der beeindruckende Fortschritt des Irans bei seinem Streben nach Modernität und globaler Bedeutung sowie auch seine glorreiche Vergangenheit demonstriert werden sollten. Die Iraner sollten sehen, wie sehr das Ansehen ihres Landes in der Welt gestiegen war. Stattdessen stellten die meisten von ihnen jedoch nur fest, dass der Schah dreihundert Millionen Dollar für Seidenzelte mit marmornen Badezimmern ausgegeben hatte und dass Speisen und Wein für 25 000 Menschen aus Paris eingeflogen worden waren.

Ein Bild sollte mir immer in Erinnerung bleiben: Die kaiserliche Garde in der Uniform der alten Soldaten des Achämenidenreiches und mit langen, kunstvoll gekräuselten Bärten. Es war, als seien sie verzaubert und für diesen besonderen Tag aus den Reliefs der alten Ruinen herausgelöst worden, um vor dem Hof des 20. Jahrhunderts auf und ab zu schreiten.

Der in Najaf weilende Ayatollah Khomeini verurteilte das Spektakel aufs Schärfste und führte die Millionen armer Iraner ins Feld, die, wie er sagte, die Hilfe der Geistlichkeit bräuchten, um

Badehäuser zu bauen, da sie keine Bäder hätten: »Die Verbrechen der Könige des Irans sind ein schwarzes Kapitel in der Geschichte unseres Landes … Was ist aus all den großartigen Versprechen geworden, jenen anmaßenden Behauptungen … die Leute seien wohlhabend und zufrieden?«

Als ich an jenem Tag in meinem kühlen Büro im Justizministerium saß und fernsah, hatte ich eine böse Vorahnung. Der Iran des Schahs war genau wie seine Persepolis-Feier eine fesselnde Veranstaltung, die nicht andauern konnte. Wie dieses Fest war er zu barock, unserer Wirklichkeit zu fremd, zu prachtvoll und flüchtig, um Bestand zu haben. Die Rhetorik aus Najaf erregte meine Aufmerksamkeit nicht sonderlich, und wie die meisten Iraner beachtete ich die Kritik des Klerus am Schah kaum. Als ich in meinem Büro das Geschehen verfolgte, stellte ich keine Verbindung her zwischen dem, was auf dem Bildschirm zu sehen war, und dem Ort, an dem ich mich befand. Ich rechnete es dem Schah nicht bewusst als Verdienst an, dass er ein Land regierte, in dem ich Richterin sein konnte. Genauso wenig kam ich während der Revolution auf den Gedanken, Ayatollah Khomeini sei der Vorbote eines Irans, in dem ich dieses Amt nicht mehr würde ausüben können.

Obwohl wir eine weltliche Regierung hatten und obwohl ich, eine Frau, als Richterin tätig war und eine vielversprechende Karriere vor mir hatte, wurde die iranische Kultur noch immer vom Patriarchat beherrscht. Meine Karriere schreckte die meisten meiner Verehrer ab. Glücklicherweise störte es mich nicht, dass mein Richteramt meinen Heiratsaussichten äußerst abträglich war. Gesetzbücher und Ideen interessierten mich mehr als Gedecke und Innenarchitektur, und meine Arbeit erfüllte mich so sehr, dass ich keine große, schmerzliche Lücke empfand, die nur ein Ehemann hätte füllen können.

Dennoch: Es entging meiner Aufmerksamkeit nicht, dass ich kaum Verehrer hatte, obwohl ich aus einer guten Familie kam, nicht schlecht aussah und einen angesehenen Beruf hatte. Ich musste mich dem Umstand stellen, dass mein Beruf iranischen Männern Angst einjagte. Sobald sie daran dachten, mich zu heiraten, stellten sie sich vor, sie hätten einen Ehestreit mit einer Richterin und machten sich aus dem Staub – und gingen wohl davon aus, dass es nicht einfach damit getan sei, »weil ich es gesagt habe« zu sagen und eine Tür zuzuknallen. Dies galt für gebildete, angeblich moderne iranische Männer genauso wie für traditionelle Iraner. Sie wollten einfach wichtiger und höher gestellt sein als die Frau, die sie heirateten. Eine unabhängige Frau, die ihrer eigenen Beschäftigung nachging, würde selbstverständlich weniger Zeit haben, sie abgöttisch zu lieben und ihnen zu jeder Tages- und Nachtzeit zu Diensten zu stehen.

Diese Erfahrung machte ich immer wieder, und viele potenzielle Freier wiesen gern ausdrücklich darauf hin, ganz so als sei es allgemein bekannt, dass eine Frau, die Richterin ist, sich nicht an die Spielregeln hält. Ich erinnere mich, wie auf der Party eines Freundes ein junger Mann die halbe Nacht um mich herumscharwenzelte, bis er den Gastgeber dazu überredete, uns einander vorzustellen. Es war geradezu rührend, wie hartnäckig er war, und als der Gastgeber schließlich auf mich zukam und fragte, ob ich bereit sei, mich mit dem jungen Mann zu treffen, sagte ich Ja. Es wurde vereinbart, dass wir uns in der folgenden Woche bei einer anderen Party wiedersehen sollten. Der junge Mann erklärte, er sei völlig hingerissen von mir und würde, falls ich sein Interesse erwidere, sofort um meine Hand anhalten. Offensichtlich hatte er keine Ahnung, dass ich Richterin war. An jenem schicksalhaften Tag, an dem die zweite Party stattfand, erfuhr er es, bevor er mich begrüßt hatte. Er marschierte zum Gastgeber und erklärte geradewegs, dass er nie darauf bestanden hätte, mich wiederzusehen, wenn er das gewusst hätte.

An einem kühlen, klaren Frühlingsmorgen im Jahr 1975 betrat ein junger Elektroingenieur namens Javad Tavassolian meinen Gerichtssaal und gab vor, meine Meinung zu einer schwierigen rechtlichen Frage hören zu wollen. Er trug einen eleganten, gedeckt weißen Anzug über einem braunen Hemd, dessen Kragen sorgfältig über das Revers gelegt war. Er blieb eine Weile, um sich mit mir zu unterhalten. Mein direkter Nachbar, ein gemeinsamer Freund, hatte vorgeschlagen, wir sollten einander kennen lernen. Ich fühlte mich nicht sofort zu Javad hingezogen, war aber interessiert genug, um seinem Vorschlag zuzustimmen, gemeinsam essen zu gehen. Nach mehreren zwanglosen Treffen, Unterhaltungen beim Kaffee oder einem Eis, bat er mich, ihn zu heiraten. Ich sah ihn über den Tisch hinweg an, konzentrierte mich einen Augenblick und sagte dann: »Ich kann dir keine endgültige Antwort geben, aber ich habe eine Idee. Warum lassen wir uns nicht sechs Monate Zeit, einander kennen zu lernen, und treffen uns dann einen Monat lang nicht? Wenn dieser Monat vorüber ist, können wir entscheiden, ob wir wirklich zueinander passen.« Er war einverstanden, und genau das taten wir dann auch.

Meine Eltern waren aufgeschlossen und der Meinung, ich solle einen potenziellen Ehepartner gut kennen lernen, bevor ich mich zu einer gemeinsamen Zukunft entschlösse. Sie ließen uns miteinander ausgehen, und wir konnten kommen und gehen, wie es uns beliebte. An zwei oder drei Abenden der Woche trafen Javad und ich uns zum Essen und bahnten uns den Weg durch den hektischen Feierabendverkehr, um eines der zahlreichen über Teheran verstreuten europäischen Restaurants aufzusuchen. Nach dem Essen saßen wir noch lange dort, unsere Hände spielten mit den Teetassen, wir lauschten den Sängern, die in jenen Tagen in den

Clubs Teherans sangen und redeten darüber, was wir vom Leben erwarteten und was wir uns unter einer idealen Zukunft vorstellten. Wir verstanden uns auf Anhieb gut, und es schien mir, als würde ich Javad schon viel länger kennen als nur ein paar Monate.

Eines Abends ging der Kellner, nachdem wir gegessen hatten, immer wieder an unserem Tisch vorbei und vergaß jedes Mal, uns die Rechnung zu bringen. Javad lehnte sich geduldig auf seinem Stuhl zurück, doch ich kniff die Augen zusammen und griff nach meiner Handtasche. »Wo willst du hin?«, fragte Javad. »Wir haben noch nicht bezahlt.«

»Auf diese Weise«, sagte ich, »zwingst du die Leute dazu, dich zu beachten.« Und ich stand auf und steuerte auf den Ausgang zu. Javad zögerte einen Moment und folgte mir dann. Natürlich holte der Kellner uns an der Tür ein und überreichte uns mit einer Entschuldigung die Rechnung. Ich suchte in Javads Gesicht nach einem Anzeichen dafür, dass meine Unverfrorenheit ihm unangenehm war. Doch er kramte in seinen Taschen nach den Schlüsseln, als sei der Vorfall die normalste Sache der Welt gewesen.

Als die sechs Monate um waren, sahen wir uns wie geplant einen Monat lang nicht. Die dreißig Tage Abstand gaben uns Zeit nachzudenken. Wir stellten fest, dass es nicht nur Gewohnheit und Vertrautheit waren, die uns zueinander hinzogen, sondern die tiefe Überzeugung, dass ein gemeinsames Leben funktionieren würde. Javads Familie fuhr zum Haus meiner Eltern in Teheran, und wir vollzogen alle traditionellen Riten und Rituale. Mit dem *khastegari*, dem traditionellen Werbungsritual, hielten sie um meine Hand an. Meine Familie veranstaltete in unserem Haus die Hochzeitszeremonie, auf Persisch *aghd-konoon*, und zusammen mit den engsten Freunden und der Familie versammelten wir uns vor dem *sofreh aghd*, der traditionellen iranischen Hochzeitsdecke. Der Staatsanwalt von Teheran sollte unser Zeuge sein. Er kam zu spät. Während wir auf seine Ankunft warteten, hatte meine Mutter Zeit, zu entdecken und sich darüber aufzuregen, dass der Koran auf der Hochzeitsdecke zu klein war. In diesem Moment traf der Staatsanwalt mit seinem Hochzeitsgeschenk ein: einem eleganten Koran von schönem Format. Ein sehr gutes Omen, dachte ich, und legte den neuen Koran in die Mitte der Decke. Die glücklich verheirateten und die unverheirateten Frauen der Familie (geschiedene Frauen waren dem Brauch entsprechend ausgeschlossen, damit ihr bitteres Schicksal keinen schlechten Einfluss auf unseres hatte) hielten einen Baldachin aus Spitze über uns und setzten in Gaze gewickelte Halbkugeln aus Zucker darauf, die Süße in unsere Ehe bringen sollten. Javad war dreiunddreißig und ich achtundzwanzig.

Hochzeit (1975)

Nach einer idyllischen Flitterwoche in Shiraz, der berühmten Oasenstadt im Süden des Iran, kehrten wir in unser neues Heim in Teheran zurück, um unser gemeinsames Leben zu beginnen. Javad besaß ein zweistöckiges Haus in Niawaran im Norden Teherans. Heute ragen dort groteske, senffarbene Wohntürme in den Himmel, und die Straßen sind wie überall sonst in Teheran erbarmungslos vom Verkehr verstopft. Damals war es jedoch ein dünn besiedeltes, weit vom Zentrum entferntes Gebiet, in dem es viele Obstplantagen gab. Wir beschlossen, das Haus zu vermieten und in eine Mietwohnung in Amirabad, in der Nähe meiner Familie, zu ziehen.

Als wir dort einzogen, wusste ich nicht, dass im Erdgeschoss des bescheidenen, dreistöckigen Gebäudes ein Richter des Obersten Gerichtshofes wohnte. Der Richter hatte sich jedoch nach seinen neuen Nachbarn erkundigt und klopfte an unsere Tür, als ich mir gerade überlegte, wie ich die Sofas anordnen sollte. Der illustre, rundliche Mann mit dem wuchernden Schnurrbart brachte uns als Einweihungsgeschenk ein Buch über die Vermeidung von Ehekonflikten mit, das er selbst geschrieben hatte. Gegen den Türrahmen gelehnt, gab er nun auch einige mündliche Ratschläge. »Sie müssen sich«, sagte er sehr ernst, »davor hüten, dass sich Bitterkeit in Ihre Ehe einschleicht. Versuchen Sie immer, Ihre Konflikte zu lösen, bevor sie zu einem Streit ausarten, in dem Sie sich beide auf Kosten des anderen abreagieren.« Ich dankte ihm höflich. Ein paar Tage später hörte ich nachts durch das offene Fenster ein lautes Krachen, gefolgt von etwas, das wie das erzürnte Fauchen einer Katze klang. Unmittelbar darauf gab eine wütende Stimme, die unverkennbar dem Richter gehörte, einen Schwall von Beleidigungen von sich, der mit der gleichen Heftigkeit von seiner Ehefrau erwidert wurde. Selbst nachdem ich das Fenster geschlossen hatte, war ihr Geschrei noch zu hören. Vielleicht sollte ich nach unten gehen und ihm sein eigenes Buch leihen, dachte ich boshaft.

Am vierten oder fünften Abend in unserer neuen Wohnung hörten wir gegen halb elf ein lautes Klopfen an der Tür. Javad öffnete, und da standen, Blumen in den Armen, ein paar meiner Freundinnen von der Universität, die sehen wollten, ob sie auf ihre alte Shirin, wie sie sie kannten, trafen, oder auf eine frisch gebackene Ehefrau. In traditionellen iranischen Ehen hören die Ehefrauen oft auf, ihre Freundinnen spontan und zwanglos zu treffen. Ehemänner betrachten ihre Heime als Privatschlösser, in denen sie die Außenwelt hinter sich lassen, als heiligen Ort, der einzig ihrem Wohlergehen gewidmet ist. Sich spät abends dorthin verirrende Freunde sollten den Graben nicht überschreiten. Ich war mir nicht sicher, wie Javad reagieren würde, und blickte nervös zu ihm hinüber. Er schien sich jedoch wirklich zu freuen und bat sie liebenswürdig herein.

Javad kam aus einer konservativen Familie, war aber so flexibel und tolerant, wie die meisten traditionsverhafteten Männer fordernd und rigide waren. Er akzeptierte mich von Anfang an so, wie ich war, und betrachtete meine Arbeit als einen Teil von mir und nicht als Hobby oder Zeitvertreib. Nach meinem Vater war er der zweite wichtige Mann in meinem Leben, der versuchte, mich zur Unabhängigkeit zu ermutigen, statt mich daran zu hindern. Das bedeutet nicht, dass ich nicht den uralten Sozialvertrag zwischen iranischen Ehemännern und Ehefrauen erfüllen musste. Ich fand trotz meines vollen Terminkalenders die Zeit, zum Lebensmittelstand zu gehen und Taschen mit Kräutern und Obst für unsere Küche zu füllen. Das Saubermachen war natürlich ebenso meine Aufgabe wie das Haushalten mit unseren Finanzen. Wir teilten uns die Hausarbeit nicht, denn dafür war ich, vom Kochen über das Putzen bis hin zu den Schreibarbeiten, alleine verantwortlich. Ich warf es Javad nicht vor; es war einfach so. Mir wurde sehr früh klar, dass ich nicht alles haben konnte. Dass Javad meine Karriere befürwortete, war schon enorm; wenn die Hausarbeit an mir hängen blieb, dann war das ein Kompromiss, den einzugehen ich bereit war.

Als ich miterlebte, wie meine Freundinnen von der Uni eine Arbeit annahmen und Partner fanden, war ich mir erst recht sicher, dass meine eigenen Entscheidungen und die Kompromisse, die sie nach sich zogen, richtig waren. Die meisten von uns hatten weitergearbeitet; in dieser Hinsicht bildete ich keine Ausnahme. Aus meinem engen Freundeskreis gab nur eine, die ich Roya nennen werde, ihre Karriere zugunsten ihrer Ehe auf. Roya mit ihrer atemberaubenden, rotbraunen Mähne war kurz nach unserem Universitätsabschluss einem wohlhabenden jungen Ingenieur aufgefallen. Seiner Ansicht nach sollte eine Frau nur arbeiten, wenn das Gehalt ihres Ehemannes nicht ausreiche, um beiden einen angenehmen Lebensstil zu ermöglichen. Da er gut betucht war, gab es seiner Ansicht nach keinen Grund, weshalb Roya hätte arbeiten sollen, und er hielt sie davon ab, so wie wir anderen Richterin zu werden. Roya dachte, sie müsse ihn nur behutsam bearbeiten, dann werde er sie im Laufe der Zeit schon arbeiten lassen, weil ihm klar werden würde, dass sie es nicht wegen ihres Bankkontos, sondern als Bereicherung ihrer Persönlichkeit tun wollte. Ich schlug ihr vor, sich um die Lizenz für eine Anwaltspraxis zu kümmern, damit sie, falls ihr Mann seine Meinung änderte, sofort die Arbeit aufnehmen könne. Sie bekam ihre Lizenz, doch er änderte seine Meinung nicht, und sie übte ihren Beruf nie aus.

Zwei meiner anderen engsten Freundinnen, Maryam und Sara, heirateten beide Männer, die ihre beruflichen Ambitionen tolerierten. Mit Maryam verstand ich mich besonders gut. Wir wollten beide unbedingt Richterin werden und verbrachten Stun-

den damit, spezielle Probleme der Gesetzesvorschriften zu diskutieren. Maryam war mein Publikum für die Zeitschriftenartikel,
die ich zu schreiben begonnen hatte, und wie ich verfolgte sie das
Ziel, alle Möglichkeiten unseres Richteramtes auszuschöpfen.

Sara hatte im Unterschied zu Maryam einen Hang zur Gelehrsamkeit. Die Kompliziertheit von Rechtssystemen faszinierte sie
ebenso wie wir uns von der Dynamik des Rechtsprozesses angezogen fühlten, und trockene Gebiete wie das Handelsrecht fessel-
ten sie. Nach unserem Universitätsabschluss begann sie, als Wissenschaftlerin an der juristischen Fakultät zu arbeiten und
verliebte sich in einen Professor. Sie arbeitete auch nach der Hei-
rat weiter, und mit Ausnahme von Roya, der Hausfrau, litten wir
in unserem alten Kreis von Universitätsfreundinnen noch immer
nicht an einem Mangel an Gesprächsthemen, wenn wir uns zum
Abendessen trafen.

Im Herbst 1977 sah ich eines Morgens von meinem Schreibtisch im Gerichtssaal auf und entdeckte auf meinen Akten ein
Flugblatt. Es war an den Schah adressiert und wies ihn darauf hin,
dass er die für ihn in der Verfassung vorgesehenen Machtbefugnisse überschreite und sich als Monarch nicht in die Angelegenheiten der Regierung einmischen solle. Der Text stammte von
dem abgesetzten und verstorbenen Ministerpräsidenten Mossadegh. Ich nahm das Flugblatt in die Hand und sah mir die Unter-
schriften an. Eine davon gehörte Dariush Forouhar, einem Pro-
zessrichter. An jenem Tag wusste ich davon noch nichts, aber in
den folgenden Jahren sollte ich seinen Namen auf vielen Akten
sehen, verhängnisvolleren, als ich es mir damals hätte vorstellen
können. In den Büros des Ministeriums wurde eifrig über das
Flugblatt diskutiert. Ich war mir nicht sicher, was es bedeutete,
dass eine solche Erklärung in die Korridore der Regierung vorgedrungen war. Ich erinnere mich nur, dass mich der Mut der Unter-

47

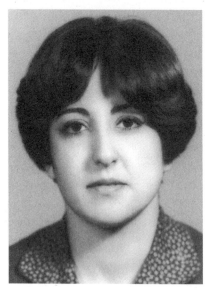

Ein paar Jahre nach der Ernennung zur Richterin

zeichnenden beeindruckte, einen regierenden Monarchen mit den kämpferischen Worten des von ihm abgesetzten Ministerpräsidenten herauszufordern.

Auch auf den Straßen Teherans veränderte sich die Atmosphäre. Noch bevor sich die Ereignisse schließlich überstürzten und zu Schlagzeilen in den Zeitungen wurden, waren sie bereits in meiner Welt des Gerichtswesens evident. Einige Zeit nachdem das Flugblatt aufgetaucht war, versuchte das Schah-Regime, die Rechtsprechungszuständigkeit des Gerichts einzuschränken, indem es einen so genannten Vermittlungsrat einsetzte, ein außergerichtliches Instrument, das außerhalb des offiziellen Rechtssystems Fälle entscheiden sollte. Einige Richter schrieben einen Protestbrief und verlangten, dass alle Fälle vor einem Gerichtshof verhandelt würden. Es war die erste gemeinsame Aktion der Richter, und sie führte zu lautstarken Kontroversen. Ich unterzeichnete den Brief, da mir die Sache ziemlich klar zu sein schien – natürlich konnte man die Gerichtsbarkeit nicht irgendeinem Ad-hoc-Rat anvertrauen. Den Unterzeichnenden drohte man mit dem Ausschluss aus dem Gericht, doch die Drohung wurde nicht wahr gemacht, und wir arbeiteten weiter wie gewohnt.

Das Schah-Regime hatte ganz andere Sorgen, als sich über den höflichen Protestbrief einer Hand voll Richter Gedanken zu machen. Im Januar 1978 kam Präsident Jimmy Carter zu einem Neujahrsbesuch nach Teheran und nannte den Iran »eine Insel der Stabilität«. In den Abendnachrichten wurde gezeigt, wie der Schah auf Carters Wohl Champagner trank. Es war das erste Mal, dass eine weitgehend muslimische Nation im nationalen Fernsehen zusah, wie ihr Führer Alkohol trank. Kurz danach veröffentlichte eine Zeitung einen Artikel, in dem Ayatollah Khomeini aggressiv angegriffen wurde. Am nächsten Tag rebellierten Seminaristen in der heiligen Stadt Qom und veranstalteten einen Protestmarsch zum Schrein Fatimas, bei dem sie die Rückkehr des Ayatollah forderten. Die Polizei schoss in die Menge, und eine Reihe von Demonstranten wurde getötet.

Es gab keinen bestimmten Moment, in dem ich innehielt und die groben Umrisse dessen erkannte, was vor meinen Augen Gestalt annahm. Es gab kein offensichtliches Signal, dass es sich bei diesen Tumulten nicht nur um überhitzte Politik handelte, sondern um eine sich unter dem Banner des Islam entfaltende Revolution. Das Eingreifen von Mullahs in die iranische Politik war ein historisches Phänomen, das sich durch unsere Geschichte zog. So hatten sie 1906 eine Bewegung unterstützt, die zu jener konstitutionellen Revolution führte, welche die herrschende Dynastie zur Schaffung einer Verfassung europäischen Stils sowie einer gesetzgebenden Körperschaft zwang. In den vergangenen beiden Jahrhunderten hatte sich das öffentliche Leben weitgehend in den

Moscheen und auf den Basaren abgespielt. Vor allem die Moschee bot einen öffentlichen Versammlungsort, an dem man, hinter den relativ sicheren Mauern eines heiligen Gebäudes, Beschwerden über den jeweiligen König frei äußern konnte. In unserer Geschichte gab es unzählige Beispiele für das erfolgreiche Eingreifen der Mullahs, und so war es für den Durchschnitts-Iraner, einschließlich meiner selbst, weder schockierend noch ein besonders schlechtes Zeichen, zu hören, wie Ayatollah Khomeini sich im Exil in Schmähreden gegen den Schah erging.

Die Stimmung wurde immer aufgeheizter, und im Sommer 1978 nahm der Protest derart zu, dass es nicht länger möglich war, von einer neutralen Warte aus die Auseinandersetzungen zu beobachten, die das Land in Aufruhr versetzten. Anfang August wurde ein überfülltes Kino im Süden der Stadt niedergebrannt. Die Flammen schlossen vierhundert Menschen ein. Sie verbrannten bei lebendigem Leib. Der Schah gab den religiösen Konservativen die Schuld, und Ayatollah Khomeini beschuldigte erzürnt den Savak, die Geheimpolizei des Regimes, deren Brutalität gegenüber Regierungsgegnern inzwischen berüchtigt war.

Das tragische Feuer überzeugte viele Iraner davon, dass der Schah nicht einfach eine Marionette der USA war, die die Interessen der Nation nicht zu vertreten verstand, sondern ein arglistiger Despot, der, um seinen Thron zu retten, dazu bereit war, das Leben seiner Untertanen zu opfern. Erst zwei Jahrzehnte später wurde mir die große Tragweite dieses dramatischen Augenblicks bewusst – wie eine ungeheuerliche Tat eine bis dahin ambivalente Bevölkerung elektrisieren und davon überzeugen kann, dass ein begrenzter Konflikt zwischen politischen Kräften Auswirkungen hat, die sie dazu zwingen, das Wohnzimmer zu verlassen und in den Kampf zu ziehen. Einen Monat später, am Ende des Fastenmonats Ramadan, strömten einhunderttausend Menschen auf die Straßen. Es war der erste der großen Protestmärsche gegen den Schah, bei dem, so weit das Auge reichte, ein Meer von Iranern die großen Boulevards von Teheran füllte und die Stimme gegen den Schah erhob.

Ich fühlte mich zu den Oppositionsstimmen hingezogen, die Ayatollah Khomeini als ihren Führer priesen. Es schien mir – einer gebildeten, berufstätigen Frau – kein Widerspruch zu sein, eine Opposition zu unterstützen, die ihren Kampf gegen Missstände im Gewand der Religion führte. Der Glaube spielte im Leben der Mittelschicht eine zentrale Rolle, wenn auch in erster Linie im Privatleben. Meine Mutter hatte, über den *jah-namaz*, den Gebetsteppich, gebeugt, Stunden damit zugebracht, mich das Beten zu lehren, und mein Vater ermunterte mich, diese Gebete mein Leben lang zu sprechen. Mit wem hatte ich letzten Endes mehr gemein: Mit einer von Mullahs angeführten Opposition, die in vertrautem Ton zum Mann auf der Straße sprach, oder mit dem vergoldeten Hof des Schahs, dessen Beamte bei Partys, bei denen teurer französischer Champagner floss, mit amerikanischen Filmsternchen herumtollten? Offensichtlich nicht mit dem Hof, zu dessen treuen Anhängern im Grunde genommen nur Höflinge, einige hohe Beamte und Familien gehörten, die durch Geschäftsverbindungen mit dem Regime zu Wohlstand gelangt waren. Die meisten Menschen identifizierten sich weit stärker mit der Opposition, zu der auch säkulare Nationalisten, Sozialisten und Marxisten gehörten. Unter diesen Oppositionsgruppen waren die Stimmen der Mullahs die lautesten; es war die Geistlichkeit, deren Netzwerk von Moscheen sich über das Land ausdehnte, die über Zentren verfügte, von denen aus sie ihre Stimme erheben und den Widerstand organisieren konnte. Es schien nicht sonderlich beunruhigend zu sein, dass die Mullahs die Führung übernahmen. Schließlich wurden wir alle von dieser Begeisterung mitgerissen und suchten nach Wegen, an der Entwicklung teilzuhaben.

Eines Morgens forderte Ayatollah Khomeini die Bevölkerung öffentlich dazu auf, die Minister aus ihren Büros in den Ministerien zu vertreiben. In der Eingangshalle des Gerichts standen mehrere Richter und Beamte, und ich gesellte mich zu ihnen. Wir taten uns zusammen, die Stimmung wurde immer hitziger und schließlich stürmten wir in das Büro des Justizministers. Der Minister war nicht da, und hinter einem der Schreibtische saß einer der älteren Richter. Er schaute uns erstaunt an, und sein Blick blieb an meinem Gesicht hängen. »Sie! Ausgerechnet Sie! Warum sind Sie hier?«, fragte er verwirrt und ernst. »Wissen Sie nicht, dass Sie Leute unterstützen, die Ihnen den Job wegnehmen werden, wenn sie an die Macht kommen?«

»Ich bin lieber eine freie Iranerin als eine versklavte Anwältin«, antwortete ich unverfroren und selbstgerecht bis ins Mark. Jahre später erinnerte er mich jedes Mal, wenn wir uns zufällig begegneten, an diese verhängnisvolle Bemerkung.

Nach jenem Morgen war mein Büro der Mittelpunkt unserer hitzigen Debatten, und da ich dem weiblichen Geschlecht angehöre, waren meine Sympathien für die Revolution besonders willkommen. Nachdem der Ayatollah nach Frankreich ins Exil gegangen war und von Paris statt von Najaf aus »Der Schah muss gehen!« wiederholte, unterzeichneten wir eines Tages alle einen gefühlvollen Brief an den französischen Präsidenten. Unsere nächste Aktion bestand darin, das Bild des Schahs abzunehmen, das im Ministerium hing. Der Schah war noch nicht geflohen, und es war nicht ganz klar, ob er es überhaupt tun würde. Ein paar von uns hatten sich versammelt und näherten sich dem Foto – mit hoheitsvollem, leerem Gesichtsausdruck starrte der Schah von der Wand aus auf uns herab –, während einige unserer Kollegen sich uns in den Weg stellten und baten, das Bild an seinem Platz hängen zu lassen. An einem anderen Tag traten die Angestellten des Ministeriums in den Streik und brachten den Gerichtsbetrieb zum Stillstand. Die revolutionäre Atmosphäre fesselte mich derart, dass ich selbst während der Streiks weiterhin zur Arbeit ging, einfach um da zu sein und die Sache zu unterstützen.

Ich war von der sich anbahnenden Revolution wie hypnotisiert, doch das Faszinierendste waren die Überläufer, das Wechseln der Seiten über Nacht. In jenen Tagen war der der menschlichen Natur inhärente niedrige Opportunismus, die Bereitschaft, eine Ideologie aufzugeben und sich einer neuen zu verschreiben – als wechsele man schlicht den Mantel – überall spürbar. Die Richter und Angestellten des Ministeriums, die für ihre Zusammenarbeit mit dem Schah-Regime und vor allem mit dessen Geheimpolizei berüchtigt waren, beobachteten das öffentliche Stimmungsbarometer ganz genau. Als deutlich wurde, dass die Revolution nicht mehr aufzuhalten war – die Zahl der Demonstranten war auf zwei Millionen angewachsen und ihre Protestmärsche dauerten stundenlang –, schlossen sie sich den Revolutionären an.

Am 16. Januar 1979, einem bitterkalten Wintertag, verließ der Schah den Iran, ein kleines Kästchen mit iranischer Erde im Gepäck. Mit seiner Flucht gingen zwei Jahrtausende der Herrschaft persischer Könige zu Ende. Die Menschen strömten auf die Straßen und feierten. Ich zog mich rasch an und fuhr zum Haus meiner Eltern, um meine Mutter und meine Schwester abzuholen. Wir banden zwei Taschentücher an die Scheibenwischer, sodass sie im Wind flatterten wie tanzende Roboter, und fuhren los, um uns der Menge anzuschließen, mitgerissen von ihrer Euphorie. Wir hatten das Gefühl, eine Würde wiedergewonnen zu haben, von der viele von uns bis vor kurzem nicht einmal gewusst hatten, dass sie uns verloren gegangen war.

Am 1. Februar 1979 stieg Ayatollah Khomeini mit ernstem Gesicht und schweren Augenlidern aus einem Air-France-Düsenflugzeug. Langsam schritt der Imam hinab auf das Rollfeld des Flughafens Mehrabad und beendete sein Exil, nur sechzehn Tage nachdem das des Schahs begonnen hatte. Zusammen mit einigen Freunden saß die gesamte Familie gebannt vor dem Fernseher in unserem Wohnzimmer und verfolgte das Geschehen, das uns noch atemberaubender erschien, da es sich um eine der ersten Fernsehsendungen handelte, die wir in Farbe sahen. Die *chelokabab*, Rindfleischspieße mit Reis, die wir zum Mittagessen bestellt hatten, wurden kalt, während wir dem Nachrichtensprecher ins Flugzeug des Imams folgten. Was ist das für ein Gefühl, nach so langer Zeit im Exil wieder in den Iran zurückzukehren?, wurde er gefragt. Wir beugten uns ganz weit vor. »Ich empfinde nichts«, antwortete Ayatollah Khomeini ausdruckslos.

»Was für eine alberne Frage!«, rief ein Freund aus. »Er ist der Revolutionsführer, kein Filmstar auf einem roten Teppich.«

»Aber wie kann jemand vierzehn Jahre im Exil verbringen«, unterbrach ihn seine Frau, »und dann unter diesen unglaublichen Umständen zurückkehren und sagen: ›Ich empfinde nichts‹?«

Die Kamera schwenkte hinüber auf die verstopften Straßen, in denen Millionen feiernder Iraner, überglücklich über die Rückkehr des 78-jährigen Ayatollah, ein Hupkonzert veranstalteten. Plötzlich wurde die Übertragung unterbrochen, und der Bildschirm wurde schwarz. Mein Vater riss die Arme hoch und schrie: »Das ist ein Staatsstreich!« Eine Sekunde lang lehnten wir uns alle in panischer Angst zurück; wir stellten uns vor, der Ayatollah sei ermordet worden, stellten uns vor, die Straßen seien voller Blut.

Die Armee war dem Schah noch immer treu ergeben, und am Tag zuvor hatte die kaiserliche Garde Panzer und Armeelaster auf die Straßen Teherans geschickt, um zu demonstrieren, dass sie die Zügel der Macht nicht so schnell aus der Hand geben würde. Panzerkolonnen, die sich über eine Meile erstreckten, krochen durch die Stadt, zerstörten Barrikaden und schossen auf Demonstranten, die den Weg blockierten.

Wir riefen alle erdenklichen revolutionären Freunde an, aber niemand ging an den Apparat. Die Angst nagte an uns, bis ein Cousin durch die Straßen fuhr und uns bei seiner Rückkehr berichtete, dass alle immer noch feierten.

Ayatollah Khomeini sprach an jenem Tag nicht von einem islamischen Staat; er sagte auch nicht, wie es weitergehen würde. Aber er rief Gott an, den Feinden des Irans die Hände abzuhacken.

Etwa einen Monat lang hing die Zukunft unseres Landes in der Schwebe. In den meisten Städten gab es nun Notstands-Militärregierungen, und der Ayatollah ordnete an, dass die Menschen bei Einbruch der Nacht in ihren Häusern zu sein hätten. Um 21 Uhr sollten alle auf ihre Dächer gehen und *Allahu akbar*, Gott ist groß, rufen. Es war eine raffinierte Methode, sich die Dynamik der Protestmärsche zunutze zu machen, die Wut und die Unzufriedenheit buchstäblich hervorzurufen, ohne dass sich die Menschen auf der Straße aufstellen mussten und riskierten, erschossen zu werden. Mehr als alles andere zeigte diese Taktik, wie gut der Ayatollah es verstand, in seiner Kampagne gegen den Schah mit den religiösen Gefühlen der Massen zu spielen.

Jeden Abend stiegen mein Mann und ich die Treppe zu unserem Dach hoch und bellten treu und brav eine ganze halbe Stunde lang *Allahu akbar*, bis wir heiser waren. Ich erinnere mich, dass ich den Blick über die Dächer der Stadt schweifen ließ, wo, so weit das Auge reichte, Menschen auf den niedrig gebauten Häusern herumliefen und den Kopf zum Nachthimmel erhoben, damit ihre Stimmen emporsteigen konnten. Die herrliche, hymnenartige Melodie dieser Schreie hing über der still gewordenen Stadt und hatte eine so ergreifende Spiritualität, dass selbst meine gleichmütigen, zynischen Freunde davon bewegt waren.

In jenen Monaten des *Allahu-akbar*-Rufens trafen meine Mutter und ich eines Morgens zufällig einen Nachbarn in der Bank. Normalerweise war meine Mutter, wenn sie anderen Menschen begegnete, sehr charmant und beherrscht, doch diesmal erklärte sie auf seltsam energische Weise, dass es für sie und meinen Vater, die beide bereits älter waren, schwierig sei, die steile Treppe zum Dach hochzusteigen. Stattdessen, so sagte sie, rufen wir *Allahu akbar* von unserem Schlafzimmerfenster aus. Ich spürte, dass sie sich vor den Nachbarn schämte, nicht auf das Dach klettern zu können und in den Chor der Menge einzustimmen. »Maman«, unterbrach ich sie, »das ist in Ordnung; ich brülle für dich mit.«

Damals wunderte sich jeder, wenn ein Haus dunkel und das Dach leer blieb. Wenn die Regierung heute die Menschen dazu auffordert, am 22. Bahman in Erinnerung an diese Nächte auf das Dach zu steigen, sind nur aus einigen wenigen Häusern eher wehmütige *Allahu-akbar*-Rufe zu hören. Doch darüber wundert sich niemand mehr.

Das Militär hielt die Stellung und hatte im ganzen Land eine Ausgangssperre ab 16 Uhr verhängt. Am 11. Februar forderte Ayatollah Khomeini das Volk auf, sich über die Ausgangssperre hinwegzusetzen und auf die Straßen hinauszukommen. Ich ging an jenem Tag nach draußen. Gewehrschüsse hallten in den Straßen wider, und ich sah, wie die Menschen Polizeistationen angriffen. Viele der Soldaten und Polizeibeamten mischten sich einfach unter die Menge, von der sie begeistert in die Arme geschlossen wurden, und verteilten ihre Waffen unter den Menschen. Am nächsten Tag, dem 22. Bahman im iranischen Kalender, veröffentlichten die Militärkommandanten eine Erklärung, in der es hieß, die Streitkräfte würden nicht Partei ergreifen und in ihren Stützpunkten bleiben. Das bedeutete, dass das Militär kapituliert hatte; an jenem Abend floh der Ministerpräsident aus seinem Büro und anschließend aus dem Land. Das staatliche Fernsehen und der staatliche Rundfunk verstummten, bis eine kratzige, zittrige Stimme verkündete, sie seien vom Volk übernommen worden.

Seit jenem Tag wird der 22. Bahman als der Tag gefeiert, an dem die Revolution den Sieg errang. Auf Persisch sagen wir nicht, die Revolution sei geboren worden, habe sich ereignet oder sei ausgebrochen. Wir verwenden ein überdimensionales Verb, deswegen sagen wir, die Revolution sei siegreich gewesen. An jenem Tag wurde ich von einem Gefühl des Stolzes übermannt, über das ich rückblickend lachen muss. Ich hatte das Gefühl, dass nicht nur die Revolution, sondern auch ich selbst gesiegt hatte. Es dauerte kaum einen Monat, bis mir klar wurde, dass ich tatsächlich bereitwillig und voller Enthusiasmus an meinem eigenen Ende mitgewirkt hatte. Ich war eine Frau, und der Sieg der Revolution verlangte meine Vertreibung aus dem Amt.

Der bittere Geschmack der Revolution

Die Kopftuch-»Einladung« war die erste Warnung, dass diese Revolution ihre Schwestern fressen könnte. Schwestern, so nannten die Frauen einander, während sie für den Sturz des Schahs agitierten. Stellen Sie sich folgende Szene nur wenige Tage nach dem Sieg der Revolution vor: Ein Mann namens Fathollah Bani-Sadr wurde zum vorläufigen Leiter des Justizministeriums ernannt. Voller Stolz überfielen ihn ein paar von uns an einem klaren, windigen Nachmittag in seinem Büro, um ihm zu gratulieren. Wir marschierten hinein, man wechselte viele herzliche Begrüßungsworte und blumige Glückwünsche. Dann fiel Bani-Sadrs Blick auf mich. Ich ging davon aus, dass er mir vielleicht danken oder zum Ausdruck bringen würde, wie viel es ihm bedeutete, dass eine engagierte Richterin wie ich die Revolution unterstützt hatte.

Stattdessen sagte er: »Finden Sie nicht, dass es aus Hochachtung vor unserem geliebten Imam Khomeini, der den Iran mit seiner Rückkehr beehrt hat, besser wäre, wenn Sie Ihr Haar bedecken würden?« Ich war schockiert. Da standen wir im Justizministerium, nachdem eine veraltete Monarchie durch einen Volksaufstand abgesetzt und durch eine moderne Republik ersetzt worden war, und der neue Leiter des Justizministeriums sprach über mein Haar. Mein Haar!

»Ich habe noch nie im Leben ein Kopftuch getragen«, sagte ich, »und es wäre scheinheilig, jetzt damit anzufangen.«

»Dann heucheln Sie nicht, sondern tragen Sie es aus Überzeugung!«, erwiderte er, als habe er damit mein Problem gelöst.

»Hören Sie, was soll das?«, entgegnete ich. »Man sollte mich nicht zwingen, einen Schleier zu tragen, und wenn ich nicht daran glaube, werde ich es auch nicht tun.«

»Ist Ihnen nicht klar, wie sich die Situation entwickelt?«, fragte er nun etwas lauter.

»Doch, aber ich will nicht vorgeben, etwas zu sein, was ich nicht bin«, antwortete ich. Und dann verließ ich den Raum.

Ich wollte nichts davon hören und schon gar nicht darüber nachdenken, welche Art von Realität »die Situation« für uns bereithielt. Ich war mit privaten Problemen beschäftigt. In diesem Frühjahr hatten Javad und ich nach einer zweiten Fehlgeburt im vergangenen Jahr eine Reise nach New York geplant, um einen Facharzt für Reproduktionsmedizin aufzusuchen. Wir hatten die Termine lange im Voraus vereinbart, vor dem völligen Zusammenbruch der Gesellschaftsordnung, und nun war es beinahe unmöglich zu reisen. Niemand durfte das Land verlassen. Ich wandte mich mit einem Brief des Büros des Oberstaatsanwaltes an Abbas Amir-Entezam, den Regierungssprecher. Amir-Entezam – der kurz darauf verhaftet wurde und bis heute im Gefängnis sitzt –, erteilte uns die Erlaubnis. Im April flogen wir in die USA. Teherans Flughafen Mehrabad, auf dem es gewöhnlich von Passagieren wimmelte, die nach Europa flogen, wirkte wie eine Kombination aus einer Geisterstadt und einem Militärstützpunkt. Unsere Taschen wurden genauestens durchsucht, ob sie auch ja keine Antiquitäten oder unerlaubten Geldsummen enthielten, und zusammen mit den anderen fünfzehn Fluggästen bestiegen wir die Boeing. Als wir uns in den leeren Reihen breit machten, schaute ich aus dem Fenster auf das unter uns in der Ferne verschwindende Teheran und fragte mich, welche Art von Iran wir bei unserer Rückkehr vorfinden würden.

Die Spezialisten in New York waren mitfühlend und sprachen in jenen Tagen offener darüber, was die fortgeschrittene Medizin für eine Frau in den Dreißigern tun konnte, die darum kämpfte, ein Kind zu bekommen. Zum Spezialistenteam der Long-Island-Klinik gehörte auch ein iranischer Arzt, der mir die Situation, auf typisch persische Art, mit einer Metapher erklärte: »Ein Apfelbaum hat vielleicht hundert Knospen, aber nicht aus allen werden Äpfel. Können wir erklären, warum trotz gleichen Klimas und gleicher Bewässerung aus einigen der Knospen Äpfel werden und aus anderen nicht? Natürlich nicht.« Er erklärte, dass es bei einigen Fehlgeburten einfach nicht möglich sei, die Ursache zu finden, und sagte, ich solle mich nicht entmutigen lassen und es weiter versuchen.

Am Tag nachdem wir nach Teheran zurückgeflogen waren, ging ich sofort wieder zur Arbeit. Wir waren nur knapp einen Monat lang weg gewesen, aber Teheran war bereits eine andere Stadt. Die Straßen – lange Boulevards mit Namen wie Eisenhower, Roosevelt, Queen Elizabeth und Pfauenthron – waren umbenannt worden nach schiitischen Imams, Geistlichen, die den Märtyrertod gestorben waren, und Helden der Dritten Welt, die einen antiimperialistischen Kampf geführt hatten.

Während unserer kurzen Abwesenheit hatten die Menschen begonnen, ihre Unterstützung für die Revolution ganz offen zu zeigen. Als mein Taxifahrer an den Regierungsgebäuden im Zentrum von Teheran vorbeikroch, fiel mir auf, dass die Dienstwagen des Ministeriums fehlten, die normalerweise die Bordsteine säumten. Stattdessen stand dort eine lange Reihe von Mopeds und Motorrädern. Beim Gericht angekommen, ging ich von einem Flur zum nächsten und schaute ungläubig in verschiedene Büros. Die Männer trugen nicht länger Anzüge und Krawatten, sondern einfache Freizeithosen und kragenlose Hemden, von denen viele reichlich verknittert waren und manche sogar Flecken hatten. Ich konnte sogar den Unterschied riechen. Der leichte Duft von Eau de Cologne oder Parfüm, der vor allem morgens in den Fluren gehangen hatte, war verschwunden. Ich traf eine meiner Kolleginnen im Flur und flüsterte ihr zu, wie sehr mich dieser plötzliche Wandel schockiere. Es kam mir vor, als machten die Angestellten des Ministeriums eine Kostümprobe für ein Stück über städtische Armut.

Offensichtlich hatte man während eines bestimmten Moments meiner kurzen Abwesenheit den Volksaufstand für beendet erklärt, um sich wirklich wichtigen Angelegenheiten wie dem Krawattenverbot in Regierungsgebäuden zu widmen. Die radikalen Mullahs hatten schon seit langem verwestlichte Technokraten als *fokoli*, vom französischen Wort *faux col*, abknöpfbarer Kragen, abgestempelt, und nun galt die Krawatte als Symbol der Übel des Westens; der Duft von Eau de Cologne signalisierte konterrevolutionäre Tendenzen, und mit dem Dienstwagen zur Arbeit zu fahren war ein Beweis für Klassenprivilegien. In dieser neuen Atmosphäre strebte jeder danach, arm zu wirken, und das Tragen schmutziger Kleidung war zu einem Zeichen politischer Integrität, einem Zeichen des Mitgefühls mit den Enteigneten geworden.

»Was sind das für Stühle!«, hatte Ayatollah Taleghani, einer der führenden revolutionären Geistlichen sich lautstark beschwert, als er kam, um im Senatsgebäude die Verfassung umzuschreiben, und einen Raum voller eleganter, mit Brokat bezogener Stühle vorfand. Sie seien bereits da gewesen, verteidigten sich seine Helfer, sie hätten sie nicht gekauft. Tagelang saßen der Ayatollah und seine Leute, während sie an der Verfassung schrieben, im Schneidersitz auf dem Boden. Schließlich gaben sie auf und ließen sich auf den korrupten Stühlen nieder.

Man kam sich damals vor wie im Theater, doch ich war abgelenkt von den Gerüchten, die im Justizministerium kursierten, Gerüchten, die so entsetzlich waren, dass ich jedes Mal, wenn ich sie hörte, tief durchatmen musste, um meiner Verzweiflung Herr zu werden. In den Korridoren erzählte man sich, der Islam verbiete es, dass Frauen ein Richteramt bekleiden. Ich versuchte, diese Gerüchte mit einem Lachen abzutun. Zu meinen Freunden zählten viele bedeutende Revolutionäre, und ich redete mir ein, ich hätte ausgezeichnete Beziehungen. Um deutlich zu machen, welche Konsequenzen meine potenzielle Enthebung aus dem Richteramt haben konnte, sollte ich erwähnen, dass ich zu diesem Zeitpunkt die angesehenste Richterin am Teheraner Gericht war. Die von mir veröffentlichten Artikel hatten mir zu einer gewissen Bekanntheit verholfen, und darüber hinaus hatte ich, eine führende Richterin, die Revolution öffentlich unterstützt. Mir werden sie sicher nicht an den Kragen gehen, dachte ich. Würden sie es tun, dann war klar, dass es für Frauen im Rechtssystem und vielleicht überhaupt in der Regierung keinen Platz mehr gab.

Einige Monate lang – eine Zeit, in der ich auch schwanger geworden war – behauptete ich mich eisern auf meinem Posten. Eines Tages bestellte mich der einstweilige Justizminister Bani-Sadr, von dem die Kopftuch-»Einladung« stammte, in sein Büro. In freundlichem Ton schlug er mir meine Versetzung ins Ermittlungsbüro des Ministeriums vor. Es wäre ein prestigeträchtiger Job gewesen, aber ich befürchtete, dass meine Versetzung Folgen haben würde und dass die Leute sie so verstehen würden, dass Frauen aus dem Richteramt verdrängt werden sollten. Ich lehnte das Angebot ab. Bani-Sadr warnte mich, dass möglicherweise ein Säuberungskomitee gebildet werde und ich dann zur Gerichtsassistentin zurückgestuft werden könnte.

»Ich gebe mein Amt nicht freiwillig auf«, erklärte ich.

»Eine Gruppe, die sich selbst als Anhänger der Linie Imam Khomeinis bezeichnet, hat die US-Botschaft besetzt und das Botschaftspersonal als Geiseln genommen!«, verkündete das Radio eines Abends Anfang November 1979, als ich, im fünften Monat schwanger, in der Küche vor der Spüle stand und frische Kräuter für das Abendessen wusch. Der Name der Gruppe kam mir merkwürdig nichts sagend vor. Damals folgte jeder der Linie Imam Khomeinis, und wer es nicht tat, wagte dies nicht zu sagen. Ich stellte das Sieb beiseite und dachte sofort an die Wiener Konvention über konsularische Beziehungen. Was für gedankenlose Radikale diese jungen Leute sein müssen, sagte ich zu mir selbst. Wie in aller Welt kann man Diplomaten als Geiseln nehmen? Die USA würden sicher aufgebracht sein und den Iran angreifen, der in seinem postrevolutionären Durcheinander nicht in der Lage sein würde, sich zu verteidigen. Ich erwartete, dass Ayatollah Khomeini, wenn auch aus keinem anderen Grund, als einen Angriff der Amerikaner abzuwehren, diesen Kindern – sie waren wirklich noch Kinder, denn als ihre Gesichter in den Abendnachrichten gezeigt wurden, sah man sofort, dass sie kaum zwanzig waren – befehlen würde, die Geiseln freizulassen.

Einige Tage vergingen. Khomeini befahl ihnen nicht, die Geiseln freizulassen, im Gegenteil, er lobte ihren Mut. Und die Amerikaner griffen nicht an. Sie verkündeten nur, dass sie das iranische Vermögen in den USA einfrieren würden, was mir sehr merkwürdig vorkam, ganz so als würden sie Geld als ein taktisch gleichwertiges Mittel betrachten: Ihr nehmt unsere Diplomaten als Geisel, wir nehmen euer Geld als Geisel.

Wenn ich an diese Zeiten zurückdenke, wundere ich mich über meine Naivität. Die Rechtslage schien doch völlig eindeutig zu sein. Eine Geiselnahme verstößt gegen das internationale Recht. Sie ist illegal, von daher falsch und verdammungswürdig.

63

Warum geschieht sie dennoch? Meine Verwirrung erinnert mich an Amir Abbas Howeida, den Ministerpräsidenten, der dem Schah vierzehn Jahre lang in diesem Amt diente und von dem illoyalen Monarchen im letzten Jahr vor der Revolution ins Gefängnis geworfen wurde – ein allzu spätes Opfer, das der wachsenden Unzufriedenheit der Bevölkerung Einhalt gebieten sollte. Am Tag der Revolution verließen Howeidas Gefängniswächter ihre Posten und schlugen ihm vor, ebenfalls zu fliehen. Doch Howeida, der fest von seiner Unschuld überzeugt war, sah keinen Grund, wie ein gemeiner Verbrecher zu fliehen. Er blieb, wo er war, und glaubte, dass es bald einen fairen Prozess geben und seine Unschuld bewiesen werden würde. Wie ich war er sicher vertraut mit der Geschichte großer Revolutionen, hatte die Geschichtsbücher über die Französische Revolution und die Oktoberrevolution gelesen, in denen man so weit ging, Köpfe auf Stöcke aufzuspießen und sie herumzutragen. Doch ihm ging es wohl wie mir: Auch seine Wahrnehmung der Welt ließ die Raserei und den Aufruhr nicht zu, die mit dem gewaltsamen Umsturz einer fest gefügten Ordnung einhergehen. Vielleicht waren wir zu sehr überwältigt davon, wie vor unseren Augen in unserem geliebten Teheran alles aus dem Ruder lief, um zu erkennen, dass – wie es bei allen Revolutionen der Fall ist – Regeln und Gerechtigkeit im Chaos verloren gehen würden. Was dachte er bloß? Was dachte ich bloß? Glaubte er wirklich, sie würden mit ihrer Raserei aufhören, ihre Massendemonstrationen absagen und eine faire Gerichtsverhandlung in einem klimatisierten Raum und mit einem ordentlichen Gerichtsschreiber abhalten? Glaubte ich wirklich, die bewaffneten, von der Macht berauschten Zwanzigjährigen in der US-Botschaft würden die Wiener Konvention durchblättern und ihre Meinung ändern? Keiner von uns hatte die Revolution verstanden. Was für Idioten wir waren!

Als Ayatollah Khomeini die Besetzung der Botschaft feierte und von einer »zweiten Revolution« sprach, wagte keiner mehr, ihm öffentlich zu widersprechen. Viele Iraner lehnten die Geiselnahme klar ab, wagten es jedoch aus Angst davor, als amerikanischer Agent beschuldigt und ins Gefängnis geworfen zu werden, nicht, ihre Meinung öffentlich zu äußern. Diejenigen, die die Geiselnahme unterstützten, machten sich keine Gedanken über das Ansehen des Iran in der Welt. Der Ayatollah hatte gesagt: »Amerika kann absolut nichts unternehmen«, und dieser Slogan war bald überall in Teheran zu lesen. Ein trügerischer Stolz nahm von den Menschen Besitz. Sie dachten, mit der erfolgreichen Besetzung der US-Botschaft hätten sie Amerika besiegt.

Ich bin mir sicher, dass die Iraner, die sich mit Blick auf die Wiener Konvention Gedanken über die Folgen der Geiselnahme machten, in der Minderheit waren. Die meisten Iraner waren dem Zauber des unvergleichlichen Charismas von Ayatollah Khomeini erlegen und hielten die Studenten für Helden.

Die Besetzung der Botschaft wurde sehr bald zum zentralen Drama der Revolution. Die Studenten verkündeten, sie hätten Geheimdokumente gefunden, und begannen, Erklärungen zu veröffentlichen, in denen die Namen von Iranern genannt wurden, die angeblich für die amerikanische Regierung spioniert hatten. Mit jeder neuen Erklärung besiegelten diese Geiselnehmer den Tod der angeblichen Kollaborateure. Die Menschen strömten in wilder Aufregung zur Botschaft, drängten sich auf den belebten Kreuzungen rund um den Gebäudekomplex und schrien: »Tod Amerika!« Militante Studenten patrouillierten auf dem Gelände, das etwa die Größe eines kleinen Collegecampus einschließlich Tennisplätzen, Gärten und einem riesigen Auditorium hatte; eine Botschaft, deren Größe die engen Beziehungen zwischen der US-Regierung und dem Iran des Schahs widerspiegelte.

Eines Nachmittags rief mich eine Freundin an und fragte, ob ich Lust hätte, zur Botschaft zu gehen. »Werden sie uns hineinlassen?«, fragte ich. »Nein, aber dort sind Unmengen von Menschen«, sagte sie. »Es ist bestimmt unterhaltsam, dort herumzuschlendern.« Inzwischen säumten die Karren der Straßenverkäufer, die gedünstete Rüben, geröstete Maiskolben, kaltes Sodawasser und alle Arten von iranischen Imbissen feilboten, die Straßen um die Botschaft, als handele es sich um einen Picknickplatz. Eltern schoben ihre Kinder in Sportwagen herum, Kinder schleckten Eis, und die treuen Anhänger Khomeinis kauften zu ihrem frischen Melonensaft ein Porträt des Ayatollah. Im Grunde genommen verwandelte sich das, was als Sit-in begonnen hatte, in einen traumatischen Abbruch der internationalen Beziehungen, und beides verwandelte sich dann in einen Straßenmarkt.

»Tut mir Leid«, sagte ich meiner Freundin. »Ich habe keine Lust, mir solche Dummheiten anzusehen.«

Abend für Abend sendete das Fernsehen die Presseverlautbarungen dieser jungen Leute und zeigte Szenen von den allgegenwärtigen Massen. Die Besetzung dauerte länger, als sich irgendjemand von uns hätte vorstellen können – insgesamt 444 Tage. Ich erinnere mich daran, dass die halbe Welt Gesandte zu Ayatollah Khomeini schickte, die ihn ersuchten, die Geiseln freizulassen. Selbst der Papst schickte jemanden.

»Im Namen des Papstes, im Namen der Menschlichkeit«, flehte der Abgesandte, »bitte lassen Sie sie frei.«

»Wo war der Papst«, antwortete der Ayatollah unbewegt, »als unsere jungen Leute in den Gefängnissen des Schahs gefoltert wurden?«

Viele der künftigen Politiker der Islamischen Republik stammten aus der Gruppe, die die Botschaft besetzt und sich selbst den Namen »Anhänger der Linie Imam Khomeinis« gegeben hatte. Von wohl bekannten Hardlinern, bis zu führenden Reformern, füllten die Geiselnehmer die Reihen der Regierung, obwohl die einstigen Helden bei vielen Iranern in den kommenden Jahren an Ansehen verlieren sollten. Dies war vor allem nach dem Ende des Kriegs mit dem Irak der Fall, als die Menschen spürten, welchen Schaden die Botschaftsbesetzung dem Ansehen des Iran in der Welt zugefügt hatte. Der Zusammenbruch der Sowjetunion hatte zur Folge, dass sich die Weltordnung an einer Macht ausrichtete, und die Feindschaft mit der einzigen Supermacht der Welt stellte eine ernsthafte Belastung dar. Die Wirtschaftssanktionen der USA bedeuteten, dass dem Iran keine amerikanischen Wartungsfirmen mehr zur Verfügung standen, um seine Öl-Infrastruktur zu erhalten, die vollständig von amerikanischen Firmen aufgebaut worden war. Der Iran konnte keine Boeings mehr kaufen oder die, die er bereits besaß, warten lassen; schließlich war sogar der europäische Airbus wegen seines in den USA gebauten Motors verboten. Die zivile Luftfahrt des Iran verkam von Jahr zu Jahr immer mehr, und die Regierung kaufte schließlich russische Tupolews, die mit alarmierender Regelmäßigkeit abstürzten. Es kann heute noch passieren, dass man sich, wenn man nach Europa fliegt, in einer alten Boeing 747 aus den Siebzigerjahren wiederfindet, einem einsamen Relikt aus einer Zeit, als der iranische Botschafter in Washington die berühmtesten Partys in der US-Hauptstadt gab und der amerikanische Botschafter in Teheran Bloody-Mary-Brunches veranstaltete.

Die Geiselnahme verband die Schicksale der Vereinigten Staaten und des Iran für Jahrzehnte, obwohl es vielleicht das letzte Mal war, dass die beiden Nationen sich direkt gegenüberstanden.

Für den revolutionären Iran blieben die Amerikaner im Chaos von Beirut der frühen Achtzigerjahre auch weiterhin eine Zielscheibe. Sie schickten ihre Radikalen und Revolutionsgarden in den Libanon, ein kleines, in einen Bürgerkrieg verwickeltes Land am Mittelmeer, um die schiitische, militante Gruppe Hisbollah zu gründen. Im Frühjahr 1983 fuhr ein Selbstmordattentäter einen mit Sprengstoff beladenen Kleintransporter in die US-Botschaft in Beirut. Sechzig Menschen wurden getötet. Im Herbst desselben Jahres wurden in einer US-Kaserne in Beirut bei einem Selbstmordattentat 241 Marineinfanteristen getötet. Nachdem die Selbstmord-Autobombe erfolgreich als Waffe im Städtekampf eingeführt worden war, begannen islamische Extremisten, die angeblich vom Iran unterstützt wurden, Amerikaner zu kidnappen, darunter einen Leiter der CIA-Außenstelle. Die Kidnapper wurden mit der iranischen Revolutionsgarde in Verbindung gebracht, und die Diplomaten, die die Amerikaner befreien wollten, flogen zu Verhandlungen nach Teheran.

Nach außen hin herrschte zwischen den USA und dem Iran Feindschaft, wobei der Iran gegen seinen neuen Feind auf dem entfernten Schlachtfeld in Beirut zum Schlag ausholte. Doch selbst von iranischer Seite aus kursierten während der Botschaftsbesetzung Gerüchte über geheime Kontakte zwischen den nach außen hin verfeindeten Parteien. Hochrangige Mitglieder von Jimmy Carters scheidender Regierung behaupteten, dass die Geiselnehmer über private Kanäle zugestimmt hätten, die Freilassung der Geiseln bis zur Amtseinführung Präsident Reagans zu verschieben. Und tatsächlich, nur wenige Stunden nachdem Reagan vereidigt worden war, informierte er die Nation, dass die Geiselnahme beendet sei.

Die Iran-Contra-Affäre Mitte der Achtzigerjahre schürte diesen Verdacht, als durchsickerte, dass die USA dem Iran im Austausch für die Freilassung von Geiseln Raketen verkaufe. Die Affäre schadete dem Ruf der Reagan-Regierung, doch sie führte auch dazu, dass die Iraner die amerikafeindliche Haltung ihrer Regierung infrage stellten, vor allem als Einzelheiten über eine Geheimmission in den Iran ans Tageslicht kamen: 1986 sandte Präsident Reagan den nationalen Sicherheitsberater Robert McFarlane nach Teheran, im Gepäck einen inzwischen berüchtigten Schokoladenkuchen in der Form eines Schlüssels sowie eine Bibel mit einer vom Präsidenten selbst geschriebenen Widmung. Der schlüsselförmige Kuchen wurde im Iran zur politischen Legende, zu einem Symbol der privaten Kooperation hinter dem öffentlichen Antagonismus der beiden Nationen.

Die 444 Tage während Geiselnahme war keine nüchterne Konfrontation zwischen zwei souveränen Staaten. In Washington betrachtet man die Beziehung als eine gescheiterte Ehe, in der bei dem Vorgehen beider Parteien große Emotionen eine ebenso wichtige Rolle spielen wie strategische Überlegungen. Diese Sichtweise zeugt davon, dass man das Verhalten des Iran als das Aufflackern eines radikalen Islam gegen den weltlich orientierten Schah versteht. Doch im Iran reicht die kollektive Erinnerung weiter zurück, und der Startschuss wird auf das Jahr 1953 datiert, in dem Mossadegh durch einen Coup der Amerikaner gestürzt wurde.

Viele der Geiselnehmer wie auch der Revolutionäre vollzogen in den Neunzigerjahren einen intellektuellen Wandel. Sie kamen zu dem Schluss, die Revolution sei von ihrem Kurs abgekommen, habe das Ideal der Freiheit und Unabhängigkeit aus dem Blick verloren und entfremde das Volk mit ihrer wild wuchernden Korruption und ihren Unterdrückungspraktiken. Ende der Neunzigerjahre bahnten sie einer Reformbewegung von Insidern des Regimes den Weg, die danach strebte, dem absoluten Autoritätsanspruch der Islamischen Republik Einhalt zu gebieten. Als 2001 das Gelände der US-Botschaft der Öffentlichkeit zum ersten Mal zugänglich gemacht wurde mit einer makaberen Ausstellung, die »Amerikas Verbrechen überall auf der Welt« gewidmet war – Bildnisse von Onkel Sam mit Teufelshörnern und einer Freiheitsstatue mit einer in ihrem Magen eingeschlossenen lebendigen Taube –, weigerten sie sich, dabei zu sein.

Die Versammlung, bei der ich meines Richteramtes enthoben wurde, fand Ende 1980 in einem großen Raum im Bezirksgericht statt. Es handelte sich eher um eine Entlassung als um eine Besprechung, weil die Mitglieder des Säuberungskomitees, die hinter einem Holztisch Platz genommen hatten, mir nicht einmal einen Stuhl anboten. Zwei von ihnen waren Richter, die ich gut kannte. Einer der beiden war mir bis zum vergangenen Jahr unterstellt gewesen. Ich blieb stur stehen und umklammerte die Lehne eines Stuhls. Ich war im sechsten Monat schwanger und fragte mich, ob sie wenigstens den Anstand besäßen, mir doch noch einen Platz anzubieten. Einer von ihnen nahm ein Blatt Papier in die Hand und warf es mir ungehobelt über den Tisch hin zu.

»Melden Sie sich in der Geschäftsstelle, wenn Ihr Urlaub zu Ende ist«, sagte er in schroffem Ton. Die »Geschäftsstelle« war das Büro, in dem sich die Gerichtsangestellten melden mussten. »Melden Sie sich in der Geschäftsstelle« hieß, dass ich zurückgestuft wurde und als Protokollführerin, Büroangestellte und Schreibkraft arbeiten sollte.

Niemand sonst sagte ein Wort. Ich sah die beiden Richter an, die ich kannte. Sie saßen rechts und links vom Komiteevorsitzenden.

»Ohne überhaupt in der Geschäftsstelle angefangen zu haben, will sie Urlaub haben«, sagte dieser.

Ich wusste, dass er absichtlich versuchte, mich zu provozieren. Ich strich mir mit der Hand über den Bauch und sagte, dass das Arbeitsrecht den Mutterschaftsurlaub garantiere.

Und dann passierte etwas Unvorstellbares. Sie begannen, sich über Richterinnen zu unterhalten, so als sei ich nicht im Raum. »Sie sind chaotisch!«, sagte einer. »Ständig abgelenkt«, murmelte ein anderer. »Ja!«, schaltete sich ein weiterer ein, »sie sind so unmotiviert. Es ist offensichtlich, dass sie eigentlich gar nicht arbeiten wollen.«

Ich zog die Schultern hoch, legte schützend den Arm vor meinen Bauch und verließ mit großen Schritten den Raum, unsicher, ob ich vor lauter Wut überhaupt ein Wort herausbringen würde.

Bis heute kann ich, wenn ich an dieses Treffen denke oder davon erzähle, nicht rekonstruieren, wie ich nach Hause kam. Ich muss zu Fuß gegangen sein, denn ich war eindeutig unterwegs gestürzt, obwohl ich mich nicht daran erinnern kann. Ich erinnere mich nicht daran, die belebten Kreuzungen überquert oder das Brummen der keuchenden alten Paykans gehört zu haben. Ich öffnete nicht einmal die Tür mit meinem eigenen Schlüssel, sondern klingelte und stand einfach auf der Treppe. Meine Schwester fand mich dort, blass und mit ausdruckslosem Gesicht. Sie war sehr aufgeregt, als sie sah, dass mir Blut das Bein hinablief und meine Hose einen Riss hatte. Ich schaute an mir herab und sah die rote, klaffende Wunde über meinem Knie. Erst als meine Schwester mich fest in die Arme nahm, begann ich zu weinen.

In den nachfolgenden Tagen ereignete sich das Unvorstellbare mit erstaunlicher Regelmäßigkeit. Ich habe es nicht ausdrücklich erwähnt, aber es wird Ihnen sicher nicht entgangen sein, dass ich stur bin. Ich weigerte mich, zu Hause rumzusitzen und mich widerstandslos von der Personalliste des Ministeriums streichen zu lassen. Ich tauchte pünktlich um neun Uhr morgens in der Geschäftsstelle auf, dem Bereich, in den ich schmachvoll »versetzt« worden war. Aber gleich am ersten Tag verkündete ich, dass ich mich aus Protest über die gegen meinen Willen erfolgte Zurückstufung weigerte zu arbeiten. Der Leiter der Geschäftsstelle kannte mich aus meiner Zeit als Richterin und verstand, warum ich dies tat. Er ließ mich gewähren. Ich ging jeden Tag ins Büro und saß einfach in meinem Zimmer herum. Aus Stunden wurden Tage, aus Tagen Wochen.

Eines Nachmittags tauchten ein paar Leute im Ministerium auf und bauten sich vor dem Büro von Bani-Sadr auf, der inzwischen zum Generalstaatsanwalt ernannt worden war. Die Männer gehörten der *anjoman-e Islami* an, einer der vielen wie Pilze aus dem Boden schießenden islamischen Gesellschaften, die es sich zur Aufgabe gemacht hatten, die Reinheit der Revolution zu schützen. Als Bani-Sadr schließlich eintraf, hinderten sie ihn am Betreten seines Büros. Sie diskutierten laut und warfen ihm vor, er sei kein wahrer islamischer Revolutionär. Im Grunde genommen erzählten sie ihm das Gleiche, was er mir damals erzählt hatte, als er mich aufgefordert hatte, aus Achtung vor Ayatollah Khomeini mein Haar zu bedecken.

Bani-Sadr stolzierte aus dem Ministerium. Einige Zeit später – nachdem sein Bruder Präsident des Iran geworden war – bot er mir an, als Rechtsberaterin des Präsidenten zu arbeiten. Es war ein verlockendes Angebot; eindeutig verlockender als Tag für Tag in der Geschäftsstelle zu sitzen und die Wand anzustarren. Doch ich lehnte ab. Ich hatte gesehen, wie anfällig diese politischen Allianzen sein konnten, wie die launischen Revolutionäre Tag für Tag ihre Wertvorstellungen neu erfanden. Wie jemand, der an einem Tag anderen einen Vortrag über den richtigen revolutionären

Geist hielt, am nächsten Tag von Leuten, die noch radikaler waren als er, aus seinem Büro geworfen werden konnte. Ich irrte mich nicht. Der Mann, der diesen Posten annahm, wurde von einem Exekutionskommando hingerichtet, als man Präsident Bani-Sadr seines Amtes enthob.

An einem jener entsetzlich eintönigen Tage in der Geschäftsstelle las ich, bevor die Langeweile mich in den Wahnsinn zu treiben drohte und ich meinen Streik aufgab, in der Tageszeitung mit dem wenig originellen Namen *Engbelab-e Eslami*, Islamische Revolution, einen sensationellen Artikel. Als mein Blick auf die Überschrift fiel und ich dann den darunter stehenden Entwurf des islamischen Strafgesetzbuches las, war ich davon überzeugt, Halluzinationen zu haben. Wie ist dies möglich?, dachte ich. Die Einführung eines islamischen Strafgesetzbuches, inspiriert durch das islamische Recht, wäre eine bedeutende Revision der Prinzipien, wie eine Gesellschaft regiert wird. Ein solches Gesetzbuch würde die Basis der Regierungsgewalt, die Beziehung der Bürger zu Gesetzen sowie die Ordnungsprinzipien und Sozialverträge, die das gesellschaftliche Zusammenleben regeln, von Grund auf verändern. Es wäre ein Wandel von solch allumfassender Bedeutung, dass er von den Stadtmauern verkündet und darüber abgestimmt werden sollte. Der Entwurf sollte nicht, so meinte ich, eines Tages in der Morgenzeitung auftauchen. Ich schob meine Teetasse beiseite, breitete die Zeitung sorgfältig auf meinem Schreibtisch aus und las den Artikel noch einmal von vorne.

Die grauenvollen Gesetze, gegen die ich den Rest meines Lebens ankämpfen sollte, starrten vom Papier aus zurück: Das Leben einer Frau war im Vergleich zu dem eines Mannes nur die Hälfte wert (wenn zum Beispiel beide auf der Straße von einem

Auto angefahren wurden, war die Entschädigung, die der Familie der Frau zustand, nur halb so hoch wie die, die der Familie des Mannes zustand); die Aussage einer Frau bei Gericht als Zeugin eines Verbrechens galt nur halb so viel wie die eines Mannes; eine Frau musste ihren Mann um Erlaubnis bitten, wenn sie sich scheiden lassen wollte. Diejenigen, die das Strafgesetzbuch entworfen hatten, hatten sich offensichtlich im siebten Jahrhundert rechtlichen Rat eingeholt. Kurz gesagt, die Gesetze drehten die Uhr um 1400 Jahre zurück zu den frühen Tagen der Ausbreitung des Islam, den Tagen, in denen das Steinigen von Ehebrecherinnen und das Abhacken der Hände von Dieben als angemessene Strafen erachtet wurden.

Ich spürte, wie mir vor grenzenloser Wut heiß wurde. Ein dumpfer Schmerz in einer meiner Schläfen wuchs sich innerhalb einer Stunde zu einem unerträglichen einseitigen Pochen aus. Ich ging mit der ersten meiner zahlreichen Migränen nach Hause, lag stundenlang auf dem Bett, die Vorhänge zugezogen. Javad war für einige Monate zu einem Ausbildungskurs in Europa. Wenigstens brauchte ich nicht zu kochen oder den Tisch zu decken. Zu diesem Zeitpunkt wurde vielen gebildeten Iranern klar, dass die Revolution in eine grauenhafte Richtung steuerte. Nicht nur fehlte vielen revolutionären Prozessen im Gegensatz zu früher der Rückhalt in der Bevölkerung; es war auch ein Hunger nach Gewalt spürbar, der nur zuzunehmen schien.

Als die Sonne unterging und der Lärm des Feierabendverkehrs nachließ, es beinahe neun Uhr war und Teheran zur Ruhe kam, kroch ich aus dem Bett und machte mir eine kalte Kompresse, die ich mir auf die Stirn legte. Ich nahm einen Teller mit Keksen mit ins Wohnzimmer, schaltete den Fernseher ein und stellte den Ton leise. Ich konnte eigentlich nichts essen und spielte nur am Rand des Tellers mit den Krümeln herum. Ayatollah Khomeinis ernstes

Gesicht erschien auf dem Bildschirm. Ich stellte den Ton lauter, obwohl mir der Lärm fast unerträglich war. In seiner Rede sagte er, in jenem für ihn typischen monotonen Ton, in dem er einen Kaiser gestürzt und den Kurs der iranischen Geschichte neu bestimmt hatte, dass jeder, der sich gegen das Strafgesetz ausspreche, gegen den Islam sei und bestraft würde. Das Exempel wurde bereits in den ersten Tagen statuiert: Kritik war das Werk der »Feinde«, einer immer größer werdenden Liste, die all jene einschloss, die man für »Gegner des Islam« und für »Konterrevolutionäre« hielt. Die Kriterien für diese Bezeichnungen wurden täglich verworfen und wieder neu definiert. Und diejenigen, die auf der falschen Seite landeten, wurden meistens hingerichtet.

Mehrere Tage später schrieb eine Gruppe von Juraprofessoren der Universität Teheran einen Protestbrief. Darin hieß es, das neue Strafgesetz sei unpassend für das zwanzigste Jahrhundert und sollte nicht in Kraft gesetzt werden. Sie wurden umgehend entlassen, bis es einen Mangel an Professoren gab und man sie nach und nach wieder einstellte.

Ich bereitete mich auf all die möglichen Auswirkungen vor, die die Umsetzung des islamischen Rechts auf mein Leben haben könnte, dachte über alle Bereiche nach, in denen die Änderungen spürbar werden würden: die Gerichtssäle, in denen ich nun nicht länger den Vorsitz haben würde, das Ministerium, in dem es von Geistlichen wimmeln würde, die religiösen Werke, die ich nun als rechtliche Quellen verwenden würde. Bei all meinen bangen Spekulationen hätte ich mir nie vorstellen können, dass die Angst vor einem neuen Rechtssystem, mochte es noch so katastrophal sein, mir bis in mein Wohnzimmer folgen würde, bis in meine Ehe. Aber es ließ sich nicht leugnen. Seit ich von dem neuen Strafgesetz in der Zeitung gelesen hatte, verhielt ich mich Javad gegenüber anders. Es war, als habe ich meine Haut verkehrt herum an. Bei der kleinsten Bemerkung, die mir – wenn auch nur ein bisschen – schroff erschien, begab ich mich auf den Kriegspfad oder war auf der Hut, wie wir in Persien sagen. Ich konnte nicht anders.

Als Javad und ich heirateten, begannen wir unser gemeinsames Leben als zwei gleichberechtigte Individuen. Doch laut dieser Gesetze blieb er eine Person, während ich zu einer beweglichen Habe wurde. Sie erlaubten es ihm, sich ganz nach Lust und Laune von mir scheiden zu lassen, das Sorgerecht für unsere zukünftigen Kinder für sich zu beanspruchen und sich drei Frauen zu nehmen, mit denen ich dann in einem Haus leben müsste. Obwohl mein Verstand mir sagte, dass in Javads Innerem kein potenzielles Monster lauerte, das nur darauf wartete, herauszukommen und unsere noch nicht geborenen Kinder zu stehlen, war ich dennoch sehr bedrückt. Einige Wochen nachdem ich mich in ein mürrisches, abweisendes Wesen verwandelt hatte, hielt ich die Zeit für gekommen, mit Javad zu reden.

»Hör mal, ich ertrage die Situation nicht länger«, sagte ich ihm.

»Wir haben keine Probleme«, antwortete er. Und er hatte Recht damit. Bis vor kurzem noch hatten sich unsere größten Meinungsverschiedenheiten um die Hausarbeit gedreht.

»Ich weiß«, erwiderte ich, »aber das Gesetz ist das Problem. Früher waren wir gleichberechtigt. Jetzt stehst du dem Gesetz nach über mir, und das ertrage ich einfach nicht. Wirklich nicht.«

»Was soll ich also tun?«, fragte er und hob die Hände.

Und dann hatte ich einen Geistesblitz. Ich wusste, was er tun konnte! Er konnte einen nachträglichen Ehevertrag unterzeichnen, in dem er mir das Recht gewährte, mich scheiden zu lassen, und mir im Fall einer Trennung das Hauptsorgerecht für unsere zukünftigen Kinder überließ.

Am nächsten Morgen standen wir gegen acht Uhr auf, aßen schnell unser Frühstück – süßen Tee und frisches Brot – und machten uns zum ortsansässigen Notar auf. Wie gewöhnlich steuerte ich den Wagen. Javad fuhr nicht gerne in der Stadt, während ich nichts mehr genoss, als mich durch den chaotischen Verkehr auf Teherans Boulevards zu fädeln und wie die meisten anderen Autofahrer meinem Frust über das Leben im Iran von meinem Platz hinter dem Steuer aus Ausdruck zu verleihen.

»Du hättest Taxifahrerin werden sollen«, sagte Javad immer. Doch seltsamerweise habe ich Angst davor, auf der Autobahn zu fahren. Wenn wir außerhalb von Teheran unterwegs sind, fährt Javad immer. Geschwindigkeit macht mir Angst. Wenn ich über 80 Stundenkilometer fahre, wird mir schwindlig.

Während meiner Ausbildung zur Richterin besichtigten wir als Teil unseres Praktikums bei der Staatsanwaltschaft das Leichenschauhaus. Fünfzehn vor kurzem zu Tode gequetschte Menschen lagen auf den kalten Stahltischen und warteten auf die Autopsie. Sie hatten in einem Bus gesessen, der einen Unfall hatte, als der Busfahrer bei überhöhter Geschwindigkeit die Kontrolle über das Fahrzeug verlor. Seit jenem Tag fahre ich grundsätzlich nicht mehr auf Autobahnen.

Als wir bei dem Notar eintrafen, schaute dieser Javad durch seine dicken Brillengläser an, als sei er verrückt geworden. »Wissen Sie, was Sie da tun, guter Mann?«, fragte er ihn und nahm vielleicht an, Javad müsse Analphabet sein, um sich dazu überlisten zu lassen, solch einen Vertrag zu unterschreiben. »Warum tun Sie das?«

Javads Antwort werde ich nie vergessen: »Meine Entscheidung ist unwiderruflich. Ich will mein Leben retten.«

Auf dem Nachhauseweg schaute ich hinüber zum Beifahrersitz, betrachtete Javads Profil und spürte, wie sich der unerträgliche Druck, der auf mir gelastet hatte, auflöste. Wir waren wieder das, was wir sein sollten – gleichberechtigt. Aber vollkommen gelöst war das Problem für mich damit nicht. Schließlich konnte ich nicht alle iranischen Männer zum Notar schleifen!

Am 21. April 1980, auf den Tag fünf Jahre nachdem ich meinen Mann kennen gelernt hatte, kam unsere Tochter Negar zur Welt. Ich hatte bis kurz vor Einsetzen der Wehen in der Geschäftsstelle »gearbeitet« und hätte nie gedacht, dass meine Tochter das Licht – ich weiß nicht, wie ich es anders ausdrücken könnte – in meinem immer dunkler werdenden Leben werden würde. Ehrlich gesagt machte ich mir nicht sonderlich viel aus Kindern, bis ich mein eigenes Kind hatte. Ich blieb zwei Monate zu Hause und kümmerte mich um dieses geheimnisvolle, rosige kleine Wesen, wischte ihm den Mund, wenn es sabberte, und rieb ihm durch den Frotteepullover hindurch den Rücken, damit es ein Bäuerchen machte. Ich war fasziniert. Und das nicht nur, weil die kindliche Welt meiner Tochter, die beruhigenden Schlaflieder und die rituelle Zubereitung ihrer Flaschen mich für eine Weile die Hässlichkeit der Außenwelt vergessen ließ, die Hinrichtungen und Säuberungsaktionen, die einfach nicht aufhörten.

Nachdem unsere Tochter geboren war, konnten wir uns kein Kindermädchen leisten. Deswegen brachte ich Negar, als ich wieder zur Arbeit ging, morgens zu meiner Mutter und holte sie auf dem Nachhauseweg wieder ab.

Negar mit einem Jahr

Ich kehrte in ein Ministerium zurück, in dem sich die Atmosphäre der Angst und der Einschüchterung noch verschärft hatte. Die Revolutionäre schienen jeden Tag ein neues ungerechtes und willkürliches Gesetz zu verabschieden, und niemand wagte es, dagegen zu protestieren, um nicht als islamfeindlich abgestempelt zu werden. Während meine ehemaligen Kollegen mich in aller Heimlichkeit in eine andere Abteilung »versetzt« und damit zurückgestuft hatten, wurde bald ein neues Gesetz verabschiedet, in dem es hieß, dass nur Männer Richter sein könnten und dass Richterinnen einen Verwaltungsposten annehmen müssten. Im Rahmen einer grausamen bürokratischen Umbesetzung wurde ich zur Sekretärin eben jenes Gerichts ernannt, in dem ich einst als Richterin den Vorsitz geführt hatte. Natürlich nahmen viele von uns Richterinnen das nicht schweigend hin. Wir beschwerten uns, wann immer wir konnten, in den Fluren, bei unseren Freunden mit Beziehungen zu Revolutionären, beim neuen Minister.

Ich persönlich wandte mich an die Revolutionäre, mit denen ich in den letzten Tagen des Schah-Regimes engen Kontakt gehabt hatte; an die damals Aufgeschlossenen, die mich nicht wie einen Iraner zweiter Klasse behandelt hatten, als sie meine Unterstützung in ihrem Kampf gegen das Regime suchten und mich brauchten, um ihre Protestbriefe zu unterschreiben und in die Büros der glücklosen, royalistischen Beamten einzufallen. Damals hatte ich gleichberechtigt an ihrer Seite gekämpft. Ich erinnerte sie an all das und hörte nicht auf, sie zu bedrängen. *Warum*, fragte ich unaufhörlich. Warum kann eine Frau kein Richter sein? Ich habe diese Revolution unterstützt. Ihr schuldet mir eine Antwort.

Du hast natürlich Recht. Niemand streitet mit dir. Hab nur Geduld. Wir werden uns später um deine Rechte kümmern, versprachen sie mir. Aber im Moment haben wir dringendere Probleme. Siehst du das nicht?

Ich sah es. Und mein Zweifel an den Revolutionären wurde im Lauf der Zeit zur Gewissheit. In ihrer Hierarchie der Prioritäten rangierten die Rechte der Frauen grundsätzlich an letzter Stelle. Es war einfach nie der richtige Zeitpunkt, die Rechte der Frauen zu verteidigen. Fünfundzwanzig Jahre später taten sie meine Argumente mit der gleichen Antwort ab – man musste sich um die Revolution kümmern. Wann, so fragte ich mich, ist nach Meinung dieser Gentlemen ein günstiger Zeitpunkt dafür gekommen, sich um die Rechte der Frauen zu kümmern? Im Leben nach dem Tod?

Doch damals war das Land in Gefahr, und so hatten diese fadenscheinigen Ausreden eine größere Überzeugungskraft. Denn als hätte uns das Schicksal nicht schon übel genug mitgespielt, marschierte am 22. September 1980 Saddam Hussein in den Iran ein.

Der Iran im Krieg

»Hast du die Nachrichten gehört? Hast du sie gehört? Schnell, schalt den Fernseher ein«, überschlugen sich die Worte meiner Freundin, als ich ihr die Tür öffnete und sie an mir vorbei ins Wohnzimmer stürmte. Ich hatte keine Ahnung, wovon sie sprach. Negar nahm mich an den Nachmittagen vollkommen in Anspruch, und ich hatte aufgehört, mir die Nachrichten anzuhören, denen ich ohnehin nicht traute. »Um zwei Uhr nachmittags«, erklärte mir meine Freundin, »haben irakische Kampfflugzeuge den Flughafen Mehrabad und andere Standorte in Teheran angegriffen.«

Ich setzte Teewasser auf und lief zurück zum Fernseher. Es gab kein Programm; man hörte nur den bedrohlichen, immer lauter werdenden Trommelwirbel eines patriotischen Marsches, der gelegentlich von einer Stimme unterbrochen wurde, die die Zuschauer bat, an den Bildschirmen zu bleiben, da Ayatollah Khomeini in Kürze eine Ansprache halten würde. Wir blieben.

»Das iranische Volk«, erklärte Ayatollah Khomeini, »wird sein Heimatland verteidigen.« Da begriffen wir, dass der Krieg begonnen hatte. Das Telefon klingelte. »Warum kommt ihr nicht rüber?«, schlug meine Mutter vor. »An einem Abend wie diesem sollten wir zusammen sein.« Javad und ich packten eine kleine Reisetasche und fuhren zu ihr. Viel zu besorgt, um schlafen zu können, blieben wir bis tief in die Nacht hinein auf, hielten Wache vor dem Fernseher und knackten Kürbissamen. Als ich mich aus dem Fenster lehnte, um frische Luft zu schnappen, sah ich, dass in vielen Häusern unserer Straße noch Licht brannte.

Am späten Abend wurde klar, dass Saddam Hussein eine Invasion gestartet hatte. Zuerst entsandte Bagdad Kampfflugzeuge, um iranische Luftwaffenstützpunkte in Teheran und acht anderen Städten anzugreifen. Zu dieser Taktik, mit der Saddam die iranische Luftwaffe ausschalten wollte, bevor sie vom Boden abhob, hatte Saddam sich vom Sechstagekrieg von 1967 inspirieren lassen. Doch die iranischen Jets standen in speziell gesicherten Hangars, und innerhalb von Stunden glitten die F4-Phantom-Kampfbomber über huckelige Startbahnen und hoben ab, um irakische Ziele anzugreifen.

Während die irakischen Flugzeuge Raketen auf iranische Luftwaffenstützpunkte abschossen, rollten sechs irakische Divisionen an drei Fronten auf iranisches Territorium und drangen über 800 Kilometer auf iranischem Boden vor. Die Nordfront verlief am Grenzposten Qasr-e-Shirin in der gebirgigen nordwestlichen Provinz des Landes, die Zentralfront durch die Wüstenebene ins Zagrosgebirge. Doch seine stärksten Truppen sparte sich der Irak für den Süden auf, die Heimat der Ölfelder, die Saddam annektieren wollte, um sein faschistisches Baath-Regime zu finanzieren. Schwer bewaffnete Divisionen überquerten den Arwand und steuerten auf strategisch wichtige Punkte und Militärstützpunkte zu, deren schnelle Besetzung die iranischen Verstärkungstruppen zurückschlagen sollte.

Während das Land angegriffen wurde, siechten die meisten der hohen Offiziere des Schahs im Gefängnis dahin; sie waren dazu ausgebildet worden, die windschnittigen Kampfflugzeuge zu fliegen, die der Schah in den USA gekauft hatte. Nach mehreren Tagen – die Truppenführer der Provinzen baten um Unterstützung aus der Luft – spielte es keine Rolle mehr, ob sie dem Schah in ihrem Herzen noch immer treu waren. Präsident Bani-Sadr beorderte die Piloten zum Dienst. Sie wurden schnell aus den Gefängniszellen in die Cockpits ihrer Kampfflugzeuge verfrachtet und hielten den Vormarsch der Iraker auf.

In den ersten Wochen des Krieges kam das normale Leben zum Stillstand. Regierungsbüros und Privatfirmen schlossen früh, damit die Menschen nach Hause eilen und sich in Sicherheit bringen konnten. Die Restaurants und Kinos schlossen, und nach Einbruch der Dunkelheit herrschte auf Teherans breiten Straßen gähnende Leere. Da niemand wusste, wann die irakischen Flugzeuge kommen und ihre Bomben auf die Stadt abwerfen würden, hatten die Leute Angst, das Haus zu verlassen. Die meisten von uns hatten jetzt immer kleine Radios dabei, damit sie den Fliegeralarm nicht verpassten, wenn sie sich nach draußen begaben, um Lebensmittel zu kaufen. Schon bald wurden Waren wie Zucker, Mehl und Reinigungsmittel knapp, und die Regierung führte ein Rationierungssystem ein. Vor den Geschäften standen kilometerlange Schlangen, und manchmal brauchte man einen ganzen Tag, nur um eine Tüte Mehl zu kaufen. Die Preise schossen in die Höhe; Waren auf dem freien Markt waren unglaublich teuer. Manchmal rief meine Mutter morgens an, um zu fragen, was ich bräuchte. Ich ging noch immer zur Arbeit und hatte, neben der Arbeit und Negar, keine Zeit, in den langen Schlangen zu stehen.

Nach und nach wurden die Schlangen und der Mangel an Waren zur Normalität. Wir vergaßen die Tage, als man zum *baghali*, dem Geschäft an der Ecke, laufen und innerhalb von fünf Minuten alles kaufen konnte, was man brauchte. Die Restaurants begannen, abends wieder zu öffnen, und eine Geburtstagsparty zu geben galt nicht länger als unpassend. Ältere Paare unternahmen wieder ihre Nachmittagsspaziergänge. Wir gewöhnten uns daran, dass Krieg herrschte, so wie wir uns an das Chaos und den Aufruhr der Revolution gewöhnt hatten. Wie erstaunlich und doch tragisch er ist, dachte ich, dieser Überlebenstrieb des Menschen.

Der Krieg stoppte die allgemeine Unzufriedenheit mit der Revolution. Die alles erstickende politische Unterdrückung der Anfangstage der Revolution hatte keineswegs nachgelassen. Noch immer waren die Morgenzeitungen voll von langen Listen der Hingerichteten, Beamten des ehemaligen Regimes und so genannten Konterrevolutionären, die erschossen oder erhängt worden waren. Ich blätterte die Seiten um, die manchmal überquollen von makabren Fotos von Galgen und Leichen, und schüttelte mich vor Empörung über die geheimen Schauprozesse, die diesen Hinrichtungen vorausgingen. Doch es gab keinen Raum, nicht einmal am Rande, um unserer Wut Ausdruck zu verleihen. Selbst wenn wir bei unseren *dowrehs* – regelmäßigen Treffen von Gleichgesinnten, um Literatur, die Nachrichten oder andere Themen zu diskutieren – unter uns waren, machten wir unserer Verzweiflung über das Blutvergießen keine Luft.

Ich versuchte, unbekümmert zu sein, obwohl unser Humor nach der Revolution ausgesprochen makaber geworden war. Eines Tages griff ich während unserem *dowreh* nach einer Zeitung und zog einen Taschenrechner aus der Tasche. »Wenn wir die Anzahl der jeden Monat Hingerichteten nehmen«, verkündete ich, »und die Bevölkerungszahl des Iran durch diese Zahl dividieren, dann sagt uns das Gesetz der Wahrscheinlichkeit, dass wir in sieben Jahren, zehn Monaten und sechsundzwanzig Tagen an der Reihe sein werden.« Es wurde zu einem Running-Gag, und wir begannen die meisten unserer Treffen mit dem Countdown: »Noch soundso viele Tage!« Wie grausig mir das rückblickend erscheint. Aber welche Alternative hatten wir? Wenn wir uns eingestanden hätten, dass die Revolution verraten worden war, hätten wir sicherlich den Krieg verloren. Wir mussten die Regierung unterstützen, fanden wir; wir hatten keine andere Wahl, denn wir befanden uns im Krieg mit einem brutalen Tyrannen. Ayatollah Khomeinis Revolution hatte die Iraner nicht vereint, doch der Krieg zwang uns notgedrungen zu einer wenn auch ambivalenten Einigkeit.

Der Schlächter und Despot Saddam Hussein führte einen von ihm als *qadisiya* bezeichneten Krieg gegen den Iran, offensichtlich um die Grenzen neu zu ziehen und die Kontrolle über die ölreiche südliche Provinz des Iran zu übernehmen. Indem Saddam die Schlacht von Qadisiya heraufbeschwor, die Eroberung Persiens durch die arabischen Muslime im siebten Jahrhundert, versuchte er, seinen Krieg um Land und Öl als einen modernen Kampf des Arabers gegen den *ajam* (das arabische Wort für Ausländer, vor allem Perser) zu mythologisieren. Ayatollah Khomeini wiederum bekundete offen seine Entschlossenheit, für die Ausbreitung seiner schiitischen Revolution in der gesamten Region zu sorgen. Seine Gefolgsleute behaupteten, dass der Islam keine Grenzen kenne und dass der Nationalismus im Vergleich zu diesem Glauben wertlos und weltlich sei. Vom Libanon bis zum Irak sahen sie fruchtbaren Boden für einen schiitisch-islamischen Aufstand, der die von britischen Kolonisatoren gezeichneten, künstlichen Grenzen ausradieren würde. Der Ayatollah nannte die Konfrontation *jang-e tahmili*, den auferlegten Krieg, und stellte ihn dar als einen alten schiitischen Kampf gegen den Despotismus, wobei Saddam den Kalifen Jasid I. verkörperte, den Bösewicht in der schiitischen Geschichte, der Imam Husain, den Heiligen des Schiismus, in der Schlacht von Kerbela niedermetzelte.

Abgesehen von den beiden Weltkriegen hatte dieses Jahrhundert wenige Kriege erlebt, die so blutig waren. Der erste Golfkrieg war der letzte der Zermürbungskriege des 20. Jahrhunderts, in dem sich zwei souveräne Staaten gegenüberstanden und Scharen junger Männer zu Fuß auf die Schlachtfelder schickten, bevor die Militärtechnologie später andere Mittel zur Verfügung stellte. Saddam hatte den Vorteil, Zugang zum Waffenlager des Westens zu haben. Er kaufte chemische Kampfstoffe von westeuropäischen Firmen und Waffen von den USA. Der Iran wiederum war das bevölkerungsreichste Land der Region. Er konnte es sich leisten, Menschenleben zu opfern.

Die Geschichte der iranischen Revolution und des Krieges mit dem Irak sind untrennbar miteinander verbunden. Das eine folgte so rasch auf das andere, dass die Ideologie und der Symbolismus der Revolution ihre Ausprägung während des Krieges fanden. Um die Legionen junger Männer mit dem Versprechen, der Märtyrertod sei eine Abkürzung auf dem Weg in den Himmel, dafür zu gewinnen, freiwillig an die Front zu gehen, entstand ein Märtyrerkult, der das Menschenopfer im Namen des Islam glorifizierte. Jeden Abend zeigte das Fernsehen Bilder von jungen Männern, die rote Halstücher und ihren Schlüssel zum Himmel um den Hals trugen und Busse zu den irakischen Schlachtfeldern bestiegen. Viele waren kaum im Teenageralter, und sie trugen kleine Korane sowie Bilder von Ayatollah Khomeini und Imam Ali, dem ersten schiitischen Imam, bei sich. Manche hatten ihre Totenhemden mitgenommen. Die irakische Armee hatte entlang weiter Teile ihrer Grenze Minen gelegt, und das iranische Oberkommando benutzte diese jungen Rekruten als menschliche Minensucher. Es schickte sie, Welle für Welle, über die Ebenen, um das Schlachtfeld für die ihnen folgenden Soldaten aufzuräumen.

Die Verteidigung des Vaterlandes wurde zur *defa-e moqaddas*, der heiligen Verteidigung. Militärische Operationen erhielten Namen wie »Allahu Akbar« und »Imam Mahdi«; Militärstützpunkte wurden »Kerbela« und »Qods« genannt. Die Revolutionsgarde sagte uns, der Westen gebe ihnen nicht einmal Stacheldraht oder Maschinengewehre. Ayatollah Khomeini sagte, Gott habe den Krieg befohlen.

Frisch verwundet durch eine gewaltsame Revolution, verdrängten wir unseren Groll und das Gefühl, betrogen worden zu sein. Jene Bilder, die allabendlich über den Bildschirm flimmerten, entflammten unseren Nationalismus. Mir brach das Herz beim Anblick dieser jungen Männer, die sich mit ihren schäbigen Waffen zu Saddams Schlachtfeldern aufmachten. Sie waren keine Gegner für einen Diktator, der sich mit den neuesten Errungenschaften aus den Waffenarsenalen des Westens eingedeckt hatte. Die jungen Soldaten kämpfen gut, dachten wir alle. Sie verteidigen uns hervorragend.

Wie soll man das allmähliche Einsickern des Märtyrertums in unser aller Leben beschreiben? Den langsamen Prozess, durch den alles – der öffentliche Raum, Rituale, Zeitungen, das Fernsehen – von Tod, Trauer und Leid dominiert wurde? Damals fühlte sie sich nicht fremd oder übertrieben an, diese übergroße Begeisterung für das Märtyrertum und die Ästhetik des Todes.

Ich arbeitete weiterhin im Ministerium, wo man mir jedoch einen neuen Posten als »Spezialistin« im Vormundschaftsbüro für Minderjährige und geistig Gestörte zugewiesen hatte, das zum Zuständigkeitsbereich des Staatsanwaltes in Teheran gehörte. Wir bestimmten gesetzliche Vormünder für geistig Behinderte und für Kinder ohne Vater oder Großvater väterlicherseits. Täglich kamen Mütter in mein Büro, die wissen wollten, wer die Vormundschaft für ihre Kinder übernehme. Jeden Morgen hallte das Büro wider vom Geschrei und Gebrüll der Kinder, bis es am Nachmittag auf einmal völlig ruhig war.

Mein neues Büro lag direkt gegenüber einem Hof des Ministeriums, in dem man sich zu Massenbegräbnissen für die Kriegstoten versammelte. Keiner meiner Verwandten war an die Front gegangen, aber aufgrund der Lage meines Büros erlebte ich an die hundert bewegende Begräbnisse mit. An das erste erinnere ich mich noch besonders lebhaft.

Zuerst hörte man über Lautsprecher die gefühlvolle Intonation des Trauergebetes. Etwa zwanzig Särge, über die man die iranische Flagge drapiert hatte, wurden in den Hof getragen, gefolgt von den die Totenklage haltenden Verwandten. Die Soldaten waren so jung, dass sie noch Großeltern hatten, die allerdings, da sie schon betagt waren, Mühe hatten, mit der Prozession mitzuhalten. Aus den Lautsprechern ertönte dann der Trauermarsch und die Prozession setzte sich in Bewegung. Ich drehte das Gesicht der Wand zu, damit meine Sekretärin meine Tränen nicht sah. Sie sollte mich nicht für schwach halten, weil ich bei der Beerdigung von Fremden weinen musste. Diese schreckliche Szene wiederholte sich fast täglich. Schließlich konnte ich es nicht mehr ertragen und schloss das Fenster, damit das durchdringende Schluchzen zumindest gedämpft würde. Ich schwitzte mich durch den Sommer, denn ich ertrug lieber die Hitze unter meinem Kopftuch und meiner islamischen Uniform als das Wehklagen, das von unten heraufdrang.

Am 30. April 1982, wenige Stunden, bevor die tintenschwarze, heiße Nacht vorüber war, überquerten rund 40 000 junge Männer, bewaffnet mit ihrem tiefen Glauben und verrosteten Kalaschnikows, den Arwand und marschierten über die Minenfelder. Bei Nacht ließen die verkohlten, enthaupteten Spitzen der Palmen und die schwarze, verbrannte Erde die Landschaft fast mondartig erscheinen. Die Einnahme von Khorramshahr, einer strategisch wichtigen Hafenstadt am Schatt el Arab, der im Süden die Grenze zwischen dem Irak und dem Iran bildete, war für den Iran ein schwerer Schlag gewesen. Khorramshahr war die einzige größere Stadt, die an Saddam gefallen war. In jener Nacht flüsterten die iranischen Kommandeure »Ali ibn Abi Taleb« (das Codewort der Operation Beit ol-Moqaddas), trieben ihre Männer mitten in den Kessel zweier schwer bewaffneter irakischer Bataillone und versuchten, die Stadt zurückzuerobern.

Während der ersten und zweiten Phase der Operation schoben sich iranische Soldaten wellenartig durch die Vororte und befreiten unter schweren Luftangriffen Kilometer um Kilometer. In der dritten Phase (Codewort »Mohammed, der Prophet«) bauten sie eine Brücke über den Fluss und besetzten die äußere Ringstraße der Stadt, um den letzten Angriff durchzuführen. Am 24. Mai marschierten sie triumphierend durch die Stadt und nahmen 12 000 Iraker gefangen. In Khorramshahr war so viel Blut vergossen worden, dass Ayatollah Khomeini diese Stadt »Khooninshahr«, die Stadt des Blutes, taufte. Und als seine Soldaten den Sieg auf ihr Konto buchen wollten, erklärte er: »Gott hat Khorramshahr befreit.«

Atemlos verfolgten wir diese Ereignisse und jubelten. Khorramshahr war befreit worden! Der Krieg konnte endlich beendet werden. Bis zur Rückeroberung der Stadt durch die Revolutionsgarde waren wir uns alle einig gewesen, dass der Iran weiterkämpfen sollte, obwohl bis dahin bereits 100 000 unserer jungen Soldaten umgekommen waren. Doch die Schlacht von Khorramshar war ein politischer und militärischer Wendepunkt: Wir gewannen unser Territorium zurück. Saddams besser bewaffnete Truppen erkannten, dass sie einem Kriegskommando, das bereit war, den Krieg mit Menschenwellen zu führen, nicht gewachsen waren. Zutiefst erleichtert gingen wir deshalb davon aus, dass der Krieg zu Ende sei.

Und tatsächlich bot Saddam im darauf folgenden Monat einen Waffenstillstand an. Doch zu diesem Zeitpunkt hatten die Radikalen die Revolution noch nicht konsolidiert, und Teheran selbst war ein Schlachtfeld, auf dem sich die Volkskämpferorganisation Mojahedine Khalgh (MKO) und das im Entstehen begriffene Regime Ayatollah Khomeinis gegenüberstanden. Die MKO war in den Sechzigerjahren nach dem Vorbild der Guerillabewegungen in Kuba und Südamerika entstanden. Ihre Führer sahen im Iran ein ähnlich halbfeudales System, das reif war für den Klassenkampf. Sie fürchteten jedoch, die große Anzahl junger Iraner nicht für einen Kampf gewinnen zu können, wenn dieser sich an kommunistischen oder sozialistischen Ideologien orientieren würde. Die sich herauskristallisierenden politischen Fraktionen der Zeit hatten sich bereits auf der Basis theoretischer und, in den Augen der MKO, bedeutungsloser Unterschiede voneinander abgegrenzt. In einem iranischen Kontext, so glaubten sie, war es schlicht ein intellektueller Luxus, sich darüber auseinanderzusetzen, ob sie Maoisten oder Leninisten bzw. Marxisten oder Trotzkisten seien, und junge Menschen sich mit ihrer Unzufriedenheit beschäftigen zu lassen statt mit dem eigentlichen Ziel: dem Sturz der Pahlewi-Monarchie durch den bewaffneten Kampf.

Um einer solchen Spaltung entgegenzuwirken, entwarfen die Führer der MKO eine sozialistische, militante Lesart des Islam, die vor allem bei der gebildeten Mittelschicht Anklang fand. Diese war kultiviert genug für eine gemäßigte Interpretation der Religion, doch der iranischen Tradition ausreichend verhaftet, um sich von ihrer Kraft des Ursprünglichen angezogen zu fühlen. Ende der Sechziger- und Anfang der Siebzigerjahre gewann die MKO durch die Arbeit eines führenden Soziologen der Zeit, des Sorbonne-Absolventen Ali Shariati, noch weiter an Anziehungskraft. Es war eine Zeit, in der Soziologen sowohl Helden als auch militant sein konnten, und Shariati, geliebt von Millionen, war beides. Obwohl er im Westen kaum bekannt ist, lässt sich die Rolle, die er damals bei der langsamen Radikalisierung der iranischen Jugend spielte, kaum überbewerten. Shariati schrieb die wichtigste Geschichte des Schiismus um – den Kampf des Märtyrers in seinem Feldzug gegen Ungerechtigkeit – und legte damit die Betonung eher auf den Widerstand als auf die Niederlage. In seinen Vorlesungen bestärkte er geschickt das Unbehagen der Iraner an der rasanten Verwestlichung des Schahs und machte Imam Ali und Fatima, die Tochter des Propheten Mohammed, schiitische Persönlichkeiten des siebten Jahrhunderts, zu modernen Helden.

Der Utopist Shariati versprach den Iranern, dass der Islam die Probleme des modernen Lebens lösen würde. Wenn sie sich mit der »wirklichen« Tradition (statt mit deren als gegeben hingenommenem Vermächtnis) vertraut machen und – wie er sich ausdrückte – »wieder sie selbst werden würden«, würde sich ihnen die Lösung ihrer modernen Probleme offenbaren. Der islamistische Utopist bereitete dem Aufstieg der MKO im Iran den Boden, und es ist schwierig, die soziale Herkunft der Anhängerschaft dieser Gruppe zu beschreiben, ohne Shariati zu erwähnen, dessen Name jahrelang in aller Munde war, als nur wenige Ayatollah Khomeini kannten oder an ihn dachten. Es war Shariati, der unzähligen Iranern den Impuls gab, den militanten Islam zu unterstützen, und zusammen mit denen anderer Gruppen wehte die

MKO-Fahne bei großen Demonstrationen immer an vorderster Front. Obwohl über viele Aspekte der Geschichte der Revolution Uneinigkeit herrscht, glauben einige, dass die MKO ihren Sieg beschleunigte.

Als Ayatollah Khomeini 1979 die Macht übernahm, hielt seine Revolutionsregierung die MKO jedoch auf Abstand, und 1981 richtete die Gruppe ihren bewaffneten Kampf gegen die neue Führung. Aufstände in Teheran und im übrigen Land wurden brutal niedergeschlagen, und die Regierung machte sich daran, die MKO vollständig zu zerschlagen, indem sie deren Anführer dazu trieb, in den Untergrund oder ins Exil zu gehen, und jeden festnahm, der als Sympathisant der MKO verdächtigt wurde. Obwohl die Zahl der Verbündeten und Sympathisanten der MKO in den folgenden Jahren immer mehr abnahm, gelang es ihr eine Zeit lang, mit einiger Regelmäßigkeit Attentate auf Regierungsbeamte zu verüben und Regierungsgebäude in Teheran zu bombardieren.

Diese Angriffe sorgten dafür, dass in Teheran ein anarchieähnlicher Zustand herrschte. Die Radikaleren in der Regierung des Ayatollah überzeugten ihn davon, dass wir vorwärts drängen sollten, direkt nach Bagdad, um Saddam zu stürzen. Wenn der Iran das alte Mesopotamien erobern konnte, das Land zwischen den beiden Flüssen, so argumentierten sie, zu welch treibender Kraft in der Region würde er dann werden. Das war natürlich eine Wahnidee. Dem Iran wäre das nie gelungen. Zudem hätte die Welt – oder zumindest Saddams westliche Helfer – das niemals zugelassen. Aber wir drängten gen Mesopotamien vor, und statt die Schlacht zu werden, die unserem Leid ein Ende setzte, wurde Khorramshar die Muse für die Romanze der Islamischen Republik mit dem Krieg.

Zu Hause in Teheran legte ich den Kopf schief, betrachtete die Bücher auf unserem Bücherregal, zog die politisch anrüchigen Titel heraus und warf sie in einen Karton. Ich trug den Karton in den Garten hinter dem Haus. Negar stand hinter der Glasschiebetür und sah mir verwirrt zu, während ich am Rand des Gartens kleine Pyramiden aus Papier baute und sie in Brand setzte. Einen Stapel Marx. Einen Stapel Lenin. Manchmal fragte ich mich, ob sie sich später an diese seltsamen Zeiten erinnern würde, als die Erwachsenen in der Küche regelmäßig Wörter wie »Hinrichtung« und »Festnahme« in den Mund nahmen und ihre Mutter im Garten hockte und Bücher verbrannte. Ich hatte damit angefangen, eine Mappe mit Zeitungsausschnitten anzulegen, die ich ihr geben könnte, wenn sie alt genug war, um nach Erklärungen zu verlangen, und meine eigenen Erinnerungen hoffentlich verblasst waren.

Von jedem Bücherstapel stieg eine dünne Rauchsäule hoch, wie bei einem esoterischen Ritual. Als der letzte Band zu einem kleinen Häufchen Asche zusammensank, bedeckte Ruß die Sträucher und Lilien im Garten, und verkohlte Seiten flogen herum, wie Blütenblätter aus Papier.

Einige Tage zuvor hatten die Zeitungen begonnen, über die Hinrichtungen derjenigen zu berichten, die der Unterstützung linker, als konterrevolutionär geltender Gruppen verdächtigt wurden. Seit der Schah den Iran verlassen hatte und Ayatollah Khomeini zurückgekehrt war, hatten sich die verschiedenen politischen Fraktionen gespalten und sich dann um das Ziel der Revolution gestritten. Um seine Macht zu stärken, hatte der Kreis um den Ayatollah begonnen, die Mitglieder und angeblichen Sympathisanten von Gruppen, die sie ins Abseits drängen wollten, zur Strecke zu bringen. Jede Strömung veröffentlichte ihre eigenen Zeitschriften und Bücher, in der sie ihre Definition der Revolution darlegte, und viele Iraner kauften sie und besaßen schließlich eine kleine Bibliothek politischer Texte. Doch als die Säuberungsaktionen begannen, galt es als Verbrechen, als ein Akt der Opposition gegen das Regime, die Literatur bestimmter Gruppen zu besitzen. Die Besitzer dieser Bücher und sogar ihre Familien konnten zu jahrelangen Gefängnisstrafen verurteilt werden.

Es war eine angespannte Zeit, und jeder fühlte sich unwohl in seiner Haut. Javad lud seinen kleinen Bruder Fuad, den Jüngsten in der Familie, ein, eine Weile bei uns zu wohnen. Fuad war ein liebenswerter Siebzehnjähriger, fasziniert vom Idealismus der Revolution. Wie so viele junge Leute seiner Generation fühlte er sich zu den Mojahedine Khalgh hingezogen. Beeindruckt von deren Überzeugung, dass die revolutionäre Vision der Freiheit und Unabhängigkeit noch verwirklicht werden müsse, begann er, die Broschüren der Gruppe an seiner Schule zu verkaufen. Damals waren die jungen Leute sehr empfänglich für Ideologien. »Du bist so ein Liberaler«, war damals das Schlimmste, was man jemand an den Kopf werfen konnte. Ein Liberaler zu sein, hieß, Ideologien gegenüber misstrauisch zu sein. Ein Liberaler zu sein, bedeutete, dass man faul war und keine Überzeugungen hatte oder dass man ein Feigling war und sich weigerte, für seine Überzeugungen einzutreten.

Täglich kam es zu Konfrontationen zwischen dem Regime und der MKO, und häufig ging man scharf gegen die Führer der Gruppe vor, doch mehr und mehr auch gegen die jüngeren Sympathisanten wie Fuad. In der vergangenen Woche hatte man eine Reihe seiner Freunde festgenommen. Aus Angst, verfolgt zu werden und seine bereits älteren Eltern in Gefahr zu bringen, übernachtete er bei uns. Es war Ramadan, der heilige Fastenmonat, und Fuad tauchte jeden Abend um 23 Uhr auf und schlief in unserem Gästezimmer. In einer der ersten Nächte, die er bei uns verbrachte, weckte ich ihn sanft vor Sonnenaufgang. Ich hatte ihm die kleine, traditionelle Mahlzeit aus Lavash und Datteln zubereitet, die die Fastenden zu sich nehmen, bevor die Sonne aufgeht, um den Tag bis zum *iftar*-Mahl, mit dem das Fasten beendet wird, zu überstehen. Fuad blinzelte verschlafen durch seine langen Wimpern und schüttelte den Kopf. »Nimm wenigstens ein paar Bissen«, sagte ich, »du wirst die Energie brauchen.«

»Nein«, antwortete er mit einem müden Flüstern, »ich möchte mich so hungrig fühlen wie die Armen.« Ich machte das Licht aus, zog die Decke über seine schmalen, noch kindlichen Schultern und ließ ihn weiterschlafen.

Eines Nachmittags stürmte Fuad ins Haus und fragte, ob er meine alte Schreibmaschine ausleihen könne. Er sagte nicht, wofür er sie brauchte, und ich fragte ihn auch nicht danach. Schließlich handelte es sich nur um eine Schreibmaschine. Als Javad abends nach Hause kam und feststellte, dass die Schreibmaschine fehlte, war er wütend. »Was hast du dir nur gedacht?«, schimpfte er. »Du weißt, dass wir sie nie zurückbekommen werden.« Javad war viel ängstlicher als ich. Er sagte es nicht – in jenen Tagen versuchten wir noch, unsere Angst zu verbergen –, aber er machte sich Sorgen, wo die Schreibmaschine landen könnte und ob man herausfinden würde, dass sie uns gehörte. »Nun, er ist dein *Bruder*«, sagte ich. »Ich kann kaum Nein sagen, wenn er mich um etwas bittet. Außerdem habe ich sie sowieso nicht mehr benutzt.«

Javad hatte natürlich Recht. Wir sahen die Schreibmaschine nie wieder. Aber es gab noch weitere Streitpunkte zwischen Javad und mir. Mit seinen Gedanken ganz bei seinen utopischen Visionen eines reineren, gerechteren Islam, ließ Fuad oft Dinge herumliegen. Als ich eines Morgens meine Tasche für die Arbeit packte, bemerkte ich in unserem Bücherregal ein MKO-Buch über Imam Husain. Ich blätterte es durch: Für die Literatur einer Organisation, die später zum Kult wurde, war es ziemlich interessant. Abends saßen Fuad und ich in der Küche und redeten über dieses Buch, als Javad nach Hause kam. Er nahm das Buch in die Hand und stellte fest, dass es MKO-Material war.

»Hältst du es für verantwortungsbewusst, Fuad *jan*«, fragte er ihn in scharfem Ton, »das hier auf dem Bücherregal liegen zu lassen? Warum hast du das getan?«

»Aber ich habe bereits alle anderen politischen Bücher verbrannt«, unterbrach ich ihn. »Eins wird schon nicht so schlimm sein.« Ich hatte das Gefühl, diesen jungen Mann in Schutz nehmen zu müssen, der seine Freunde »Bruder« nannte und der noch nicht so ernüchtert und über den Verlauf der Revolution so verzweifelt war, dass er sie abschrieb und sich, so wie wir, weitgehend von allem zurückzog.

»Bitte.« Fuad hielt die Hand hoch, so als wolle er mich davon abhalten, ihn zu verteidigen. »Javad hat Recht. Wir sollten dieses Buch nicht im Haus haben. Aber«, versprach er mit leuchtenden Augen, »in zwei Monaten wird man für dieses Buch im Fernsehen Werbung machen. Ihr werdet es sehen.« Wie alle politischen Gruppen, die darum kämpften, Sympathisanten zu gewinnen, hatte die MKO ihren Anhängern versprochen, dass das Regime bald gestürzt würde.

Am nächsten Tag ging Fuad wie üblich zur Universität. Sein leerer Magen knurrte, als er an den Ständen der Gewürzverkäufer vorbeimarschierte, deren Sackleinensäcke bis zum Rand mit sonnengelben Linsen, verstaubten getrockneten Limonen und Mandeln gefüllt waren. Vielleicht übertönte das Keuchen der Busse und das Hämmern der Baustellen die ihm dicht folgenden Schritte.

»Fuad!« Er wirbelte herum, als sein Name gerufen wurde, und bevor er wusste, wie ihm geschah, band man ihm die Arme auf den Rücken und drängte ihn zu einem wartenden Wagen.

Drei Nächte lang hörten wir nichts von ihm. Ich versuchte, mich mit dem Gedanken zu beruhigen, er verstecke sich bei seinen MKO-Freunden, trinke Tee und träume von der Rettung der Revolution. Am vierten Tag informierte man seine Mutter, dass er festgenommen worden sei. Verzweifelt telefonierte sie mit jedem, der ihr einfiel, und schaffte es schließlich, den Ministerpräsidenten an den Apparat zu kriegen. »Ich kann nur etwas tun«, sagte er ihr, »wenn Ihr Sohn seine Ansichten widerruft und mit dem Regime kooperiert.«

Erklären Sie das einem Jungen im Teenageralter, berauscht von der Revolution und überzeugt von seiner Unschuld. Und er war unschuldig. Was hatte er getan? Im Alter von siebzehn Jahren wurde Fuad für das Verbrechen, Zeitungen verkauft zu haben, zu zwanzig Jahren Gefängnis verurteilt. Im Gefängnis weigerte er sich, mit den Behörden zu kooperieren. In diesem Kontext bedeutet das nichts sagende Wort Kooperation normalerweise, die Namen von Freunden preiszugeben (die dann oft in ähnliche Verhörkammern gezerrt werden, um wiederum die Namen *ihrer* Freunde zu nennen), um Verzeihung zu bitten, allen politischen Zugehörigkeiten abzuschwören und sich dem Willen Gottes unterzuordnen. Im Gefängnis wird um Kooperation nicht gebeten, sie wird erzwungen. Einmal schlugen sie Fuad so heftig, dass sie ihm den Kiefer brachen. Und dann riefen sie seine Mutter an und verlangten Geld, um den Knochen wieder richten zu lassen. Ein anderes Mal brachen sie ihm den Arm. Wieder riefen sie seine Mutter an. »Fuads gebrochener Arm hängt an der Seite herunter«, sagten sie. »Wenn Sie wollen, dass er behandelt wird, schicken Sie Geld.«

Später in diesem Jahr starb Javads Vater bei einem Autounfall, und die Familie beantragte für Fuad Freigang, damit er an der Beerdigung teilnehmen konnte. Ein Onkel unterschrieb im Gefängnis Papiere und verbürgte sich für seine Rückkehr. Fuad erhielt dann wegen des Trauerfalls einen Tag Urlaub. Als er mit seinem Onkel nach Hause kam, erkannte ich ihn zuerst nicht. War das wirklich Fuad? Dieser blasse, scheue Junge mit dem unsicheren Blick? Bis heute bedaure ich die ersten Worte, die mir herausrutschten, als ich ihn sah. »Fuad, sei heute ein Mann«, sagte ich. Ich meinte, dass er wegen seiner fast hysterischen Mutter stark sein und seinen eigenen Schmerz um seines Vaters willen unterdrücken solle. Aber er verstand mich falsch. Er dachte, ich kritisiere ihn dafür, im Gefängnis während der Verhöre nicht stark genug zu sein.

»Ich *bin* ein richtiger Mann, und ich habe es bewiesen«, sagte er so laut, dass sich einige Köpfe nach ihm umdrehten. Die Verwandten, die nun mitbekamen, dass er da war, umringten ihn. Etwa eine halbe Stunde später sagte er, er wolle aus dem Gefängnis fliehen. Alle um ihn herum schüttelten gleichzeitig den Kopf. Nein! Eine schreckliche Idee … Was ist mit deinem Onkel, der sich für dich verbürgt hat? … Sie werden dich schnappen, und was dann?! Eine Wand der Ablehnung.

Ich winkte Javad zu mir herüber und flüsterte ihm zu: »Warum nicht? Warum lasst ihr den Jungen nicht fliehen?«

»Wenn er flieht, wird er wahrscheinlich direkt zur MKO gehen«, sagte Javad. »Und dann wird er sicherlich umgebracht. Ich denke auch mit Schrecken daran, dass er zurückgeht. Aber solange er dort drinnen ist, lebt er zumindest.« Als Fuad sah, dass seine Verwandten nicht nachgaben, wurde er still und weigerte sich den Rest des Abends, auch nur ein Wort zu sagen. Als er nach dem Abendessen zur Toilette musste, folgte ihm ein Verwandter zur Tür und befahl ihm, sie nicht abzuschließen. Sie machten sich Sorgen, er könne aus dem Fenster klettern. Am Ende dieses Abends stieg er zu seinem Onkel ins Auto, starrte geradeaus und ließ sich zurück ins Gefängnis bringen.

Krieg in den Städten

Seit zwei Jahren bestand für Frauen nun schon der Kopftuch-Zwang, doch noch immer kam es vor, dass ich meines vergaß. Normalerweise sah ich mich, bevor ich aus der Tür stürmte, im Wohnzimmer um, immer mit dem Gefühl, etwas vergessen zu haben. Schlüssel? Einkaufsliste? Einmal ging ich bis ans Ende unserer Straße und bemerkte, dass alle Leute – angefangen von unserem alten Nachbarn, der auf seinen Stock gestützt spazieren ging, bis zu den Kindern, die auf der Treppe spielten – mich anstarrten. Ich wusste nicht, warum, vor allem, da mein Schritt leicht war und ich mich wohler fühlte als an den meisten anderen Tagen. »Khanum Ebadi«, rief schließlich eine der Nachbarinnen, »Sie haben Ihren *hejab* vergessen!« Ich rannte nach Hause und band mir eines der Baumwollkopftücher um.

»Stell dir vor«, sagte ich abends am Telefon zu einer meiner Freundinnen. »Wenn mich ein Polizist gesehen hätte, wäre ich verhaftet worden.«

»Das ist noch gar nichts«, meinte sie. »Letzte Woche bin ich ohne meins weggefahren. Ich war schon mitten im Verkehr und hielt an einer Kreuzung, als ich sah, dass alle Leute, mich anstarrten. Was hätte ich tun sollen? Ich saß ja bereits im Auto. Ich krempelte den Rock hoch und zog ihn mir übers Haar.«

Schließlich hängte ich als Erinnerungsstütze einen Schleier an einen Haken im Flur.

Damals wäre, genau wie heute, eine beträchtliche Anzahl von Frauen ohne Kopftuch herumgelaufen, wenn man ihnen die Wahl gelassen hätte. Doch die Kriegsjahre forderten uns zum geduldigen Ertragen und nicht zum Nachdenken auf. Der Zorn der Frauen über den ihnen aufgezwungenen *hejab* (ein Symbol der allgemeinen Beschneidung ihrer Rechte) war noch nicht deutlich in ihr Bewusstsein vorgedrungen. Ähnlich war die politische Unzufriedenheit mit dem neuen Regime – mit der brutalen Ausrottung seiner Gegner, mit seiner Zensur und seiner radikalen Entscheidung, den Krieg zu verlängern – damals noch eher ein privates Gefühl der Bestürzung als eine allgemeine öffentliche Stimmung.

1983 wurde unsere zweite Tochter, Nargess, geboren. Javad und ich hatten uns geeinigt, dass er den Namen auswählen dürfe, falls das Baby ein Junge sei, und ich, falls es ein Mädchen sei. Ich nannte sie Nargess nach einer Blume, die im Winter blüht. Als die Wehen einsetzten, nahm meine Mutter die damals dreijährige Negar mit zu sich nach Hause und versprach ihr, dass wir mit einem Spielkameraden oder einer Spielkameradin für sie zurückkehren würden. Ich hatte mir mehrere Bücher aus dem Bereich Kinderpsychologie besorgt, um nachzulesen, wie man ein Kleinkind am besten mit einem neuen Baby konfrontiert. Ich kaufte für Negar schließlich all ihre Lieblingsdinge – neue Kleider, Spielzeug, Schokolade – als Geschenke von ihrer neuen Schwester. Ich achtete darauf, dass Nargess in dem Augenblick, in dem das Kindermädchen Negar vom Haus meiner Mutter zu uns brachte, in ihrem Bettchen lag. Javad stand in der Nähe der Tür und wartete darauf, den Moment festzuhalten, in dem Negar mir um den Hals fiel. Sie konnte es nämlich nicht ertragen, von mir getrennt zu sein, und diesmal waren es zwei Tage gewesen, länger als je zuvor.

Dieses Foto wurde für den gemeinsamen Pass von Shirin Ebadi und ihren beiden Töchtern aufgenommen

Mit einem breiten Lächeln öffnete ich die Tür. Javad hielt die Kamera bereit. Negar segelte direkt an mir vorbei, ohne mich auch nur anzusehen. Sie verschränkte ihre kleinen Arme vor der Brust, marschierte ins Wohnzimmer und setzte sich aufs Sofa. Ich war nicht darauf vorbereitet, wie sehr mich der Zorn meiner dreijährigen Tochter mitnehmen würde, und wurde von Schuldgefühlen geplagt, sie unglücklich gemacht zu haben.

Als meine deprimierende Arbeit endete und von der Depression, nicht zu arbeiten, abgelöst wurde, brachten die Rivalität und die Kinderstreiche meiner Töchter neuen Schwung in mein Leben. Ein Jahr nach Nargess' Geburt hatte ich die Möglichkeit, in Pension zu gehen. Staatsbeamte konnten nach fünfzehn Jahren aus dem Dienst ausscheiden und eine Pension beziehen. Genau einen Tag nach Ablauf der fünfzehn Jahre stellte ich meinen Pensionsantrag, den das Ministerium natürlich schnell akzeptierte, nur allzu froh, diese große Plage, eine weibliche Angestellte, loszuwerden.

Das Jahr, in dem ich mich aus dem Arbeitsleben zurückzog, stellte für mich und meine Freundinnen von der Universität, die etwa gleichzeitig mit mir zu arbeiten begonnen hatten, einen Wendepunkt dar. Es war genug Zeit vergangen, um einzusehen, dass das System sich nicht grundlegend ändern würde. Seine Ideologie war starr, und vorläufig duldete es keine Frauen in der Regierung. Es war eine Zeit, in der man seine Ziele, seine Empfindlichkeiten und seine Moralvorstellungen abwägen und entscheiden musste, wie man mit dem neuen Regime umgehen wollte. Meine Empörung war zu groß, und ich war zu rebellisch, um nicht meiner Verachtung bei jeder Gelegenheit Ausdruck zu geben. Die Pensionierung war die einzige Wahl, die mir irgendwie sinnvoll erschien. Ich kam nie auf die Idee, über die Folgen für meine berufliche Laufbahn nachzudenken, denn für mich stand fest, dass das Regime unsere Karrieren längst zunichte gemacht hatte. Ich dachte nie daran, dass das revolutionäre Regime eines Tages die Zügel ein wenig locker lassen würde und ich vielleicht wieder als Richterin tätig sein könnte, wenn ich mich jetzt ruhig verhielt.

Meine Freundin Maryam, die passionierte Richterkollegin, die ich aus unseren Studientagen kannte, war berechnender. Sie fügte sich in ihr Schicksal und tat so, als gäbe es keine größere Ehre, als zur Büroangestellten herabgestuft zu werden. Unsere Freundschaft litt darunter, und am letzten Nachmittag, an dem wir uns zum Tee trafen und ich ihr erzählte, dass ich mich aus dem Berufsleben zurückziehen würde, stritten wir uns erbittert. Ihre kriecherische Haltung und die Tatsache, dass sie ihr Fähnchen in den Wind hängte, enttäuschten mich zutiefst, und ich platzte schließlich damit heraus, was ich von ihr hielt.

»Maryam, wieso bist du überhaupt Richterin geworden?«, fragte ich. »Ich kann nicht glauben, dass du bereit bist, deine Prinzipien einfach aufzugeben.«

»Du kennst dieses Regime nicht«, erwiderte sie. »Mach du nur weiter den Mund auf, wenn du willst; du wirst schon sehen, was sie dann mit dir machen. Sie werden dich schikanieren, du wirst deinen Job verlieren.«

»Du meinst diesen wunderbaren Bürojob? Diesen Job, den du so sehr liebst, dass du vergessen hast, wer du bist, und deine alten Freunde sitzen gelassen hast?«

Sie starrte mich schockiert an. In unserer Kultur war es selbst unter Freunden verpönt, die Realität so schonungslos beim Namen zu nennen.

In meiner Wut sagte ich noch viele andere Dinge, die das Ende unserer Freundschaft besiegelten. Zu diesem Zeitpunkt verkehrte Maryam jedoch sowieso nicht mehr mit mir in der Öffentlichkeit (mit einer Kritikerin wie mir gesehen zu werden, konnte ihrem Ruf schaden), sodass ich nicht viel zu verlieren hatte. Ich sagte ihr, sie sei machtgierig und bereit, auf allem herumzutrampeln – ihren Freunden, ihren Wertvorstellungen –, um ihr Ziel zu erreichen. Doch selbst wenn man sie eines Tages befördern würde, fuhr ich fort, wäre es ein hohler Sieg, denn eine gehobene Position in einem ungeliebten System sei belastender, als ein kalt gestellter Niemand zu sein. Das war das Ende unserer Freundschaft. In den folgenden Jahren besuchten wir gelegentlich dieselben Konferenzen. Maryam spielte meistens die fröhliche Frau im Tschador, die immer wieder unbeschwert verkündete, dass das islamische Recht den iranischen Frauen zur Emanzipation verholfen habe. Wir grüßten einander nicht, wenn wir uns in den Fluren begegneten.

Unsere alte Freundin Sara, die Wissenschaftlerin unter uns, die den Juraprofessor geheiratet hatte, kritisierte die neuen Gesetze im Unterschied zu mir zwar nicht, verteidigte sie aber auch nicht, so wie Maryam es tat. Ihr war kurz vor der Revolution vom Außenministerium eine Stelle in der Abteilung für Internationales Handelsrecht angeboten worden. Da sie sich als Wissenschaftlerin zurückhaltend verhielt, beschäftigte das Ministerium sie weiter, obwohl bis zu ihrer längst überfälligen Beförderung mehrere Jahre vergingen. In jener Zeit gelang es ihr, ihre Überzeugungen nicht zu verraten. Sie gab nie vor, das neue Regime zu unterstützen, behielt jedoch außerhalb des engen Bereichs des Handelsrechts ihre Meinung über dessen Praktiken für sich. Später repräsentierte sie die Islamische Republik bei internationalen Handelskonferenzen, sprach jedoch nur über ihren Fachbereich und weigerte sich, Fragen zur Rechtsstellung der Frau zu beantworten.

Das Außenministerium wusste, dass Sara keine überzeugte Anhängerin des Regimes war, doch ihre Vorgesetzten machten sich ihre Sachkenntnisse zunutze. Sara hingegen fand, dass ihr Tätigkeitsbereich so speziell war, dass sie mit ihrer Arbeit weitermachen konnte, ohne dazu gezwungen zu werden, das, was sie ablehnte, zu legitimieren.

Sara gehörte zu der kleinen Schicht iranischer Akademiker, die das Glück hatten, in Bereichen tätig zu sein, die wenig mit Politik zu tun hatten, und somit in ihrem begrenzten Bereich ungestört arbeiten und vorankommen konnten. Natürlich hieß das nicht, dass es leicht für sie war. Ich bin sicher, dass sie mit ansehen musste, wie weniger qualifizierte Kollegen befördert wurden, und dass sie ihr Potenzial nie ganz ausschöpfen konnte. Sie hatte das Zeug, Finanzministerin zu werden, war jedoch eine Frau, zu unrevolutionär und verfügte zudem nicht über die engen Beziehungen zur politischen Elite, die nötig waren, um in solche Höhen aufzusteigen. Dennoch schaffte sie es, ihren Job zu behalten und zu zeigen, dass es zwar geisttötend ist, für die Islamische Republik zu arbeiten, aber nicht immer notwendig, ihre Parolen nachzubeten, um beruflich voranzukommen.

Wenn ich heute versuche zu erzählen, wie mein Leben Mitte der Achtzigerjahre aussah, als meine Töchter noch klein waren und der Krieg weitertobte, habe ich nur eine Reihe unzusammenhängender Bilder vor Augen, die alle mit unserem Zuhause zu tun haben. Unsere Familie hatte in jenen Jahren zu kämpfen, und wir verbrachten die meiste Zeit in den eigenen vier Wänden. Ich arbeitete nicht mehr, und Javads Firma wurde mit der Begründung geschlossen, sie sei von Kommunisten infiltriert worden. Es gab lange Phasen, in denen wir nur ein geringes Einkommen hatten. Die Inflation war hoch, mit zwei Kindern hatten wir jedoch hohe Ausgaben. Um uns notwendige Dinge wie Windeln und Milchpulver für die Kinder leisten zu können, sparten wir an anderen Stellen und verzichteten zum Beispiel auf den Luxus gelegentlicher Restaurantbesuche. Beide Mädchen liebten es, auswärts essen zu gehen, und verlangten abends lautstark nach etwas Besserem als unserem üblichen Abendessen in der Küche. So stellte ich unseren Esstisch in eine andere Ecke der Wohnung, legte ein sauberes Tischtuch darauf und eröffnete »Shirins Restaurant«.

»Willkommen, meine Damen«, begrüßte ich sie dann und gab vor, ihre Bestellungen aufzunehmen. Ich hoffte, auf diese Weise würden sie lernen, das Beste aus einer vorgegebenen Situation zu machen. Ich hoffte, sie würden sich später mit Freude daran erinnern können.

Jene ruhigen Jahre im Wohnzimmer spielten sich vor einem hässlichen Hintergrund ab. 1984 setzte Saddam Hussein zum ersten Mal chemische Waffen gegen die iranische Armee ein. Zunächst verwendete er Sarin, ein völlig geruchloses Nervengas, das wenige Minuten nach dem Einatmen zum Tode führt. Sobald klar wurde, dass Saddam das, was Winston Churchill »dieses teuflische Gift« genannt hatte, routinemäßig als Waffe einsetzen würde, rüstete der Iran seine jungen Soldaten mit Atropinspritzen als Gegengift gegen Nervengas aus, doch bei glühend heißem Wetter hatten die meisten dennoch keine Chance. Es gab zudem nicht genug Schutzmasken, und die wenigen Soldaten, die eine hatten, trugen sie in der unerträglichen Hitze der Wüste entweder nicht oder konnten sie wegen ihrer Bärte nicht ordnungsgemäß aufsetzen. Sie führten schließlich einen Krieg, den Gott befohlen hatte, und ein richtiger Muslim trägt einen Bart, vor allem, wenn er sich auf dem Weg zum Himmel befindet. Oft funktionierten die Spritzen nicht richtig oder das Atropin hatte in der Hitze seine Wirkkraft verloren.

Überlebende erzählten schauerliche Geschichten von Schlachtfeldern, auf denen überall Spritzen herumlagen, mit denen die Soldaten versucht hatten, sich in den kostbaren Minuten zwischen dem ersten tödlichen Atemzug und dem Tod das Gegenmittel zu injizieren.

Saddam verzichtete schon bald auf Nervengas und griff statt dessen zu Senfgas, auch Blasengas genannt, das zu seinem chemischen Kampfstoff Nummer eins wurde. Im Unterschied zu Nervengas ist Senfgas nicht geruchlos, sondern riecht seltsamerweise nach Knoblauch. Es gibt jedoch kein Gegenmittel gegen Senfgas, das unerträglich langsam den Tod herbeiführt. Kurz nachdem die Soldaten an der Front den Geruch wahrnahmen, sahen sie nur noch verschwommen. Dann begannen sie, unkontrolliert zu husten und mussten sich oft dabei auch übergeben. Während die Stunden dahinkrochen, bildeten sich Blasen auf der Haut, die sich zuerst dunkel violett verfärbten. Als Nächstes lösten sich ganze

Hautpartien, und Achselhöhlen und Leisten wurden durch die Gewebeveränderungen schwarz. Diejenigen, die überlebten, wurden, je nachdem wie lange sie dem Gas ausgesetzt waren, für einige Tage oder Wochen im Krankenhaus behandelt. Waren sie dann wieder einsatzfähig, schickte man sie zurück an die Front.

Der Großteil der Welt sah die meiste Zeit schweigend zu. UN-Missionen stellten zwar Ermittlungen an und fanden Beweise dafür, dass der Irak chemische Waffen verwendete. Doch man tat sich nicht zusammen, um den irakischen Diktator zu verurteilen, geschweige denn, den Versuch zu unternehmen, ihn zu stoppen.

Die Vereinigten Staaten, denen es darum ging, das revolutionäre Regime, das, wie sie meinten, ihren Interessen in der Region feindselig gegenüberstand, in Schach zu halten und zu schwächen, unterstützten den Irak. Ehemalige Militärbeamte in Washington bestätigten später, was das iranische Oberkommando schon die ganze Zeit vermutet hatte: dass die Reagan-Regierung den Irak mit Satellitenbildern von der Aufstellung der iranischen Truppen versorgte. In späteren Jahren kam auch ans Tageslicht, dass durch ein geheim gehaltenes Programm der Amerikaner eine noch viel weiter gehende Unterstützung bei der Planung der Kriegsführung geleistet worden war, und das zu einer Zeit, in der die US-Geheimdienste wussten, dass der Irak bei den meisten großen Operationen chemische Waffen einsetzte. Da die internationale Gemeinschaft schwieg, die größte Supermacht der Welt Saddam Hussein half und das geistliche Regime in Teheran unbedingt seine »heilige Verteidigung« fortführen wollte, war uns bald klar, dass das Ende noch weit entfernt war. Etwa zu dieser Zeit flohen immer mehr Iraner aus dem Land.

Nach der Revolution hatten etliche Iraner das Land verlassen; diejenigen, die die Revolution abgelehnt oder wegen ihrer Beziehungen zum Schah-Regime um ihr Leben gebangt hatten, waren nach Europa oder in die Vereinigten Staaten geflohen und begannen im Westen ein neues Leben. Doch nachdem deutlich wurde, dass der Krieg sich hinziehen und dass Saddam trotz des Einsatzes chemischer Waffen ungeschoren davonkommen würde, verließen immer mehr Menschen das Land, vor allem, wenn sie Söhne hatten und fürchteten, diese würden eingezogen werden und an der Front sterben.

Jeden Tag stieg die Zahl der Flüchtenden. Einige schafften es, ein Visum zu bekommen, bestiegen Flugzeuge am Flughafen Mehrabad und brachten sich in Sicherheit, ohne ihre Würde zu verlieren. Hunderttausende andere, die um jeden Preis wegwollten, bezahlten Banditen dafür, sie über Land durch die Türkei oder Pakistan zu schmuggeln. Die Schmuggler, die die Iraner mitten in der Nacht durch die Schluchten und über die Wüstenpässe an den Grenzen des Landes trieben, machten reichlich Gewinn. Es war riskant, den Iran auf diese Weise zu verlassen, doch in den Augen der Flüchtenden war es weit riskanter, zu bleiben.

Die meisten gingen nach Nordamerika und Europa, und von dort vor allem nach Los Angeles und in europäische Hauptstädte wie Paris und London. Spätere Emigranten suchten Zuflucht in Skandinavien, und die relativ offenen Grenzen Kanadas zogen die Iraner nach Vancouver und Toronto. Ob arm oder reich, sie flüchteten und bevölkerten die Ledermärkte in Florenz, dealten mit Kokain auf den Straßen Tokios und beherrschten den Teppichhandel in Manhattan. Im Silicon Valley und an der Ostküste der Vereinigten Staaten wimmelte es von iranischen Ärzten, Ingenieuren und Bankiers, während die oberen Zehntausend in Kensington und Beverly Hills Hof hielten.

Es gibt nur grobe Schätzungen, aber fast vier bis fünf Millionen Iraner verließen im Lauf der folgenden zwei Jahrzehnte ihre Heimat, unter ihnen die klügsten Köpfe des Landes. Bis heute gibt es im Iran die weltweit größte Abwanderung von Wissenschaftlern. Diejenigen von uns, die blieben, müssen mit ansehen, wie unsere jungen Leute in die Welt ausschwärmen und die Gesellschaften und die Wirtschaft anderer Länder bereichern.

Bei der Wahrnehmung der Geschichte des modernen Iran spielt die Emigration keine große Rolle, denn ihre Bilder sind im Unterschied zu denen des Krieges und der Revolution keine mit Leichenteilen übersäten Schlachtfelder oder Massenproteste mit drei Millionen Menschen, die ihre Fäuste erheben. Doch wenn man die Iraner fragt, was sie der Islamischen Republik am meisten verübeln, dann ist es bei der Mehrzahl das Auseinanderreißen ihrer Familien. Die Erinnerungen an den Krieg verblassen irgendwann, und nur wenige Menschen haben die Kraft, lange mit intellektueller Verzweiflung zu leben, aber die Abwesenheit eines geliebten Menschen – die dauerhafte Trennung einer Schwester von der anderen, einer Mutter von der Tochter – ist ein Schmerz, den die Zeit nicht heilt. Soll ich Ihnen sagen, wie viele Familien ich kenne, deren Mitglieder früher alle in derselben Stadt lebten und die nun über den ganzen Erdball verstreut sind? Jedes Kind lebt in einer anderen westlichen Stadt, die Eltern im Iran. Für viele trägt daran die Islamische Republik die Schuld.

Wären die Revolutionäre nicht so radikal gewesen, hätten sie den Schah nicht durch ein Regime ersetzt, das eine Massenflucht provozierte, wären ihre Familien noch vereint.

Meine liebsten Freunde gingen, einer nach dem anderen. Sie packten ihre Habe, sagten Lebewohl und kehrten, in meinen Augen, dem Iran den Rücken zu. Jedes Mal wenn ich müde einen Bleistift in die Hand nahm, um einen weiteren Namen aus meinem Adressbuch zu streichen, war die Enttäuschung unerträglich. Ich hatte dann das Gefühl, in einem verlassenen, täglich stärker verfallenden Haus mitten unter Geistern zu leben.

Am Anfang stritt ich mich mit meinen Freunden. Jeden, der seine Absicht kundtat, das Land zu verlassen, versuchte ich, davon abzubringen. Jeder von ihnen musste sich meinen vielleicht unfairen Protest anhören. Ich wusste, dass ihre Entscheidung eine zutiefst persönliche war. Und ja, ich hatte keine Söhne. Aber dennoch hielt ich es aus moralischer und politischer Sicht nicht für richtig, den Iran zu verlassen.

Einer meiner Cousins rief mich ein paar Tage vor seiner Abreise nach Deutschland an und bat mich vorbeizukommen. Während er in seiner Wohnung herumlief und packte, wiederholte er immer wieder, dass er »wegen der Kinder« gehe. Schließlich explodierte ich. »Du siehst ein Land voller Iraner, die alle Kinder haben! Ihre Kinder studieren hier. Wo ist das Problem? Bleib einfach da und lass die Kinder hier zur Schule gehen.«

»Sie haben keine Zukunft hier. Ich muss sie irgendwohin bringen, wo sie eine Zukunft haben.«

»Was ist mit der Zukunft all der Kinder, die hier bleiben? Bedeutet hier zu bleiben etwa, dass sie keine Zukunft haben?«

»Wenn deine Kinder älter wären, Shirin *jan*, würdest du auch gehen.«

»Nein, ich würde den Iran niemals verlassen«, erwiderte ich. »Wenn meine Kinder gehen müssten, würde ich sie gehen lassen. Jede Generation muss an dem Ort bleiben, an dem sie groß geworden ist. Wenn du und ich den Iran verlassen, was werden wir dann tun? Hier sind wir jemand. Wir haben etwas erreicht und dafür gearbeitet, eine bestimmte Stellung in dieser Gesellschaft einzunehmen. Unsere Freunde und wir sind intelligent und gebildet. Denkst du, im Ausland wird man uns – mit unseren ausländischen Abschlüssen und unserem ausländischen Akzent – mit offenen Armen empfangen? Unsere Kinder sind jung, sie werden die Kultur ihrer neuen Umgebung in sich aufnehmen. Und nach einiger Zeit werden wir auch sie verlieren.«

Mein Cousin wirkte nicht überzeugt. Ich versuchte einen anderen Weg.

»Hör mal, ein Mädchen, das ab seinem siebten Lebensjahr im Ausland aufwächst, wird wahrscheinlich einen Ausländer heiraten. Natürlich wird sie sich an seine Kultur anpassen, und ganz allmählich wird sich zwischen uns ein Gefühl der Entfremdung einschleichen. Eines Tages werden wir aufwachen und erkennen, dass wir nie wieder auf die gleiche Weise in der Welt des anderen existieren können – sie nicht in unserer und wir nicht in ihrer. Wir sollten darüber nachdenken, sollten verhindern, dass es je dazu kommt, und unsere Kinder hier behalten. Später, wenn sie ihr Studium fast beendet haben, können sie eine Zeit lang ins Ausland gehen. Aber dann haben sie die prägenden Jahre hier verbracht. Wie wir werden sie mit jeder schmerzlichen Realität fertig werden, und dieses Land wird einen festen Platz in ihrem Herzen haben. Sie werden zurückkehren.«

Dem Ende meiner Rede folgte langes Schweigen. Mein Cousin seufzte tief, wandte den Blick ab und packte weiter. »Nimm alles, was du brauchst«, sagte er und deutete auf den überall verstreuten Hausrat. Doch obwohl ich einige dieser Dinge gut hätte brauchen können, weigerte ich mich, irgendetwas davon mitzunehmen, und ging. Ich wollte nicht die Servierplatte oder den Tisch von jemandem haben, der mich und sein Land zurückgelassen hatte.

Es sollten sich noch viele weitere derartige Dramen in häuslichen Wohnzimmern abspielen. Eine meiner Freundinnen beschloss, ihren Hausrat zu verkaufen, und lud mich ein, ihr dabei Gesellschaft zu leisten. Als ich kam, wirbelte sie gerade in ihrem Wohnzimmer herum und klebte kleine Preisschilder auf alles, was dort herumstand. Ich hatte gehofft, wir würden erst zusammen Tee trinken und miteinander reden, aber wie die meisten der kurz vor ihrer Abreise Stehenden vermied auch sie eine Unterhaltung und machte sich mit Klebeband an den unzähligen Kisten zu schaffen. Ich folgte ihr auf Schritt und Tritt und zog wütend jedes Preisschild ab, das sie befestigte. Wie Kampfhähne standen wir uns schließlich gegenüber, die Finger bedeckt mit klebrigen weißen Preisschildern. Da klingelte es an der Tür. Es war erst halb vier, eine halbe Stunde bevor der Verkauf beginnen sollte.

Eine korpulente Frau kam herein und begann, mit großen Augen Kerzenständer und Bilderrahmen zu inspizieren, so als sei das Wohnzimmer meiner Freundin, in dem deren Kinder ihre ersten Gehversuche gemacht hatten, ein Stand in einem Basar. Ich war wütend. Ich hatte eine halbe Stunde, um meine Freundin zu bearbeiten und davon zu überzeugen, ihre Meinung zu ändern, und nun stahl mir dieser Geier meine Zeit. Ich packte sie am Arm und führte sie nach draußen. »Warten Sie dort, bis es vier ist«, sagte ich und knallte die Tür zu.

»Bitte«, bat ich meine Freundin. »Lass diesen Unsinn. Was tust du? Dies ist unser Land!«

Doch es blieb dabei: Um vier Uhr begann der Verkauf. Keine meiner sentimentalen Bitten brachte meine Freunde und Verwandten dazu, ihre Entscheidung zu überdenken. Wahrscheinlich schien es ihnen die Mühe nicht wert, ihr Alltagsglück und ihre Pläne dem fernen Ziel zu opfern, unserem Land wieder zu Ansehen zu verhelfen. Schließlich war mein Adressbuch voller ausgestrichener Telefonnummern. Manche Seiten konnte ich einfach herausreißen. Wenn ich an diese schmerzvollen, schwierigen Jahre zurückdenke, war dies in gewisser Weise der Tiefpunkt. Ich hatte meinen geliebten Beruf verloren. Ich hatte mein Land verloren. Und ich hatte meine Freunde verloren.

Ich weigerte mich, denen, die gegangen waren, Briefe zu schreiben. Ein paarmal versuchte ich es, aber der Stift in meiner Hand wog schwer wie Blei, und der Gedanke, diese Seiten zu füllen, ließ mich verzweifeln. Es erinnerte mich daran, dass ich diejenigen verloren hatte, die ich liebte, dass sie nun in meinem Leben fehlten. Sie riefen an und sagten: »Shirin *jan*, nur eine kurze Nachricht. Weißt du nicht, wie glücklich uns eine kurze Nachricht von dir machen würde?« Aber ich konnte nicht. Einige meiner Freunde waren verletzt, doch ich hoffe, dass sie im Laufe der Zeit verstanden haben, dass meine Sturheit einem Übermaß und nicht einem Mangel an Zuneigung entsprang.

Wenn jemand den Iran verlässt, ist es für mich so, als sei derjenige gestorben. Wir sind so lange Freunde, wie wir in derselben Welt leben. Denn solange die gleichen Hoffnungen unser Leben erhellen, werden wir nachts von den gleichen Ängsten wach gehalten. Jahre später, als meine Freunde zu Kurzbesuchen in den Iran kamen, sah ich, dass ich Recht gehabt hatte. Wir sprachen noch immer Farsi, noch immer floss das gleiche Blut durch unsere Adern, aber wir lebten in verschiedenen Welten. Man konnte die Wörter, die wir austauschten, in den gleichen persischen Wörterbüchern finden, aber es war, als sprächen wir eine andere Sprache. In Wirklichkeit hatte ich meine Freunde verloren. *Meine* Freunde – die, die einst an den gleichen Warenständen eingekauft und schockiert auf dieselben Zeitungsüberschriften gestarrt hatten – waren praktisch tot. Mit einem Toten würden Sie sicher nicht korrespondieren, oder? Und so wie es mir nie in den Sinn kommen würde, Briefe an einen Toten zu schreiben (eine unsinnige, schmerzvolle Aufgabe, nicht wahr?), kommt es mir auch nie in den Sinn, Briefe an Freunde zu schreiben, die den Iran verlassen haben. Nicht weil ich sie vergessen habe, sondern weil ich sie so sehr liebe. Ich liebe sie so sehr, dass es mir wehtut, einen Stift in die Hand zu nehmen und die einleitenden Worte eines Briefes zu formulieren. Wenn ich ihnen nicht schreibe, rufe ich mir den Abstand zwischen uns und unsere unterschiedlichen Lebensweisen nicht ganz so schmerzlich ins Gedächtnis.

Mitten im Krieg beschlossen Javad und ich, mit der Familie nach Indien zu reisen. Als wir dort ankamen, verkündete Saddam, er werde nun auch Linienflugzeuge angreifen. Wir machten uns die ganze Zeit über Sorgen wegen des Rückflugs, und als das Flugzeug den iranischen Luftraum erreichte, neigten alle Passagiere den Kopf und begannen, leise ihre Gebete zu sprechen, so als handele es sich um einen Hadsch, einen Pilgerflug nach Mekka. Als wir, angespannter als vor unserer Reise, vom Flughafen Mehrabad nach Hause fuhren, entschied Javad, dass wir bis zum Ende des Krieges Flugzeuge meiden würden.

Nach dieser Reise verging die Zeit nur sehr langsam. Das Jahr 1988 läutete eine neue Phase des Krieges ein, den Krieg in den Städten. Bisher hatte es nur hin und wieder irakische Luftangriffe gegeben, und diese waren auf strategische Bereiche entlang der Grenze beschränkt gewesen, doch nun fanden sie jeden Tag in Teheran und anderen Städten statt. Das Heulen der irakischen Kampfflugzeuge wurde zum Hintergrundgeräusch unseres Lebens, und an manchen Tagen wurden bis zu zwanzig Raketen auf die Stadt abgeschossen. Es war das Jahr, in dem der Krieg in unseren Stadtvierteln Einzug hielt und die Nacht zum Tag machte.

Das irakische Militär erklärte, es bombardiere die Städte nicht, um Zivilisten zu töten, sondern um diese dazu zu bewegen, ihre Regierung zu einem Waffenstillstand zu drängen. Aus besagtem Grund wählten sie anhand von Satellitenbildern bestimmte Viertel in Teheran für ihre Punktzielangriffe aus und gaben die nächtlichen Ziele in den Morgennachrichten bekannt, damit die Bewohner Zeit hatten, das Feld zu räumen. Diejenigen, die genügend Geld oder eine Unterkunftsmöglichkeit hatten, verließen ihre Häuser, andere verbrachten die Nacht schlaflos in ihren Betten.

Entweder war das irakische Militär unfähig, zielgenau zu bombardieren, oder es führte einen psychologischen Krieg, denn nur selten trafen die Raketen die angekündigten Ziele. Am Tag, als der Sprecher sagte: »Heute Abend greifen wir Yusefabad an«, unser Viertel, rief ich meine Eltern an und sagte, wir müssten uns für heute Nacht eine andere Schlafgelegenheit suchen. Mein Vater lehnte das rundweg ab. »Was geschehen soll, wird geschehen«, sagte er. Wir schliefen dann alle im Haus meiner Eltern. Wenn es mit uns zu Ende gehen sollte, konnten wir immerhin gemeinsam sterben. Wir nahmen alle zusammen unser womöglich letztes Mahl zu uns, Lamm, geschmort mit getrockneten Limonen und gelben Linsen, tranken Tee, während wir besorgt auf den Fernseher starrten, und gingen dann ins Bett. Gott sei Dank passierte nichts, und beim Frühstück küsste jeder die erschöpften Gesichter der anderen und war seltsam erleichtert, dass nicht wir an der Reihe gewesen waren, sondern mit großer Wahrscheinlichkeit jemand anderes.

Keiner von unseren Verwandten kam bei den Angriffen auf die Städte um, doch ein Freund von Javad hatte nicht so viel Glück. Als er eines Abends von der Arbeit kam, musste er feststellen, dass sein Haus, seine Frau und seine beiden Töchter während seiner Abwesenheit bei einem Raketenangriff verbrannt waren. Es trieb ihn fast in den Wahnsinn, nach Hause zu kommen und sein ganzes Leben ausgelöscht zu sehen.

Entsetzliche Geschichten wie diese trieben zahlreiche Iraner dazu, Teheran zu verlassen. Diejenigen, die es sich leisten konnten, ihren Job aufzugeben, zogen in die Provinz. Die umsichtigen Wohlhabenden mieteten sich in Hotels ein, den ehemals herrschaftlichen Hiltons und Hyatts, die keine Angriffsziele waren, im Ernstfall aber einen Angriff überstanden hätten. In den umbenannten und jetzt staatseigenen Hotels wimmelte es von Gästen, die den drei- bis vierfachen Preis zahlten.

Eines Abends schlenderte ich durch das Foyer des ehemaligen Sheraton, während ich auf einen ausländischen Korrespondenten wartete. (Um wenigstens einen wissenschaftlichen Beitrag auf dem Gebiet der Rechtswissenschaft zu leisten, hatte ich, nachdem ich aus dem Berufsleben ausgeschieden und der Krieg noch nicht beendet war, 1987 mit dem Bücherschreiben begonnen. Als Expertin für die Rechte der Frau und andere Rechtsangelegenheiten wandten sich auch oft Journalisten an mich.) Entgeistert wanderte ich zwischen dem Restaurant und dem Café hin und her und beobachtete die frisierten, eleganten jungen Männer und Frauen, die bei leiser Klaviermusik speisten. Anmutig zerteilten sie ihr Steak und versenkten ihre Löffel in Karamellcreme, während in Teheran die Hälfte von dem, was die übrige Bevölkerung brauchte, nicht zu bekommen war und man für die andere Hälfte von der Regierung ausgegebene Karten benötigte. Das Hotelfoyer war wie eine Insel der Ruhe in einer vom Krieg zerrissenen Stadt, und es schien, dass die Wohlhabenden mit ihren frisch gebügelten Kleidern und ihrem ruhigen Gesichtsausdruck den Krieg auf andere Weise erlebten als wir Übrigen.

Bei den Angriffen, vor denen die Iraner flohen, wurde nicht Straße für Straße zerstört. Wenn man durch Teheran fuhr, sah man nur vereinzelt Orte der Zerstörung. Die irakischen Kampfflugzeuge machten die Stadt nicht dem Erdboden gleich, sorgten jedoch dafür, dass wir in ständiger Angst lebten.

In dieser Zeit war ich eines Morgens ins Stadtzentrum gegangen, um ein paar Besorgungen zu machen. Gegen elf wartete ich an einer belebten Kreuzung auf ein Taxi. Nach etwa einer Viertelstunde – inzwischen war mir schlecht von den Abgasen der vorbeituckernden Busse –, machte ich mich zu Fuß auf den Weg. Ich hatte noch nicht einmal das Ende der langen Straße erreicht, als ich ein ohrenbetäubendes Dröhnen hörte. Der Boden unter meinen Füßen hob und senkte sich, das Straßenpflaster verschwamm vor meinen Augen. Ich wurde gegen die Betonwand eines Gebäudes geschleudert. Dort lag ich in mich zusammengesackt und wunderte mich über das Durcheinander um mich herum. Leute schrien und deuteten zu der Stelle, an der ich kurz zuvor noch gestanden hatte. Ich humpelte dorthin zurück, schob mich durch die Menge, vorbei an verkohlten, rauchenden Autos, und starrte in den großen Krater, in dem Schotter und Verletzte lagen.

Nach diesem Vorfall bestand Javad darauf, Teheran zu verlassen, da wir dort nicht mehr sicher seien. Doch meine Eltern, die damals schon älter waren, weigerten sich umzuziehen. Schließlich stimmte ich zu, mit den Kindern und meiner Schwester in den Norden des Iran in die Nähe des Kaspischen Meers zu gehen, Javad hingegen sollte bei meinen Eltern in Teheran bleiben.

Wir mieteten ein Häuschen in einer der Kleinstädte des Nordens, und Negar fuhr jeden Tag mit dem Fahrrad zur Schule, in der es von Kindern wimmelte, deren Familien aus dem ganzen Land vor dem Krieg geflohen waren. Abends, wenn Negar nach Hause kam, saß sie noch bis etwa 22 Uhr über ihre Hausaufgaben gebeugt. Wieso, fragte ich mich, musste eine Achtjährige so viel lernen? Am nächsten Tag ging ich mit ihr zur Schule, um mit der Lehrerin zu sprechen. Mit ihren engen Straßen und unfertigen Betonzäunen wirkte die kleine Stadt im Vergleich zu Teheran wie ein Dorf. »In jeder meiner Klassen«, erklärte die gestresste Lehrerin, »sitzen dreimal so viele Schülerinnen wie gewöhnlich. Wir haben nicht genug neue Bücher, deshalb decke ich die Kinder mit Übungen ein, damit sie etwas zu tun haben und ich Ordnung halten kann.«

Einige Monate vergingen, und die Regierung verkündete das Ende des Kriegs in den Städten. Wir kehrten nach Teheran zurück.

An einem Sommerabend Anfang Juli 1988 schalteten wir den Fernseher ein und sahen Bilder von Leichen, die im Meer zwischen Flugzeug-Wrackteilen dahintrieben. Im Persischen Golf hatte ein US-Kriegsschiff am Morgen eine Wärme suchende Rakete auf ein iranisches Passagierflugzeug abgefeuert und es vom Himmel geholt. Alle 290 Passagiere kamen um. Ihre Leichen trieben in den warmen Wassern des Golfs. Präsident Ronald Reagan hatte keine überzeugende Erklärung dafür, wie die USS *Vincennes*, ausgestattet mit der modernsten Radartechnik, den massiven iranischen Airbus mit einem schnittigen, nur ein Drittel so großen Überschall-Kampfflugzeug hatte verwechseln können. Nur wenige Iraner glaubten, dass es sich tatsächlich um einen Fehler handelte, und wir erfuhren außerdem, dass der Kapitän für seine Leistung eine Medaille erhielt. Die Führer des Landes nahmen eine Neueinschätzung des Krieges vor, weil sie davon ausgingen, dass die USA endgültig Partei ergriffen. Amerikas Intervention würde nicht nur Saddam Hussein helfen, sein verlorenes Terrain wiederzugewinnen, sondern auch die iranische Revolution gefährden. Und so beschloss man nach beinahe acht Jahren und dem Verlust von fast einer Million Menschen, den Krieg zu beenden und die Waffenstillstands-Resolution des Sicherheitsrates zu akzeptieren. Am 18. Juli brachte das Radio eine historische Erklärung Ayatollah Khomeinis. »Ich hatte gelobt, bis zum letzten Blutstropfen zu kämpfen«, sagte er. »Und obwohl diese Entscheidung fast dem Trinken eines Bechers Gift gleichkommt, unterwerfe ich mich dem Willen Gottes.«

Erleichtert atmeten alle auf. Wir konnten kaum glauben, dass der Krieg, die einzige Wirklichkeit, die meine Töchter je gekannt hatten, tatsächlich zu Ende war. Endlich brauchten wir uns keine Gedanken mehr zu machen, ob es am nächsten Tag einen Raketenangriff geben würde oder nicht. Wir konnten aufhören, unsere Tage um das Schlangestehen für Zucker herum zu planen. Würde das Leben wieder normal werden? Und was hieß eigentlich »normal«? Der Krieg war in erster Linie auf iranischem Territorium geführt worden. Unser Ackerland, unsere Städte, unsere Wirtschaft und unsere Industrie, alles war verwüstet worden. Dem Stumpfsinn der Revolution war gleich der Krieg gefolgt, und jetzt mussten wir uns von beidem erholen.

Sechs Tage später setzte die Mojahedine Khalgh 7000 Kämpfer von einem Stützpunkt im Irak in Marsch, um die westiranische Provinz Kermanshah anzugreifen. Ende der Achtzigerjahre hatte die MKO begonnen, ihre Guerillas im Irak auszubilden und an der Seite von Saddams Armee zu kämpfen. Wenn sie Saddam halfen, das iranische Regime zu schwächen, so dachten sie, würden sie ihrem Ziel, die Regierung zu stürzen, näher kommen. Da sie glaubten, das Regime würde aufgrund des Waffenstillstands seinen Rückhalt in der Bevölkerung verlieren und anfällig für einen Volksaufstand sein, war es ihrer Meinung nach an der Zeit, nach Teheran vorzurücken.

Am Abend der Operation, der sie den Namen »Ewiges Licht« gaben, versprachen die MKO-Führer ihren Truppen, die iranische Bevölkerung werde sich ihrem Kampf anschließen und sie dem Sieg entgegenführen. »Es wird eine Lawine sein, die immer größer wird, je weiter sie rollt. Am Ende wird die Lawine Ayatollah Khomeinis Netz auseinander reißen. Ihr braucht nichts mitzunehmen. Wir werden wie Fische sein, die in einem Meer von Menschen schwimmen.«

Wie sehr sie im Unrecht waren. Was für eine tragische Fehleinschätzung. Das Letzte, was die Iraner damals wollten, war noch mehr Gewalt. Und sie sollten es der MKO nie verzeihen, sich mit Saddams Männern verbündet zu haben, den Truppen, die das Leben einer halben Million junger Iraner zerstört und gegen ganze Bataillone Nervengas eingesetzt hatten. Die Revolutionsgarde schlug die MKO-Offensive schnell nieder, tötete beinahe 1800 Kämpfer und schlug andere in die Flucht zurück über die Berge in den Irak. In Teheran wurden Familienbesuche bei MKO-Gefangenen für drei Monate ausgesetzt. Warum?, fragten wir uns nervös und dachten an Fuad.

An einem kalten Morgen im Herbst 1988 klingelte bei meiner Schwiegermutter das Telefon. Der Anrufer erkundigte sich nach ihrem Sohn Fuad. Meine Schwiegermutter war Anfang siebzig und hatte oft Probleme, die Stimme am anderen Ende der Leitung zu verstehen. So fiel ihr nicht auf, dass der anonyme Anrufer seine Frage in der Vergangenheit gestellt hatte: *Hatten* Sie statt *haben* Sie einen Sohn namens Fuad?

»Natürlich, ja, Fuad ist mein jüngster.«

»Dann sagen Sie seinem Vater, er solle sich morgen im Evin-Gefängnis melden.«

»Sein Vater ist vor einigen Jahren gestorben«, antwortete sie.

»Dann sagen Sie seinem Bruder, er soll kommen.« Und damit wurde aufgelegt.

Das Evin-Gefängnis liegt an einer Schnellstraße gleichen Namens im Norden Teherans. Es gehört zu den wenigen Institutionen im Iran, an deren Ruf sich auch nach der Ablösung des Schah-Regimes durch die Islamische Republik nichts geändert hat. Das niedrige Gefängnis mit seinen Eisenwänden hat den schrecklichen Ruf, seit der Revolution der Schauplatz von tausenden von Hinrichtungen gewesen zu sein. Allein der Name, Evin, beschwört Bilder herauf von Verhörkammern in Kellergeschossen und langen Reihen feuchter, enger Einzelzellen und gehört vielleicht zu dem Schlimmsten, was die Iraner sich vorstellen können.

Javad und sein Onkel fuhren am nächsten Tag die kurvenreiche Straße hinauf, die zu diesem Gefängnis führt. In der Ferne erhoben sich die Gipfel des Elbursgebirges. Es war nicht schwer, das richtige Büro zu finden: Sie gingen einfach in die Richtung, aus der aschfahle, schluchzende Verwandte auftauchten.

»Hier«, sagte der Vollzugsbeamte und reichte Javad eine Tasche. »Das sind die persönlichen Sachen Ihres Bruders. Er ist hingerichtet worden«, fügte er hinzu. »In den nächsten zwölf Monaten dürfen Sie ihn weder beerdigen noch auf irgendeine Weise öffentlich um ihn trauern. Wenn an Ihrem Verhalten nach Ablauf dieser Zeit nichts auszusetzen ist, werden wir Ihnen seine Grabstätte zeigen.«

Als Erstes prüften Javad und sein Onkel den Inhalt der Tasche. Wie konnten sie sicher sein, dass sie Fuads Sachen enthielt? Wie sollten die Behörden, wo Evin hoffnungslos überfüllt war, über jeden einzelnen Gefangenen und seine Habe Bescheid wissen? Vielleicht gingen sie einfach eine Liste mit Namen durch und erklärten Menschen für tot, die es nicht waren. Javad zog einen Trainingsanzug aus der Tasche, den er nicht kannte, und Unterwäsche, die jedem hätte gehören können. Er wühlte am Boden der Tasche herum und hielt plötzlich einen *tasbeeh* in der Hand, eine Kette mit Gebetsperlen – da wusste er, dass sein kleiner Bruder tot war. Fuad und sein *tasbeeh* waren unzertrennlich; es war sein liebster Talisman, der sogar von seinen Fingern herabbaumelte, wenn er nur zur Schule und wieder nach Hause gegangen war.

Javad rief vom Gefängnis aus seine Schwestern an und bat sie, seine Mutter auf die Nachricht vorzubereiten. Mich bat er, sofort zu ihr zu fahren. Während ich rasch duschte und mich anzog, hatte ich einen dicken Kloß im Hals, doch ich konnte nicht weinen. Erst als ich im Auto saß, den Schlüssel ins Zündschloss steckte und die unvergessliche Klaviermelodie »Roozegar-e Ma« aus den Lautsprechern ertönte, kamen mir die Tränen. Ich weinte den ganzen Weg über und wischte mir die Tränen mit dem Zipfel meines Kopftuchs ab.

Im Haus meiner Schwiegermutter zog ich Javad in eine Ecke der Küche, gleich neben dem elektrischen Samowar, der den Tee warm hielt, und fragte ihn, warum Fuad hingerichtet worden war. Den Gefängnisbeamten zufolge hatten die MKO-Mitglieder, die beim Mersad-Angriff, wie ihn die Regierung nannte, getötet worden waren, Zettel am Körper haften, auf denen die Namen ihrer Anhänger im Evin-Gefängnis standen. Fuads Name hatte angeblich auf einer dieser Listen gestanden. Ich lachte erbittert. Ein junger Mann von 24, der, zu zwanzig Jahren Haft verurteilt, im Gefängnis schmachtete, weil er Zeitungen verkauft hatte, sollte es irgendwie geschafft haben, Kontakt mit MKO-Kämpfern an der iranisch-irakischen Grenze aufzunehmen? Und selbst wenn ihm das gelungen war, selbst wenn an diesen fadenscheinigen Anschuldigungen irgendetwas dran war, dann trugen die Gefängniswärter die Verantwortung, die es den Insassen erlaubten, mit der Außenwelt zu kommunizieren. Mir wurde schwindlig. Wie konnte jemand im Schnellverfahren die Hinrichtung eines seit Jahren in Haft sitzenden iranischen Staatsbürgers anordnen, ohne dass es eine neue Verurteilung in einem Gerichtshof gab?

Was hatte Fuad getan? Als Richterin wusste ich besser als die meisten anderen, wie schwer ein Todesurteil wog. Ein Hinrichtungsbefehl, die Vernichtung eines Menschenlebens, ist das letzte Mittel eines Rechtssystems und erfolgt angesichts der Schwere eines solchen Urteils erst nach reiflicher Überlegung. Was hatte Fuad, dieser naive Junge, getan? Sein einziges Verbrechen war das, Zeitungen verkauft zu haben, ein Verbrechen, dem er bereits seine Jugend geopfert und für das er bereits sieben Jahre einer zwanzigjährigen Gefängnisstrafe abgesessen hatte. Hingerichtet! Ich konnte es nicht fassen. Es gibt kein Gesetz mehr, dachte ich, und ein Menschenleben ist nichts mehr wert.

In jener Nacht nistete sich eine stumme Wut in meinem Magen ein. Wenn ich zurückdenke und versuche, den Moment auszumachen, der mich veränderte, den Moment, der meinem Leben eine andere Richtung gab, dann weiß ich, dass alles in jener Nacht begann. Meine Schwägerin, eine Ärztin, sah an jenem Abend nach mir, nahm die Blutdruckmessmanschette und machte Anstalten, meinen Blutdruck zu messen. Als die kleine Nadel oberhalb der roten Markierung tanzte, riet sie mir, sofort in die Notaufnahme zu gehen. Vom nächsten Tag an nahm ich Medikamente gegen hohen Blutdruck. Bis heute beginnt mein Tag damit, dass ich eine kleine Hand voll Pillen schlucke, um meine Angst in den Griff zu kriegen und den Blutdruck zu senken. Javad wiederum musste Medikamente gegen sein Asthma nehmen. Die zuvor leichten Beschwerden hatten sich so verschlimmert, dass er kaum noch Luft bekam.

Nach Fuads Tod wurde ich noch halsstarriger. Man hatte uns gesagt, wir sollten mit niemandem über seinen Tod reden, also redete ich Tag und Nacht über seine Hinrichtung. In Taxis, im Laden an der Ecke, beim Schlangestehen für Brot sprach ich völlig fremde Menschen an und erzählte ihnen von diesem lieben Jungen, den man für das Verkaufen von Zeitungen zu zwanzig Jahren Gefängnis verurteilt und dann hingerichtet hatte. Niemand sah mich seltsam an. Die Leute hörten einfach nur zu und bekundeten ihr Mitgefühl. Es kam mir nie in den Sinn, dass dies gefährlich sein könnte, dass Lauscher in der Nähe sein könnten, die mithörten und jene registrierten, die nicht gehorchten, sondern über Dinge sprachen, über die man ihnen zu schweigen befohlen hatte. In mir war zu viel Schmerz, sodass ich ihn loswerden musste. Wenn man es uns nicht verboten hätte, wäre dieser Drang, es von den Dächern zu rufen, womöglich nicht so groß gewesen.

Man sagte uns, wir dürften seinen Tod nicht betrauern. Aber wie hätten wir das fertig bringen sollen? Unter dem Vorwand, des Todestags seines Vaters zu gedenken, organisierten wir eine Trauerfeier für Fuad und gaben sie in der Zeitung bekannt. Derjenige von Fuads Onkeln, der ihn zum Begräbnis seines Vaters aus dem Gefängnis geholt hatte, leitete die Trauerfeier und sang ein schmerzliches *nowheh*, das traditionelle Klagelied für die Toten. Seine Stimme rührte uns alle. Mitten in der Zeremonie schweiften meine Gedanken ab. Die Familie hätte Fuad an jenem Tag, an dem er in unserer Mitte war und uns um Hilfe gebeten hatte, die Flucht erlauben sollen, dachte ich. Wenn sie ihn gelassen hätten, wäre er vielleicht noch am Leben.

Ein Jahr später, 1989, ging Javad wieder zu den Behörden, um zu fragen, wo sie Fuad begraben hatten. Auf dem Behesht-e Zahra, sagten sie, Teherans größtem Friedhof, der am Südrand der Stadt beginnt und sich kilometerweit entlang der Autobahn erstreckt, die in die Wüste fuhrt. Behesht e Zahra ist zwar ein Friedhof, sieht mit seinen von Bäumen gesäumten Straßen, einem Spielplatz, einem Restaurant und Imbissstuben jedoch eher aus wie ein kleiner Vorort oder ein Campingplatz. Trauernde verbringen oft den Nachmittag dort und machen ein Picknick zwischen den Gräbern, während ihre Kinder herumrennen. Ohne einen Führer oder einen Plan würde man sich dort nicht zurechtfinden. Der größte Bereich ist Soldaten gewidmet, die im ersten Golfkrieg, also zwischen 1980 und 1988, getötet wurden, und nichts kann auf diesen Anblick vorbereiten – Grabsteine, so weit das Auge reicht, ein grotesker Gräberhorizont.

Am nächsten Tag fuhren wir zum Friedhof, schlängelten uns durch die Scharen von Trauernden und suchten zwei Stunden lang nach Fuads Grab. Er war in einem alten Bereich des Friedhofs begraben, der seit Jahrzehnten voll war. Wir stellten fest, dass die Gräber der Hingerichteten über den großen Friedhof verstreut waren, damit die Besucher die Anzahl der Opfer nicht schätzen konnten. Viele der Bereiche auf dem Behesht-e Zahra sind nach Themen geordnet – die Schah-Gegner, die vor der Revolution getötet wurden, jene, die während der Revolution vom Savak getötet wurden, usw. Die Größe der einzelnen Bereiche ist aufschlussreich. Sie macht deutlich, wie viele Menschenopfer die von Gewalt geprägten Perioden in der Geschichte des Iran gefordert haben. Hätte es einen eigenen Bereich für die Anhänger der MKO und andere politische Gefangene gegeben, die nach der fehlgeschlagenen Mersad-Operation hingerichtet wurden, gäbe es dort zwischen 4 000 und 5 000 Gräber, denn so hoch schätzte man die Zahl der zusammen mit Fuad in jener dreimonatigen Hinrichtungswelle des Jahres 1988 Getöteten. Menschenrechtsgruppen und ehemaligen Gefangenen zufolge waren die meisten der Hingerichteten entweder Schüler einer Highschool, Collegestudenten oder Hochschulabsolventen, darunter über zehn Prozent Frauen.

Erst später, als die Einzelheiten durch Gerüchte oder Erzählungen an den Tag kamen, hörten wir von den »Prozessen«, die den Hinrichtungen vorausgegangen waren. Das Verfahren dauerte nur wenige Minuten, lange genug, um den Gefangenen Fragen zu stellen wie: »Sind Sie Muslim? Welcher Organisation gehören Sie an? Beten Sie? Ist der heilige Koran das Wort Gottes? Werden Sie öffentlich dem historischen Materialismus abschwören?« Wenn der Gefangene – verwirrt, mit verbundenen Augen und an eine religiöse Inquisition nicht gewöhnt – falsch antwortete, gab es keine weiteren Fragen, und der Hinrichtungsbefehl erfolgte umgehend.

Wenn der Gefangene seinen Glauben an den Islam versicherte, wurde er gefragt, ob er bereit sei, mit dem Regime zu kollaborieren und seine früheren Glaubensvorstellungen zu widerrufen. Lautete die Antwort nein, war dies das Todesurteil. Lautete sie ja, wurde der Gefangene gezwungen, als Beweis für seine Bekehrung der Hinrichtung anderer Gefangener beizuwohnen. Die weiblichen Gefangenen, von denen es viele gab, wurden angeblich vor der Hinrichtung vergewaltigt, um sicherzugehen, dass sie auch verdammt wurden, denn Jungfrauen kamen, wie es hieß, direkt in den Himmel. Gefängnisdirektor während dieser blutigen Zeit war ein Konservativer namens Asadollah Lajevardi. Am zehnten Jahrestag der Hinrichtungen schlichen sich MKO-Attentäter in Lajevardis Stoffladen im Basar von Teheran von hinten an den inzwischen alten Mann heran und erschossen ihn mit einem Uzi-Maschinengewehr.

Jedes Mal wenn wir zum Friedhof gingen, fühlten wir uns beobachtet. Die Kommunisten, die hingerichtet worden waren, hatte man nicht einmal auf diesem Friedhof begraben, denn das Regime lehnte es ab, Atheisten oder Abtrünnige zusammen mit Muslimen zu beerdigen. Ihre Gräber befanden sich in einem verlassenen Gebiet im Südosten Tcherans, das Khavaran genannt und von religiösen Fundamentalisten als das »Verfluchte Land« bezeichnet wird.

Was war das Ergebnis dieses Krieges? Die Grenzen waren unverändert geblieben. Die Welt vergaß die Sache schnell. Jedes Mal wenn ich zum Behesht-e Zahra gehe und die Gräber der Kriegstoten sehe, an die man sich nur als Fußnote der Geschichte, als eine geschätzte Zahl erinnern wird, frage ich mich, wer der eigentliche Gewinner war. Nicht der Iran, dessen Wirtschaft am Boden liegt, dessen Provinzen zu zwei Dritteln verwüstet sind und dessen Soldaten, Opfer von Saddams chemischen Waffen, mit ständig brennenden, von Blasen übersäten Körpern in Spezialkliniken liegen. Nicht der Irak, dessen Bevölkerung auch vom Krieg verwundet ist und gegen dessen Kurden ebenfalls Nervengas eingesetzt wurde. Wer waren dann die Gewinner? Die Waffenhändler. Die europäischen Firmen, die Saddam seine chemischen Waffen verkauften, die amerikanischen Firmen, die beiden Seiten Waffen verkauften; sie, die ein Vermögen anhäuften, deren Bankkonten anschwollen und deren Familien in Bonn und Virginia kein Leid geschah.

Ich muss noch ein wenig länger beim Krieg verweilen, denn seine Auswirkungen haben weitgehend unsere heutigen Einstellungen geprägt, unsere Einstellung zur Zukunft und zu unserem Platz in der Welt. Als Erstes wäre da unsere Skepsis und unser verstärktes Misstrauen gegenüber Amerikas Interessen in der Region. Stellen Sie sich vor, Sie wären Iraner und würden miterleben, wie die Jungen aus Ihrer Nachbarschaft den Bus zur Front besteigen und nie mehr zurückkehren. Stellen Sie sich vor, wie Sie in stummem Schrecken auf den Fernsehschirm starren, während Saddam chemische Waffen auf Ihre jungen Landsleute abwirft, seine Todesflugzeuge gesteuert von amerikanischen Satellitenbildern. Spulen Sie nun etwa fünfzehn Jahre weiter. Nun sehen Sie verblasste Videobilder, die zeigen, wie Donald Rumsfeld Saddam Hussein die Hand schüttelt und den Schlächter anlächelt, der aus dem Friedhof unserer Hauptstadt nahezu eine eigene Stadt gemacht hat. Nun hören Sie, wie Präsident George W. Bush verspricht, er wolle die Demokratie in den Mittleren Osten bringen. Sie hören, wie er das iranische Volk in seinem Bericht zur Lage der Nation anspricht und ihm erzählt, Amerika werde hinter ihm stehen, wenn es für seine Freiheit eintrete. Glauben Sie ihm?

Eine verlässliche Schätzung, wie viele Tote in beiden Ländern zu beklagen sind und welchen Schaden ihre Wirtschaft genommen hat, ist fast unmöglich. Beide Seiten hatten Verluste in einer Gesamthöhe von 500 Milliarden Dollar an Öleinnahmen, Militärausgaben und zerstörter Infrastruktur zu verzeichnen. Beide Seiten setzten die Zahl ihrer Gefallenen herab und übertrieben die Verluste des Feindes, und die einzig allgemein akzeptierte Zahl ist die, dass insgesamt über eine Million Iraner und Iraker getötet oder verwundet wurden. Über 100 000 Soldaten wurden Kriegsgefangene, und es gab rund 2,5 Millionen Flüchtlinge.

Seltsame Zeiten, mein Liebling

Ayatollah Khomeini starb am Samstag, dem 3. Juni 1989, einem milden Sommertag. An mehreren aufeinander folgenden Tagen hatten die Abendnachrichten gemeldet, der Ayatollah sei krank. Als ich an jenem Samstag den Fernseher einschaltete, forderte der Fernsehsprecher die Bevölkerung auf, für den Ayatollah das spezielle Gebet für Schwerkranke zu beten. Er muss im Sterben liegen, dachte ich, wenn wir dieses Gebet sprechen sollen. Am nächsten Morgen wachte ich viel früher auf als sonst, drehte mich um und schaltete das Radio ein. Nachdem ich zweimal den Sender gewechselt hatte, wusste ich, dass Ayatollah Khomeini tot war. Wenn in einem muslimischen Land plötzlich auf allen Sendern unaufhörlich aus dem Koran vorgelesen wird, dann bedarf es keiner ausdrücklichen Erklärung, dass der Führer gestorben ist.

Wie damals nach der Rückkehr Khomeinis aus dem Exil versank Teheran auch nach seinem Ableben in völligem Chaos. Millionen von Iranern – Schätzungen reichen von vier bis neun Millionen – legten das schwarze Trauergewand der Schiiten an, strömten auf die Straßen und Autobahnen der Stadt und machten sich auf zum Friedhof Behesht-e Zahra, wo der Ayatollah neben den Märtyrern des Irakkrieges begraben werden sollte. Frauen in schwarzen Tschadors schlugen sich rhythmisch gegen die Brust und beklagten seinen Tod so, wie die Schiiten seit Jahrhunderten ihre Märtyrer und ihre Toten beklagen.

Es gibt keine Stadt, deren Polizei dafür ausgerüstet ist, mit einer so überwältigenden Menschenmenge fertig zu werden. Wir saßen gebannt vor dem Fernseher, beobachteten die Heerscharen schwarz gekleideter Menschen und konnten uns nur allzu gut den Schmutz und den Schweiß vorstellen, der ihre Haut mit einer Kruste überzog, während sie sich zum Sarg des Ayatollah drängten und fast hysterisch versuchten, seinen weißen *kafan*, das Leichentuch, zu berühren oder ein Stück davon zu ergattern. In der Hoffnung, die Massen beruhigen und den Ayatollah zu seiner Begräbnisstätte bringen zu können, hielten die Sicherheitskräfte Wasser aus Feuerwehrschläuchen auf die Menge. »Was wird dieses Land ohne dich tun?«, skandierte die Menge, schob sich vorwärts und kreiste den Kühlwagen ein.

Als der Motorenlärm eines Armeehubschraubers die Luft durchschnitt, wurde die schwarze Masse heller, weil die Trauernden ihre Gesichter gen Himmel hoben. Der Sarg wurde aus dem eingekreisten Wagen von dem Hubschrauber übernommen und direkt zur Grabstätte befördert, wo ihn ebenfalls eine klagende Menschenmenge erwartete. Ein unerschrockener Fotograf hielt fest, was als Nächstes passierte: Er schoss ein Foto, das zu den bekanntesten des 20. Jahrhunderts zählt: Der in ein Leichentuch gehüllte Körper von Ayatollah Khomeini gleitet aus dem Sperrholzsarg und ein Bein baumelt hervor. Die Menschen hatten sich über den Sarg hergemacht und einander bei dem Versuch, ein Stück vom Leichentuch abzureißen, niedergetrampelt; in diesem Chaos kippte der Sarg. Später kursierte das Gerücht, dass MKO-Mitglieder sich unter die Menge gemischt und versucht hätten, den Leichnam des Ayatollah mit einem Messer zu verletzen. Schüsse knallten, als Truppen herbeieilten, um den Leichnam zu retten und ihn wieder in den Hubschrauber zu heben. Trauernde klammerten sich an die Landekufen, und der Hubschrauber stieg mehrere Male auf und ab, um sie abzuschütteln.

Einige Stunden später kehrte eine Vielzahl von Armeehubschraubern mit dem Leichnam, den man nun in einen Metallsarg gelegt hatte, zu der Grabstätte zurück. Einer landete in einem Bereich, aus dem man die Trauernden zurückgedrängt hatte und wo sich Ayatollah Khomeinis Sohn, sein Nachfolger als oberster geistlicher Führer, Ayatollah Ali Khamenei sowie Akbar Hashemi Rafsandjani, das Schwergewicht der iranischen Politik, eingefunden hatten. Sie prüften die um die Grabstätte herum wieder aufgebauten Sicherheitssperren und kamen zu dem Schluss, der Leichnam könne unbeschadet beerdigt werden. Der Leichnam wurde aus dem Sarg genommen, da die Schiiten ihre Toten nur in einem Leichenhemd begraben. Wieder kletterten die Trauernden über die Absperrungen und stürzten sich auf die Grabstätte. Die kreisenden Hubschrauber setzten Wasserwerfer ein, und endlich wurde in diesem Durcheinander von Schreien, Motorenlärm und dem von den Wasserschläuchen aufgewirbelten Staub Ayatollah Khomeini, der Held der *mostazafan* (der Enteigneten), der Gründer des islamischen Staates, die charismatische Ikone des Kampfes der Dritten Welt, zur Ruhe gebettet.

Der Sprecher im Staatsfernsehen schluchzte, während er an diesem Abend die Nachrichten verlas, doch die Menschen reagierten nicht alle auf die gleiche Weise. Viele, wie die Abertausenden, die in jener Nacht am Grab des Ayatollah wachten, waren wirklich verzweifelt. Andere hatten vor allem Angst, weil sie fürchteten, der Tod des Ayatollah würde zu Anarchie und zu Straßenkämpfen führen. Einige waren bedächtiger. Sie wagten es nicht, dies zu sagen, aber sie hofften, sein Tod werde für ein gemäßigteres Klima im Lande und einen Kurswechsel sorgen.

Der charismatische Ayatollah, der die Iraner mit seinen trügerisch einfachen Rufen »Der Schah muss weg!« gefesselt hatte, war nun selbst gegangen; statt seiner führte jetzt eine Clique von Revolutionären – von denen keiner sein ikonenhaftes Format, seine gebieterische Ausstrahlung hatte – den Vorsitz über eine verstörte Nation, die sich zu fragen begann: Die Revolution, dieser acht Jahre während Krieg, haben sie sich wirklich gelohnt? Da der Krieg vorbei war, wandte die Regierung ihre Aufmerksamkeit den brennenden Fragen zu, die sie während des Krieges vernachlässigt hatte, und sorgte zum Beispiel dafür, dass die Iraner vor der Ehe nicht miteinander ausgingen oder unziemliche Fernsehsendungen sahen.

Bemüht, das Land in den Griff zu bekommen, und besorgt über die Ausrichtung einer nur teilweise konsolidierten Revolution, schränkte die neue Führung die Freiheit des Volkes noch weiter ein. Vielleicht würde die noch im Entstehen begriffene Islamische Republik ja die Zuneigung der Menschen gewinnen, wenn man die Iraner von der Außenwelt abschnitt und es Paaren verbot, Cafés zu besuchen? Ob das Ziel darin bestand, Angst einzuflößen und die Opposition zum Schweigen zu bringen, oder darin, eine unpopuläre, strenge Interpretation des Islam durchzusetzen, das Ergebnis war das gleiche: Die Politik des Regimes beeinflusste unser Leben, folgte uns in unsere Wohnzimmer und verwandelte unseren Alltag in ein Katz-und-Maus-Spiel mit der Obrigkeit.

Die als *komiteh* bekannten Tugendwächter schikanierten alle Iraner – ob Muslim, Christ oder Jude, Alt oder Jung –, machten jedoch mit besonderer Begeisterung Jagd auf Frauen. Langsam lernten wir, mit den Hindernissen, die man uns im öffentlichen Leben in den Weg legte, fertig zu werden. Paare, die vor der Ehe miteinander ausgingen, nahmen zum Beispiel eine junge Nichte oder einen Neffen mit, um als Familie aufzutreten und unbelästigt die Kontrollpunkte zu passieren. Wir kontrollierten alles, von unserer Persönlichkeit bis zu unserem Kleiderschrank, stets darauf bedacht, unsere Meinung nicht in der Öffentlichkeit zu äußern, nichts von uns preiszugeben. Aber oft waren die Schikanen willkürlich und unsinnig und insofern unmöglich vorherzusehen. Wenn wir an jene Tage zurückdenken, erinnern sich die meisten von uns an feindselige Szenen, von denen man Kopfschmerzen und Groll zurückbehielt. Manche erinnern sich an derart verletzende Begegnungen, dass sich weder ihr Körper noch ihre Seele jemals ganz davon erholten.

Zuweilen hatte man den Eindruck, das *komiteh* terrorisiere uns, weil es nichts anderes zu tun wisse. Eigentlich wusste keiner von uns, wo es langging. Der Dichter Ahmad Shamlou führt in einem seiner meistgeliebten Gedichte viele Grausamkeiten auf, die wir in den Anfängen der Revolution miterlebten. Jede Strophe endet mit den Worten: »Seltsame Zeiten, mein Liebling.« Die ersten ein oder zwei Jahre nach dem Krieg waren überaus seltsam. Wir hatten das Gefühl, als würden wir in die Dunkelheit stürzen, unsicher, in welche Richtung wir uns wenden sollten, aber nicht in der Lage, das Tempo zu drosseln.

Einige Iraner, die das Land während des Krieges verlassen hatten, kehrten zu kurzen Besuchen zurück, um einen Eindruck von dem sich wandelnden Klima zu bekommen. Und wie meine Freundin Soraya stellten sie fest, dass das *komiteh* jetzt statt der irakischen Front seine Landsleute überfiel. Sorayas Eltern lebten in einem kleinen Dorf mit üppiger Vegetation in der Nähe des Kaspischen Meeres; nur wenige Wochen nach Kriegsende flog sie mit ihrem Verlobten und zwei ihrer Freunde nach Hause, um ihre Eltern zu besuchen. Sie machten einen Umweg, um sich unterwegs verschiedene Orte anzusehen, und kamen durch die nordwestliche Provinz, in der die MKO wenige Tage zuvor ihre fehlgeschlagene Operation unternommen hatte.

Als sie in einer Kleinstadt an einer Kreuzung hielten, kam ein Mitglied des *komiteh* mit großen Schritten auf ihren Wagen zu und befahl ihnen, den Kofferraum zu öffnen. Statt den Mund zu halten, wie wir es in den folgenden Jahren lernen sollten, antwortete einer der Freunde patzig, er solle ihn doch selbst öffnen. Bevor sie wussten, wie ihnen geschah, rief der Mann Verstärkung herbei und brachte sie zu einem Gebäude, das als Gericht, Verhörzentrum und *komiteh*-Kaserne diente. Sie trennten Soraya von den Männern und begannen, jeden von ihnen einzeln zu verhören. Sobald sie die Identität der Verhörten festgestellt hatten, kam die Behörde – vielmehr: die aus einem Vernehmungsbeamten, einem *komiteh*-Mitglied und einem Revolutionsrichter bestehende Gruppe, die als Behörde fungierte – zu dem Schluss, sie müssten der MKO angehören.

Soraya, so sagten sie argwöhnisch, sei zu gebildet, um nur ein normales iranisches Mädchen zu sein, das, unterwegs zu ihren Eltern, die Provinz durchquerte. Sie hatte ihr Verhörformular in einer wunderschönen Handschrift und mit einem stichhaltigen, vernünftigen Text ausgefüllt. Sie wedelten mit dem Formular vor ihrem Gesicht herum, als sei es ein blutiges Messer, das ihre Fingerabdrücke aufweise. Als Soraya erklärte, sie habe Jura studiert und es gelernt, sich auf diese Weise auszudrücken, schüttelten die Vernehmungsbeamten skeptisch den Kopf. Nachdem sie erfahren hatten, dass einer der Männer aus der Gruppe in Großbritannien studiert hatte, brauchten sie keine weiteren Beweise. Sie hatten es mit einer Verschwörung zu tun.

Zwei Tage lang behielten sie die Gruppe dort. Soraya wurde alleine in einen schmutzigen, dunklen Raum in einem gesonderten Gebäudekomplex gesteckt, der nachts völlig verlassen war. Achtundvierzig Stunden später trafen nach und nach die Bestätigungen aus Teheran ein. Soraya war tatsächlich eine Mitarbeiterin des staatlichen Fernsehens. Auch die Identität ihrer Freunde wurde überprüft. Keiner ihrer Vorgesetzten oder Professoren wusste irgendetwas von Verbindungen zur MKO. Sie denken vielleicht, damit wäre die Sache erledigt gewesen. Aber warum hätte das so sein sollen? Da man sie aus einer Laune heraus festgenommen und aufgrund eines unbegründeten Verdachts in Gewahrsam genommen hatte, war es klar, dass man sie auch schikanieren würde. Es war für das *komiteh* eine Gelegenheit, seine Wut auf die MKO an zwei Iranern auszulassen, die es sich zuschulden hatten kommen lassen, ins Ausland zu gehen, und zudem an einer Frau, deren Schuld darin bestand, gebildet zu sein und in Begleitung von Männern zu reisen, die nicht ihre Brüder waren.

Der Richter, ein ungepflegter Geistlicher hinter einem behelfsmäßigen Tisch, ließ sie zu sich kommen und rief einen nach dem anderen auf. »Schickt mir als Erstes Engilis«, sagte er, und meinte den, der im Ausland studiert hatte. Als Nächstes rief er Soraya auf, die, wie ich erwähnen sollte, eine wunderschöne junge Frau war. »Ist es nicht eine Schande«, flüsterte er, »wenn ein so intelligentes Mädchen wie du ins Gefängnis geht und mit diesen beiden jungen Männern herumläuft? Wenn du gestehst, werde ich dich vorübergehend zur Frau nehmen.«

Während der Verhöre wurde die Gruppe wieder getrennt, und sie versuchten, Soraya dazu zu zwingen, sexuelle Beziehungen zu allen Männern zuzugeben. »Sie haben alle gesagt, sie seien mit dir im Bett gewesen«, spottete der Vernehmungsbeamte. »Und was deinen angeblichen Verlobten angeht, der sagt, dass er nur mit dir schläft und du ihm nichts bedeutest.« Als er das sagte, wurde Soraya beinahe hysterisch, denn die Nächte, in denen ihre Angst und das Summen der Insekten sie wach gehalten hatten, zeigten ihre Wirkung. »Bringt ihn her«, schrie sie unter Tränen. »Das soll er mir ins Gesicht sagen.«

Schließlich rief der Richter die Gruppe zu einer letzten Sitzung zusammen. Wenn sie schon keine Spione waren, wenn sie schon nicht zur MKO gehörten und wenn sie schon keine Bedrohung für das Regime oder das Land darstellten, dann konnten sie zumindest dafür bestraft werden, sich über das islamische Recht hinweggesetzt zu haben, indem sie, unverheiratet und nicht verwandt, zusammen in der Öffentlichkeit auftraten.

»Du«, sagte er und nickte in Sorayas Richtung, »vierzig Peitschenschläge.« Schockiert starrte Soraya ihn an. Der Mann saß vor ihnen und aß einen Teller *chelo kabab*, das vor Butter glänzte.

»Sind Sie Richter?«, zischte sie. »Denn wenn Sie einer sind, warum essen Sie dann nicht zuerst Ihren Teller leer, bevor Sie ein Urteil fällen? Oder sind Sie so erpicht darauf, dass ich geschlagen werde, dass Sie es nicht erwarten können? Wie kommt es, dass Ihre Kenntnis des Korans sich auf das Schlagen und Auspeitschen beschränkt? Haben Sie den gesamten Anfang übersprungen, in dem es um Gnade und Mitgefühl geht? Wissen Sie nicht, dass ich nach islamischem Recht nur von einer Frau geschlagen werden darf?«

Das saß. Ihr letzter Punkt ließ sich nicht abstreiten. Gemäß der Scharia, dem islamischen Recht, konnte nur eine Frau eine andere Frau körperlich bestrafen. Der Richter war fuchsteufelswild, weil er von einer Frau heruntergeputzt und darüber belehrt worden war, dass die Strafe, die er so freimütig beim Mittagessen bestimmt hatte, dem Gesetz widersprach. Da keine Frau zugegen war, die Soraya hätte auspeitschen können, ließ er seinen Zorn an ihrem Verlobten aus. »Achtzig für ihn«, bellte er. »Und nehmt sie mit, damit sie dabei zuschen kann «

Sie brachten Sorayas Verlobten in den Nebenraum, wo er sich auf den nackten Fußboden legen musste. Einer der Männer nahm ein Kabel zur Hand und hielt natürlich nicht, wie er es hätte tun sollen, einen Koran unter dem Arm, um die Schläge abzuschwächen. Denn dem Geist der Scharia zufolge liegt die abschreckende Qualität des Auspeitschens darin, das Opfer zu erniedrigen, und nicht darin, ihm Wunden zuzufügen. Die wichtigsten Interpretationen sagen, dass der Auspeitscher einen Koran unter dem Arm halten soll, mit dem er schlägt, damit er dies nie vergisst. In diesem Fall spielte für die *komiteh*-Mitglieder jedoch allein ihre Rachsucht eine Rolle.

Nach dem dreißigsten Schlag drang Blut durch das Hemd des Verlobten. Nach dem fünfzigsten begann er zu schreien. Das war der Moment, in dem Soraya begann, gegen die Tür des Richters zu schlagen. »Dafür wirst du bestraft werden, das verspreche ich dir«, schrie sie. »Selbst wenn ich nicht irgendwann zurückkomme und dich umbringe, du wirst bestraft werden, du Tier.«

Und das, so glaube ich, zeigt die Art und Weise, in der das *komiteh* jahrelang verfuhr. Sie schikanierten Menschen, weil ihnen danach war, suchten nach Vorwänden, um sie einzuschüchtern, und erfanden welche, wenn sich ihnen keine boten. Ein scharfer Blick, ein unangebrachtes Wort, der Hauch eines Versuchs, sich selbst zu verteidigen, konnte sie völlig in Rage bringen, und bevor man sich versah, wurde man drei Tage lang verhört und aller möglichen Dinge beschuldigt, vom Ehebruch bis zum Verrat.

Ich denke, es war in jener Phase, in der seltsamen Zeit direkt nach dem Krieg, dass die Iraner erkannten, welche emotionalen Wunden die Präsenz des *komitehs* ihrem Leben zufügte. Ehemänner wurden vor den Augen ihrer Ehefrauen erniedrigt, Mütter vor den Augen ihrer Söhne. Oft erzählten die Menschen einander nichts von diesen Vorfällen, sondern zogen es vor, ihre Scham für sich zu behalten. Doch fast jeder Iraner hatte einen Verwandten oder Freund, der im Krieg oder während der Hinrichtungen von

MKO-Mitgliedern getötet worden war, und jeder kannte auch einen ihm Nahestehenden, den das *komiteh* festgenommen, ausgepeitscht oder auf irgendeine Weise in der Öffentlichkeit seiner Ehre beraubt hatte.

Manchmal lieferten die *komiteh*-Kampagnen neues Material für unseren bereits rabenschwarzen Humor. Vielleicht war es die selig machende Gnade jener seltsamen Zeiten, dass die Tugendwächter von Zeit zu Zeit jeden – sowohl Vollstrecker als auch Opfer – mit der Absurdität ihrer Posten konfrontierten. Meine Mutter und meine Töchter lassen mich nie vergessen, was in jenem Winter passierte, in dem wir in Dizine, dem fantastischen Skiort eine Autostunde von Teheran entfernt, Ski fahren wollten. Wir hatten die letzten Jahre immer einige Tage dort verbracht, damit die Mädchen Skifahren lernten. Da man dabei stets mehrere Schichten Kleidung trägt, wurde dieser Sport von der Regierung geduldet. In jenem Jahr beschlossen wir, nicht mit dem eigenen Wagen nach Dizine zu fahren, sondern einen der Busse im Zentrum Teherans zu nehmen, der uns direkt zu den Skihängen bringen würde. Wir brachen vor Tagesanbruch auf. Die Mädchen und ich stiegen in den Bus für Frauen und winkten Javad zu, der im Männerbus verschwand. An einem der Kontrollpunkte auf der windigen, schneebedeckten Straße erinnerte ich den Fahrer daran, dass meine Töchter und ich nicht mit demselben Bus zurückfahren würden, damit er uns beim Abzählen unberücksichtigt ließ. Etwas an dieser Bemerkung erregte Verdacht, und der Polizeibeamte am Kontrollpunkt rief uns aus dem Bus.

»Mein Mann fährt mit dem Männerbus«, erklärte ich, »und wir bleiben ein paar Tage.« Vom beschlagenen Fenster des Kontrollhäuschens aus sah ich, wie sich der Männerbus die Straße in die

Berge hochschlängelte. Ich hatte keine Möglichkeit, Javad zu erreichen, damit er meine Geschichte bestätigte. »*Khanum*, Sie brauchen die Erlaubnis Ihrer Eltern, wenn Sie außer Haus übernachten«, sagte der Polizist und zuckte die Achseln.

Ich starrte ihn völlig verdattert an. Die Mädchen standen neben mir. »Ich habe zwei Töchter«, sagte ich, »natürlich wohne ich nicht bei meinen Eltern. Der Männerbus ist schon weg, ich kann meinen Mann nicht mehr erreichen.«

»Tut mir Leid«, erwiderte er starrsinnig. »Ich kann den Bus nicht weiterfahren lassen.«

Zwanzig weibliche Augenpaare starrten uns irritiert durch die Fenster des Busses an.

»Das ist absurd«, sagte ich. »Es ist den anderen Frauen im Bus gegenüber nicht vertretbar.«

»Es gibt nur eine Lösung«, meinte er mit einem Seufzer. Will er uns nach Teheran zurückschicken?, fragte ich mich.

»Ich muss Ihre Mutter anrufen und sie fragen, ob Sie die Erlaubnis haben, Skifahren zu gehen.«

Inzwischen war ich wütend, aber ich dachte an die Frauen, die in der eisigen Kälte im Bus saßen, und erklärte mich einverstanden.

»Aber lassen Sie mich zuerst mit ihr reden«, sagte ich. Meine Mutter hatte Herzbeschwerden, und ich hatte Angst, dass sie auf der Stelle einen Herzinfarkt erlitt, wenn ein Polizist sie früh am Morgen wegen mir anrief.

Und so wurde ich im Alter von fünfundvierzig Jahren dazu gezwungen, meine Mutter anzurufen und zu sagen: »Maman, kannst du diesem Mann bitte sagen, dass ich Skifahren gehen darf?«

Der Polizeibeamte nahm mir den Hörer aus der Hand. »Madam, wissen Sie, dass Ihre Tochter namens Shirin vier Nächte lang nicht nach Hause zurückkehren wird?« Sie sagte ja, er legte den Hörer auf, und wir waren schon fast aus der Tür, als ich innehielt.

»Übrigens«, fragte ich, »woher wussten Sie eigentlich, dass es wirklich meine Mutter war? Woher wussten Sie, dass ich mir die Nummer nicht ausgedacht habe?«

Er sah bestürzt aus. Zwei scharfe Ellbogen stießen mich gleichzeitig in die Seite. Negar warf mir einen Blick zu, der sagen sollte: Musstest du ihn darauf stoßen?

Er zuckte mit den Schultern. »Nun, das Gesetz verlangt, dass ich anrufe, und so habe ich angerufen.«

Als wir kichernd in den Bus gestiegen waren und durch die Schlucht nach oben fuhren, schaute ich hinaus auf die Kiefern, die aus dem Schnee ragten. Zu welchen Schemen sind unsere Gesetze verkommen, dachte ich. Die Menschen, die das Gesetz ausfüllen – Anwälte, Richter, Polizisten –, verleihen der Legalität ihren Inhalt, ansonsten wären Gesetze nichts als leere Worte.

Nach unserer Rückkehr nach Teheran zog meine Mutter mich einen ganzen Monat lang auf: »Wenn sie das nächste Mal anrufen, Shirin, sage ich Nein!«

Oft gipfelten die Einschränkungen, denen sich Frauen Anfang der Neunzigerjahre ausgesetzt sahen, in einem Zwischenfall, wie wir ihn erlebt hatten – in unangenehmen, Zeit raubenden Konfrontationen, bei denen junge Männer in unhöflichem Ton mit Frauen redeten, die alt genug waren, ihre Mutter zu sein. Genauso oft legten die Tugendwächter jedoch ein Angst einjagendes, brutales Gehabe an den Tag. Bestimmte Plätze in Teheran wurden berühmt-berüchtigt für die Patrouillen des *komiteh*, dessen Methoden im Laufe der Zeit beunruhigenderweise immer präziser auf

Vereinigung zum Schutz der Kinder

die Ausweichmanöver der Frauen abgestimmt waren. Wenn eine Frau zum Beispiel eine Straße entlangspazierte und in der Ferne eine *komiteh*-Patrouille sah, zog sie schnell ihren *hejab* ganz über das Haar und wischte sich das Make-up ab. Deswegen engagierten die Tugendwächter bald Frauen in Zivil, die unter ihrem Tschador ein Walkie-Talkie verbargen und männliche *komiteh*-Mitglieder mit ihren Wagen herbeiriefen, um arglose Frauen aufzugreifen.

Für Frauen wurde der öffentliche Raum – vom Warenstand über den Park bis hin zur Bushaltestelle – zum Unsicherheitsfaktor. Man wusste einfach nicht, wo, wann und unter welchem Vorwand man schikaniert werden würde, und oft waren die Konfrontationen mit dem *komiteh* bedrohlich. Nachdem ich selbst ein- oder zweimal wegen *bad hejabi*, unschicklicher Kleidung, verhaftet worden war, kam ich zu dem Schluss, dass es schwierig war, sich vor einem Staat zu schützen, der nun einmal ein Klima der Angst schaffen wollte. Und das war das eigentliche Ziel, vermutete ich, eine Angst, die so um sich griff, dass die Frauen zu Hause bleiben würden, an dem Ort, der nach Ansicht traditioneller Iraner ihr angestammter Platz war.

Das erste Mal wurde ich an einem sonnigen Frühlingsnachmittag in Ramsar, einer kleinen Stadt in der Nähe des Kaspischen Meeres, festgenommen, wo wir manchmal das persische Neujahr feierten. Man muss sich vorstellen, dass ich bereits einen langen Mantel, eine lange, weite Hose und ein Kopftuch trug, als ein Polizeibeamter auf dem Marktplatz auf mich zukam. »Steigen Sie in den Kleinbus ein«, sagte er unfreundlich und deutete auf einen weißen, in der Nähe parkenden Kastenwagen. Als ich protestierte, packte er mich am Arm, zog mich über die Straße und schob mich in den Bus. Auf den Sitzen kauerten bereits drei Frauen, die an diesem Tag ebenso Pech gehabt hatten. Eine von ihnen, eine pensionierte Lehrerin, war festgenommen worden, weil sie Pantoffeln trug.

»Meine Füße sind geschwollen, ich kann keine Schuhe tragen«, schrie sie den Beamten an, der den Marktplatz nach weiteren Opfern absuchte. »Wo steht im Koran geschrieben, dass das Tragen von Pantoffeln ein Verbrechen ist?«

Je lauter sie schrie, desto aufgeregter wurde der Beamte. Schon bald gab er es auf, weitere Insassen für den Kleinbus zu suchen und fuhr zum Polizeihauptquartier. Man brachte uns in einen Raum und befahl uns, dort zu bleiben, bis eine Beamtin käme, um uns »den Weg zu weisen«. Gemäß der traditionalistischen Vorstellung des *amr be maruf va nabi az monker* glauben fromme Muslime, dass es ihre Pflicht ist, die Tugend zu schützen und dem Laster Einhalt zu gebieten, indem sie das Verhalten der ihrer Gemeinschaft Angehörenden überwachen.

Scheppernd öffnete sich die Tür und herein kam ein achtzehnjähriges Mädchen in einem Tschador. Unsere Führerin war gekommen, und ihrem knappen, umgangssprachlichen Ton nach zu urteilen war sie Analphabetin. »Ich werde euch ein Gedicht von Hazrat-e Fatima vortragen«, verkündete sie. Fatima, die Tochter des Propheten Mohammed, war ein islamisches Musterbeispiel weiblicher Hingabe und Frömmigkeit.

»Oh Frauen«, begann sie. »Fatima spricht so zu euch: Der kostbarste Schmuck einer Frau ist ihr *hejab*.« Sie hielt inne und ließ, scheinbar sehr stolz auf sich selbst, den Blick über unsere Gesichter wandern.

»Entschuldigung, aber Hazret-e Fatima war keine Dichterin«, sagte die Lehrerin. Die Führerin gab vor, sie nicht gehört zu haben, und machte ein paar vage Bemerkungen über den Tag des Jüngsten Gerichts, den Himmel und die Hölle. Sie schien überrascht, dass wir das Ende ihrer halbherzigen Predigt nicht registriert hatten.

»Worauf wartet ihr noch, ihr könnt jetzt gehen«, sagte sie. Man hatte uns offiziell den Weg gewiesen.

Als ich dort auf dem schmutzigen Boden des *komiteh*-Hauptquartiers einer Küstenstadt saß, ging es mir plötzlich durch den Sinn, dass unsere Führerin ein echtes Phänomen der Islamischen Republik war. Im Iran des Schahs hätte diese junge Frau zu Hause gesessen und Wäsche gewaschen oder Gemüse geschnitten. Die Regierung hätte sie nicht erreichen können, selbst wenn sie gewollt hätte, denn ihre traditionellen, provinzlerischen Eltern hätten ihre Ehre als Vorwand benutzt, um sie zu Hause zu behalten. Diese Revolution hatte Zugriff auf Frauen wie die Führerin. Anfangs brauchte das islamische Regime die Stimmen der Frauen aus traditionellen Familien und lockte sie zur Wahlurne. »Wenn ihr wählt, helft ihr dem Islam«, erzählten ihnen die Geistlichen.

Das verlieh diesen Frauen ein unerhörtes Selbstbewusstsein. Sie erkannten, dass es entgegen ihrer Annahme auch außerhalb ihres Heims etwas gab, für das sie wichtig waren. Sie konnten eine Rolle spielen.

In jenen Jahren gab es zwar Wahlen, die die Legitimität des Systems demonstrieren sollten, doch war deren Ausgang vorherbestimmt. Selbst unter dem Schah war die Wahlurne für die meisten Iraner etwas Fremdes. Der Hof genehmigte meist im Voraus die Liste der Kandidaten, und angesichts des Mangels an ernsthafter Konkurrenz überraschte der Wahlausgang niemanden. Einer meiner Verwandten, der während des Schah-Regimes Parlamentsabgeordneter war, hatte seinen Wahlkreis lediglich zweimal besucht. Die Leute verstanden nicht, worum es bei einer Wahl ging. An diesem Umstand hatte sich wenig geändert, als sie an den Wahlen der Islamischen Republik teilnahmen. Ich erinnere mich, wie das Fernsehen Interviews mit Menschen brachte, die in der Anfangszeit der Revolution vor den Wahlurnen Schlange standen. Als sie gefragt wurden, für wen sie stimmen würden, sagten viele Leute einfach: »Für den Sieg des Islam natürlich!«

Die Leute kannten die Revolutionäre nicht, die zur Wahl standen, aber sie folgten dem Ruf der Moscheen – »Wählt, und der Imam-e Zaman wird mit euch zufrieden sein!« – und gingen zur Wahlurne. Sie konnten frei unter den unbekannten Kandidaten wählen und glaubten an die Rechtmäßigkeit des Prozesses, obwohl ihnen der Wahlausgang womöglich gleichgültig war. Im Laufe der Zeit wurde ihnen die Bedeutung von Wahlen klarer. Langsam verstanden sie, dass sie Repräsentanten wählten, die Gesetze mit Einfluss auf ihr Alltagsleben erlassen würden, und überlegten sich genauer, wem sie ihre Stimme gaben. Traurigerweise wurde Anfang der Neunzigerjahre, als die Iraner langsam begriffen, dass die Wahlen ihnen ein Mitspracherecht darüber gewährten, wie ihr Land regiert werden sollte, ein Gesetz verabschiedet, das einem nicht gewählten Gremium Geistlicher, bekannt als der Wächterrat, ein Vetorecht gegen Kandidaten sowohl bei Parlaments- als auch bei Präsidentschaftswahlen einräumte. Den Iranern wurde damit das Recht genommen, ihre Repräsentanten frei zu wählen. Es standen zwar weiterhin mehrere Kandidaten zur Auswahl, und die Wahlen nahmen nie den possenhaften Charakter an, den sie in benachbarten Diktaturen hatten, aber sie spiegelten auch nicht mehr den wahren Willen des Volkes wider.

Für Frauen, die entweder des Lesens und Schreibens unkundig waren oder der ersten Generation angehörten, die ein Klassenzimmer von innen sah, hatte der Akt des Wählens auch weiterhin große Symbolkraft. Diese Überzeugung, dass eine Frau eine Rolle in der Gesellschaft spielen konnte, war es, was das achtzehnjährige Mädchen aus der Provinz dazu befähigte, mir, einer ehemaligen Richterin, einer Frau in den Vierzigern, eine schäbige Predigt zu halten. Es hätte mich nicht überrascht, wenn das Mädchen Cousinen gehabt hätte, die auf ein College gingen, denn in jenen Jahren waren die Universitäten islamisch geworden und widmeten sich der Erziehung von Frauen wie dieser. Mädchen trugen zum Unterricht den *hejab* und saßen in von Jungen getrennten Klassenzimmern; selbst beim Mittagessen in der Cafeteria blieben sie unter sich. Wenn die Universitäten im Iran des Schahs Lasterhöhlen gewesen waren, was waren sie dann nun? Rehabilitiert! Gesund! Die Patriarchen hatten keinen Vorwand mehr, ihre Töchter nicht zur Schule zu schicken, und so fanden diese sich bald in Klassenräumen und fern von ihren Eltern in Teheraner Wohnheimen wieder. Eine Generation von Frauen, deren Mütter man ans Haus gefesselt hatte, zog in die Städte und las Bücher. Nach und nach wurde es bei den Töchtern aus traditionellen Familien Mode, das College zu besuchen.

Natürlich war der Feminismus noch kein Thema. »Feministin« war noch immer ein abschätziges Wort, das die Fundamentalisten für all jene verwendeten, die so wie ich das diskriminierende Strafgesetz infrage stellten. Es war noch zu früh für eine Frauenrechtsbewegung an der Basis. Die Mehrzahl der Frauen unterstützte solche Vorstellungen nicht, weil sich ihnen gerade erst Möglichkeiten eröffneten, sie gerade erst mit der Frage ihrer eigenen Rechte konfrontiert wurden. Manchmal bildet sich das Bewusstsein langsam heraus; dabei verwechselt es die Anwendung von Druck mit Autorität und das Einräumen von Möglichkeiten mit der Gleichberechtigung. Doch an jenem Tag erkannte ich, dass der Prozess begonnen hatte. Natürlich nicht, ohne einen gewissen Schmerz zu verspüren, denn die Strömung, die die Führerin in das College treiben würde, war dieselbe, die mich aus dem Richteramt hinausgedrängt hatte.

Die Öffnung der Universitäten für Frauen aus allen Schichten führte natürlich zu großen Spannungen in den Familien. Ein Mädchen, das ein College besucht und dazu ermutigt wird, zur Wahl zu gehen, ist weniger geneigt, den Anweisungen ihres Vaters ohne Widerworte Folge zu leisten. Unsere direkten Nachbarn waren ein lebhaftes Beispiel dieses Phänomens. Unmittelbar vor der Revolution verheiratete der sehr religiöse Vater seine älteste Tochter mit einem noch frommeren *bazaari*. (Der Begriff bezieht sich auf einen Händler oder Kaufmann, der normalerweise aus einer sehr traditionellen Familie stammt.) Dieser zwang das Mädchen prompt, einen Tschador zu tragen, und verbot ihr, ohne Begleitung ihre eigenen Eltern zu besuchen. Das arme Mädchen war todunglücklich und wartete, den ganzen Tag von der Außenwelt abgeschnitten, darauf, dass ihr extremistischer Ehemann abends nach Hause kam und sie zu ihren Eltern fuhr. Die beiden stritten sich erbittert. Die Eltern der jungen Frau wussten von meiner ehemaligen Tätigkeit als Richterin und auch, dass ich eine praktizierende Muslimin war. Deswegen luden sie mich oft ein, um ihnen Ratschläge zu geben, wie sie ihrer Tochter helfen konnten.

Ich musste mich sehr zusammenreißen, diesen widersprüchlichen Mann nicht anzubrüllen. Zwar war er besorgt um das Glück seiner Tochter, blieb letztlich jedoch seiner Ehre treu, die er, wie die meisten der Tradition verhafteten Männer über die Tugendhaftigkeit seiner Töchter definierte. Während meiner Besuche drang dann irgendwann immer wieder ein Schluchzen aus dem Schlafzimmer der zweiten Tochter. »Warum ist sie traurig?«, fragte ich schließlich eines Abends. »Sie will aufs College«, antwortete die Mutter und warf ihrem Mann einen bösen Blick zu. »Aber ihr Vater lässt sie nicht.«

»Was!«, stieß er abwehrend hervor. »Soll ich meine Tochter etwa zusammen mit Frauen, die ihr Haar nicht bedecken, zum Unterricht schicken, damit Jungen sich ihr nähern können?«

Für die zweite Tochter kam die Revolution zu spät. Sie wurde einem Mann übergeben, der zwar weniger rigide war als der Ehemann ihrer älteren Schwester, es aber dennoch strikt ablehnte, dass seine Frau das Klassenzimmer gegen die Küche eintauschte. Der Highschool-Abschluss der jüngsten Tochter jedoch fiel mit der islamischen Revolution zusammen. Der Vater sicherte sich nach der Revolution eine gute Stelle bei der Regierung, denn in jenen Tagen reichte ostentative Frömmigkeit als Referenz aus. Als Beamter der Islamischen Republik, einer Theokratie, die die Koedukation abschaffte, um die Tugendhaftigkeit an der Universität zu gewährleisten, konnte er nicht länger an seinen fadenscheinigen Argumenten über die zerstörerische Wirkung der Bildung festhalten. Seine jüngste Tochter studierte Medizin und heiratete einen ihrer Studienkollegen, den Mann ihrer Wahl.

Während der Neunzigerjahre stieg die Zahl der Frauen mit einem Collegeabschluss ständig an, und schließlich waren Frauen an den Universitäten sogar leicht in der Mehrzahl. Das ist keine geringe Leistung für ein Land des Mittleren Ostens, dessen Kultur in ihrem Kern noch immer patriarchalisch war. Im benachbarten Afghanistan verboten die Taliban den Frauen das Lesen. Jenseits des Persischen Golfs in Saudi-Arabien durften Frauen nicht Auto fahren. Selbst Länder wie Ägypten und die Türkei, in denen einige Fortschritte zu verzeichnen waren, waren nicht in der Lage, die Bildungsmöglichkeiten, von denen nur eine sehr kleine, privilegierte, weltlich orientierte Schicht profitierte, der gesamten Gesellschaft zugänglich zu machen. Doch die Leistung der Islamischen Republik versetzte ihre Gründer in Angst und Schrecken. Traditionelle Geistliche versuchten ohne Erfolg, den gefährlichen Trend umzukehren, indem sie an den Universitäten eine Geschlechterquote einführten.

Leider war gleicher Zugang zu Bildung nicht gleichbedeutend mit Gleichberechtigung oder gleichen Berufschancen. Der sich in die Länge ziehende Krieg hatte das System schließlich gezwungen, Frauen zu mobilisieren. Man holte sie zur Arbeit in Wäschereien und Küchen, die die Front versorgten. Doch damals erlaubten die Traditionalisten Frauen nur in solchen Bereichen, in denen sie ihnen von Nutzen waren, die Rückkehr in den öffentlichen Raum. Managerposten oder Positionen, die Entscheidungen erforderten, sowie ganze Institutionen wie das Gerichtswesen blieben ihnen immer noch weitgehend verschlossen. Frauen wie die Tochter meines Nachbarn, deren Welt sich durch den Besuch der Universität erweiterte, mussten feststellen, dass sie beim Verlassen derselben wieder kleiner wurde. Die Islamische Republik konnte nicht genug Stellen schaffen, um mit ihrem schnell wachsenden Arbeitskräftepotenzial mitzuhalten, und die vorhandenen Arbeitsstellen wurden hauptsächlich mit Männern besetzt.

Obwohl mehr Frauen als Männer eine Ausbildung gemacht hatten, war die Zahl arbeitsloser Frauen dreimal so hoch wie die arbeitsloser Männer. Auch wenn Frauen nun die Möglichkeit einer Hochschulausbildung hatten, so änderte das nichts an der Ungleichbehandlung der Geschlechter, von der unsere Kultur und unsere Institutionen so geprägt sind. Doch flößte sie den Frauen etwas ein, das langfristig, wie ich glaube, den Iran verwandeln wird: ein instinktives Bewusstsein ihrer Unterdrückung.

All diese gebildeten Frauen, die die iranischen Universitäten besucht hatten, waren nicht länger damit zufrieden, wieder in ihre traditionellen Rollen zu schlüpfen, ihre Abschlusszeugnisse abzuheften und so zu tun, als hätten sich ihre Erwartungen an das Leben nicht verändert. Dieses neue Bewusstsein und die Enttäuschung über nicht erfüllte Erwartungen – nicht erfüllt, weil ihre Väter und Ehemänner sich nicht mit ihnen verändert hatten – führte zu schmerzvollen und manchmal tragischen Konflikten mit ihren Familien. Ich erinnere mich, Jahre später eines Tages in der Zeitung von der Selbstverbrennung der Tochter eines Imams des Freitagsgebetes in der Provinz Aserbaidschan gelesen zu haben. In ihrer Ehe unglücklich, hatte die Frau versucht, sich von ihrem Mann scheiden zu lassen. Ihr Vater, ein orthodoxer Geistlicher, hatte ihr seine Zustimmung verweigert. Bei der Vorstellung, ein Leben lang in einer unerträglichen Ehe gefangen zu sein, übergoss die Frau sich mit Benzin und zündete sich selbst an. Vielleicht, so dachte ich, hätte die Frau diese schlechte Ehe ertragen statt auf einem selbst errichteten Scheiterhaufen zu verbrennen, wenn sie während des Schah-Regimes aufgewachsen wäre und nie etwas anderes kennen gelernt hätte, als den für diese Zeit typischen Gehorsam. Man hätte ihr beigebracht, dass die Welt so und nicht anders aussieht und dass es das Schicksal der Frauen ist, damit fertig zu werden.

Die Islamische Republik war ungewollt für traditionell erzogene Frauen eingetreten, hat sie aber auch völlig wehrlos zurückgelassen. Zwar hatte man ihnen ein neues Bewusstsein von ihren Rechten vermittelt, ihnen jedoch nur ein grobes Rüstzeug an die Hand gegeben, sie auch tatsächlich zu nutzen. Manche glauben, dass es unter solchen Umständen für diese Frauen ein Segen sei, in Unwissenheit über ihre Möglichkeiten gelassen zu werden. Unwissenheit erzeugt zumindest eine Scheinzufriedenheit. Die Tochter des Imams war kein Einzelfall. Die Selbstmordrate bei Frauen stieg nach der Islamischen Revolution. Normalerweise handelt es sich um Selbstverbrennungen. Ich bin davon überzeugt, dass die Frauen mit diesem tragischen Exhibitionismus die Gesellschaft mit der Grausamkeit ihrer Unterdrückung konfrontieren wollen.

Etwa zwei Jahre nach Kriegsende änderte die Islamische Republik still und heimlich ihren Kurs. Selbst für den militantesten, bärtigsten Ideologen war es nicht mehr zu übersehen, wohin die Politik der Revolution – die Ausgrenzung von Frauen, eine Familienpolitik, die die Empfängnisverhütung verbot – das Land gebracht hatte. Inzwischen war klar, dass die schiitische Revolution sich nicht in der gesamten Region ausbreiten würde. Es war zudem klar, dass die iranische Wirtschaft eine ständig wachsende Bevölkerung, deren Wachstumsrate die höchste in der Welt war, nicht länger versorgen konnte. Der Iran musste, so die Führer des Systems, in die Weltwirtschaft integriert werden, ansonsten lief er Gefahr, sich zu einem verarmten Dritte-Welt-Land zu entwickeln. Privatisierung, die Konzentration auf die Produktion statt auf die Landwirtschaft und das Anlocken ausländischer Investoren waren die neuen Prioritäten des Staates. Es gab nur einen Haken. Für dieses Vorhaben fehlten dem Iran die Kenntnisse sowie die Arbeitskräfte. Die Islamische Republik hatte Frauen in Schleier gehüllt und sie in die Küche verbannt. Nun musste das Land nach einem verheerenden Krieg wieder aufgebaut werden, und dazu brauchte man auch die Frauen.

Als Teil dieses unfreiwilligen Pragmatismus gaben die Gerichtsbehörden 1992 nach und erlaubten Frauen, als Anwältinnen zu praktizieren. Die iranische Anwaltskammer erteilte mir die Zulassung. Ich richtete mir ein Büro im Erdgeschoss unseres Wohnhauses ein und begann, Mandanten zu empfangen. Die meiste Zeit beschäftigte ich mich mit Handelsrecht, nahm jedoch gelegentlich auch einen Pro-bono-Fall an, häufig politisch brisant. Nachdem ich mit meinen Mandanten einige Verhandlungen erlebt und eine Reihe von Prozessen geführt hatte, wurde mir bald klar, dass wir es nur dem Namen nach mit einem Rechtssystem zu tun hatten. Ich war davon ausgegangen, dass die Politik und Ideologie der neuen Islamischen Republik die Rechtsprechung zumindest bei handelsrechtlichen Fällen nicht beeinflussen würde. Stattdessen war Korruption weit verbreitet. Als Anwältin war es meine Aufgabe, die Interessen meiner Mandanten zu vertreten – ihr Geld oder ihren Besitz zurückzugewinnen oder sie gegen falsche Behauptungen zu verteidigen. Mehr als einmal kam ein Mandant strahlend in mein Büro und berichtete mir erfreut, dass die Staatsanwaltschaft zugestimmt habe, den Streit gegen Schmiergeld beizulegen. Welchen Sinn hatte es dann, das Fallrecht zu kennen und eine Verteidigung vorzubereiten? Ja, welchen Sinn hatte es, in einem Gerichtssaal zu erscheinen, so zu tun, als würde man an einem gerechten Verfahren mitwirken, wenn letztlich doch nur Geschäftemacherei zählte? Bei zwei Gelegenheiten behauptete der Richter, als er nicht mehr weiterwusste, dass Haarsträhnen unter meinem *hejab* hervorlugten, und vertagte die Verhandlung wegen meines *bad hejabi*.

Wir haben es jahrelang ohne zwei Einkommen geschafft, dachte ich, warum sollte uns das nicht wieder gelingen? Ich arbeitete nicht nur, um Geld zu verdienen, sondern auch, um mich beruflich zu verwirklichen, mein Wissen anzuwenden und dem Land zu nutzen, in dem zu bleiben ich mich entschieden hatte. Fälle aus dem Handelsrecht anzunehmen, bedeutete, entweder meinen Prinzipien untreu zu werden oder meine Mandanten zu enttäuschen. Keins von beiden war akzeptabel. So entschied ich mich, die Juristerei als Einkommensquelle aufzugeben und nur noch Pro-bono-Fälle anzunehmen, mit deren Hilfe ich wenigstens die Ungerechtigkeit der Gesetze der Islamischen Republik demonstrieren konnte. Es war ein System, dessen Gesetze zunächst auf den Prüfstand gehoben werden mussten, bevor man sie ändern konnte.

Ich sah, dass ich Fälle auswählen musste, die die tragischen Auswirkungen der Diskriminierung von Frauen durch die Theokratie deutlich machte. Ich konnte eine Litanei zu beanstandender Gesetze herunterbeten – das Leben einer Frau ist nur halb so viel wert wie das eines Mannes, das Sorgerecht für ein Kind geht nach dem Kindesalter automatisch an den Vater –, bis ich außer Atem war. Doch eine persönliche Geschichte ist eindrucksvoller als eine trockene Zusammenfassung dessen, warum ein bestimmtes Gesetz geändert werden sollte. Um die Aufmerksamkeit der Leute zu gewinnen und zu erhalten, um ihr Mitgefühl anzusprechen und sie davon zu überzeugen, dass diese Gesetze nicht nur unfair, sondern geradezu pathologisch waren, musste ich Geschichten erzählen. Trotz all ihrer Beschäftigung mit Scham und Ehre, trotz des daraus resultierenden patriarchalischen Kodex hat sich die iranische Kultur ein feines Gespür für Ungerechtigkeit bewahrt. Die Revolution gegen den Schah wäre schließlich ohne den Kampf gegen *zolm*, Unterdrückung, nicht denkbar gewesen. Sie wurde im Namen der *mustazafin*, der Enteigneten, geführt. Die Menschen erlebten nun, wie die Enteigneten ihrerseits andere enteigneten.

Vom Wohnzimmer in den Gerichtssaal

Leila Fathi verschwand an einem sonnigen Tag im Sommer des Jahres 1996, als sie in den Bergen hinter ihrem Dorf in der Nähe der nordwestlichen kurdischen Stadt Sanandaj wild wachsende Blumen pflückte. Ihre Eltern kämpften wie viele Menschen in der Region ums Überleben, und die elf Jahre alte Leila sammelte Pflanzen und Blumen, die die Familie dann trocknete und auf dem Basar im Dorf verkaufte. Sie und ihr Cousin waren am späten Vormittag mir ihren geflochtenen Körben losgezogen und hatten ihre Arbeit unterbrochen, um im hohen Gras zu spielen. Da sie in der Nähe von Sanandaj aufgewachsen waren, wo die Menschen im Freien picknickten, unter dem offenen Himmel Hochzeiten feierten und an den Flussufern tanzten, bewegten sie sich ohne die für Stadtkinder typische Wachsamkeit. Für sie waren die Berge eine selbstverständliche Erweiterung ihres winzigen Wohnzimmers. Vollkommen auf ihren Rock, den sie mit Blütenblättern füllte, konzentriert, bemerkte Leila die drei Männer nicht, die sich ihr näherten. Sie tauchten hinter einem Hügel auf, bewegten sich lautlos auf sie zu und umzingelten sie dann schnell. Einer drehte ihr die dünnen Arme auf den Rücken, während ein anderer versuchte, ihre strampelnden Beine festzuhalten. Ihrem Cousin gelang es, ungesehen zu entkommen und sich hinter einem Baum zu verstecken. Er beobachtete, wie die Männer die sich heftig wehrende Leila zu einem Abhang hinzogen. Er

Im Gespräch mit Kindern bei der Vereinigung zum Schutz der Kinder

beobachtete, wie sie ihr den Bauernrock wegrissen, sie vergewaltigten, ihr einen tödlichen Schlag auf den Kopf versetzten und ihren misshandelten Körper schließlich den felsigen Abhang hinabwarfen.

Die örtliche Polizei nahm die drei Männer fest, doch nachdem der Hauptverdächtige das Verbrechen gestanden hatte, erhängte er sich unerklärlicherweise im Gefängnis. Es war seltsam, dass er in einem Gefängnis, in dem die Insassen nicht einmal Uhren tragen dürfen, ein geflochtenes Seil von der nötigen Länge fand. Die beiden anderen Verdächtigen leugneten ihre Mittäterschaft, doch das Gericht befand, sie seien der Vergewaltigung schuldig, und verurteilte sie zum Tode.

Ich habe bereits erwähnt, dass gemäß dem islamischen Strafgesetzbuch, das nach der Revolution eingeführt wurde, das Leben eines Mannes doppelt so viel wert ist wie das Leben einer Frau. In den meisten islamischen Ländern gibt es gesetzlich zugesicherten Schadensersatz nur in finanziellen Angelegenheiten wie etwa der Nachlassregelung. Die Islamische Republik hat jedoch auch im Strafrecht Schadensersatz oder so genannte »Blutgeld«-Regelungen vorgesehen. Dem islamischen Gesetz zufolge hat die Familie eines Opfers von Mord oder Totschlag das Recht, zwischen einer strafrechtlichen Verurteilung und einer Blutgeld genannten finanziellen Entschädigung zu wählen. Viele islamische Gelehrte vertreten die Ansicht, dass das Blutgeld unabhängig vom Geschlecht gezahlt werden sollte, doch der Iran interpretiert das Gesetz auf diskriminierende Weise. Dieser Interpretation zufolge ist eine Frau nur halb so viel wert wie ein Mann, was oft zu grotesken Rechtsurteilen führt, die das Opfer bestrafen. In diesem Fall urteilte der Richter, dass das »Blutgeld« für die beiden Männer mehr wert sei als das Leben des ermordeten elfjährigen Mädchens, und verlangte, dass ihre Familie tausende Dollar für die Hinrichtung der Männer bezahle.

Leilas Vater verkaufte das Wenige, was er besaß, einschließlich der kleinen Lehmhütte, in der seine Familie schlief. Obdachlos, aber überzeugt, dass sie zumindest ihre Ehre wiedergewinnen würden, bot er dem Gericht das Geld an. Es reichte nicht. Die Familie schlief fortan beim Schrein von Ayatollah Khomeini, einem riesigen Mausoleum an der Straße nach Qom, und versuchte, das restliche Geld aufzutreiben. Zuerst wollte Leilas Vater eine seiner Nieren verkaufen, doch aufgrund früheren Drogenmissbrauchs war sein Organ unbrauchbar. Als Nächstes bot Leilas Bruder seine Niere an. Da er jedoch Kinderlähmung hatte, lehnte der Arzt sie ebenfalls ab. »Warum«, fragte der Arzt, »wollen Sie beide unbedingt Ihre Niere verkaufen?« Da erzählten sie ihm die Geschichte. Sie könnten nicht in ihr Dorf zurückkehren, erklärten sie, wegen der Schande, die Leilas Vergewaltigung über sie gebracht habe. Die Familienehre hängt von der Tugendhaftigkeit der Frauen ab, und nur die Hinrichtung der Täter konnte die Ehre wiederherstellen.

Entsetzt über diese Geschichte, schrieb der Arzt an den Leiter des Gerichtswesens und drohte, der internationalen Organisation Ärzte ohne Grenzen von diesem Fall zu berichten, falls der Staat nicht für den für die Hinrichtung benötigten Restbetrag aufkomme. Der Leiter des Gerichtswesens ließ sich darauf ein, doch wenige Tage vor der Hinrichtung nahm die Sache eine neue unfassbare Wende. Einer der Verurteilten floh aus dem Gefängnis. Inzwischen hatte Leilas verzweifelte Familie auf dem Bürgersteig vor dem Gerichtsgebäude ein altes Stoffzelt aufgebaut. Sie waren schockiert zu erfahren, dass das Gericht den Fall wieder neu eröffnet hatte. Vielleicht lag es daran, dass nach iranischem Recht selbst ein abgeschlossener Fall immer noch Gegenstand einer weiteren Überprüfung sein kann. Vielleicht lag es aber auch daran – wie Leilas Familie behauptete –, dass ein konservativer Parlamentsabgeordneter, ein Verwandter eines der Angeklagten, Einfluss auf den Ausgang des Verfahrens nahm. Der Fall nahm seinen Lauf.

Zu diesem Zeitpunkt hörte ich von ihrem Fall und beschloss, die Akte zu studieren. Zuerst war ich skeptisch. Das Strafrecht im postrevolutionären Rechtssystem ließ zu wünschen übrig. Es verweigerte weiblichen Gewaltopfern eine angemessene Entschädigung, doch der Fall von Leilas Familie legte außerdem nahe, dass es geradezu pathologisch war und das Leben derer, die für ihre zum Opfer gewordenen Angehörigen Gerechtigkeit verlangten, zerstören konnte. Ich besuchte die Familie in ihrem Zelt vor dem Gerichtsgebäude und beschloss, sie zu vertreten, nachdem ich mir ihren Bericht über diese lange, schmutzige Geschichte angehört hatte.

Der Fall war weitgehend klar, und ich legte mir eine einfache, elegante Verteidigung zurecht: Es war ungerecht, dass ein Mädchen vergewaltigt und getötet wurde und ihre Familie aufgrund des nachfolgenden Prozesses all ihren Besitz verlor und obdachlos wurde. Es war ungerecht, dass die Opfer des Prozesses nun noch zusätzlich durch das Gesetz bestraft wurden.

»Kritisieren Sie nicht das islamische Recht«, warnte mich der Richter in scharfem Ton im Gerichtssaal.

»Ich frage lediglich, ob der Gerechtigkeit Genüge getan wurde«, erwiderte ich.

Als sich die Sitzung dem Ende näherte, flüsterte mir jemand ins Ohr, dass Leilas Brüder in ihren Mänteln Küchenmesser versteckt hätten und planten, den übrig gebliebenen Angeklagten beim Verlassen des Gerichts anzugreifen. Ich bat um eine Pause und rief die Jungen in den Gang hinaus.

»Bitte, gebt mir die Chance«, sagte ich, »erst einmal zu sehen, was ich hier bei Gericht erreichen kann.« Beide setzten sich auf eine Bank und weinten. »Wenn wir einem Profikiller nur die Hälfte von dem gegeben hätten, was wir dem Gericht bezahlt haben«, schrie einer von ihnen, »wäre Gerechtigkeit geübt worden. Jetzt sind wir obdachlos, während einer von ihnen frei ist und der andere es bald sein wird.«

»Ich weiß«, flüsterte ich, »ich weiß. Aber lasst es uns wenigstens versuchen.«

Im Laufe des Prozesses sprach das Gericht beide Angeklagten frei, hob den Freispruch dann jedoch auf und nahm erneut die Ermittlungen auf. Die Situation trieb die Familie beinahe in den Wahnsinn. Leilas Mutter saß inzwischen meistens in einem weißen Leichentuch vor dem Gerichtssaal und hielt ein Plakat in der Hand, auf dem der Überfall auf ihre Tochter beschrieben wurde. Während einer Gerichtsverhandlung drohte sie, sich selbst anzuzünden, und begann, das Gericht zu verfluchen. Als sei das ganze Verfahren nicht schon dramatisch genug, zog der Richter sie wegen Missachtung des Gerichts zur Verantwortung und belegte sie mit einem Ordnungsgeld, das erst nach wochenlangen Verhandlungen wieder aufgehoben wurde.

Es würde zu weit führen, wenn ich auf weitere Einzelheiten des Gerichtsverfahrens einginge; es genügt wohl, wenn ich sage, dass der Fall bis auf den heutigen Tag nicht geklärt wurde. Es gelang mir nicht, das Rechtssystem dazu zu bewegen, Gerechtigkeit walten zu lassen, aber ich glaube, dass wir etwas anderes erreicht haben – wir haben die Mängel des iranischen Rechts in Bezug auf die Rechte von Frauen und Kindern aufgezeigt. Der Fall wurde bald zu einer öffentlichen Angelegenheit, was so weit ging, dass Kandidaten in Leilas Provinz in ihrem Wahlprogramm Stellung zu Leilas Fall bezogen. Für die iranische Presse war Leilas Geschichte ein hervorragendes Beispiel für die sozialen Probleme der Islamischen Republik.

Der Prozess machte noch lange nach der letzten Gerichtssitzung von sich reden. Er sorgte für viel Wirbel in der Presse, und ich wurde dadurch als Anwältin bekannt, die sich auf die Rechte von Frauen und Kindern spezialisiert hatte. Ich lernte sehr schnell, dass die Medien eines der mächtigsten Werkzeuge waren, die den rechtlich Benachteiligten zur Verfügung standen. Aufgrund meiner Bekanntheit konnte ich wiederum meine Mandanten effektiver verteidigen, weil der Richter wusste, dass sowohl er als auch seine Kollegen gezwungen sein würden, ihre Gerichtsentscheidungen öffentlich zu rechtfertigen. Oft war ihnen das schlicht egal, doch in solchen Momenten erinnerte ich mich daran, dass es bereits ein wichtiger Schritt vorwärts war, wenn die Menschen sich ihrer Rechte überhaupt bewusst wurden.

Im Verlauf der düsteren Monate, in denen ich miterlebte, wie die Verzweiflung Leilas Familie zerstörte und der Fall immer mehr Aufmerksamkeit erregte, wurde mir bewusst, wie viele Frauen nicht einmal ahnten, in welchem Ausmaß das Rechtssystem sie benachteiligte. Die meisten Frauen hatten eine gewisse Vorstellung von den Gesetzen, die die Vormundschaft für Kinder sowie Scheidungen regeln, da Ehen häufig auseinander gehen. Doch im Allgemeinen kam die Mehrzahl der Frauen mit einem Mord oder einem tödlichen Unfall nicht in Berührung. Sie hatten keine Gelegenheit, zu hören oder zu erfahren, welches Schicksal ihnen bevorstehen könnte und welch rechtlicher Sumpf sie erwartete, sollte ihrer Familie das widerfahren, was Leilas Familie widerfahren war.

Ich beschloss, einen Artikel in der Zeitschrift »*Iran-e Farda*« zu veröffentlichen. Statt einer übermäßig intellektuellen oder nur für Fachleute verständlichen Kritik wollte ich in klaren Worten den untergeordneten Status von Frauen im Strafgesetzbuch darlegen. In dem Abschnitt des Strafgesetzbuchs, der dem Blutgeld, *diyeh*, gewidmet ist, heißt es, dass ein Mann, der eine Verletzung an den Hoden erleidet, ein Anrecht auf eine Entschädigung hat, die dem Wert des Lebens einer Frau entspricht. In meinem Artikel formulierte ich das folgendermaßen: Wenn eine studierte Frau mit einem Doktortitel auf der Straße überfahren und getötet wird und ein ungebildeter Schlägertyp sich bei einer Schlägerei einen seiner Hoden verletzt, dann entspricht der Wert ihres Lebens dem Wert seines verletzten Hodens. Im Persischen gibt es eine vulgäre Redewendung, mit der man seine tiefste Verachtung für jemanden zum Ausdruck bringt: »Du bist nicht einmal einen meiner Hoden wert.« Daran erinnerte ich dezent in meinem Artikel, um unmissverständlich klar zu machen, wie haarsträubend diese Gesetze waren, wie sie Menschen als Gegenstände behandelten. Zum Schluss stellte ich die Frage: Betrachtet die Islamische Republik die Frauen in ihrem Land wirklich nicht als Menschen?

Der Artikel sorgte bei gebildeten Teheranern für Wirbel. Der Herausgeber hatte ihn bereitwillig veröffentlicht, obwohl er wusste, dass er, wie vieles in dieser Zeitschrift, die Hardliner unter den Richtern provozieren würde. Die Ausgabe war sofort ausverkauft, und die Menschen kamen in die Redaktionsräume der Zeitschrift und baten um eine Fotokopie des Artikels. Ich war sprachlos. Ich hatte erwartet, dass viele den Artikel lesen würden, jedoch nicht damit gerechnet, dass die ganze Stadt darüber redete. Ein Hardliner unter den Parlamentsabgeordneten drohte mir öffentlich, als er gegenüber Reportern äußerte: »Jemand sollte diese Frau aufhalten, ansonsten werden wir sie selbst zum Schweigen bringen.« Als ich das hörte, wurde mir zum ersten Mal klar, dass das System mich und die wachsende öffentliche Bedeutung meiner Arbeit womöglich tatsächlich fürchtete.

1996, in dem Jahr, in dem Leilas Fall vor Gericht kam, duldete das islamische Regime wenig Kritik an seinen repressiven Methoden. Politischer Dissens wurde im Vergleich zu den Anfängen der Revolution, als es in den Zeitungen von den Fotos und Namen der ohne viel Federlesens Hingerichteten wimmelte, nicht mehr ganz so brutal unterdrückt, doch das System bestrafte noch immer jede als solche empfundene Bedrohung seiner Autorität aufs Schärfste. Wir erlebten täglich, dass sogar sehr prominente Ayatollahs aus dem Priesteramt verstoßen (das hatte es im schiitischen Islam noch nie gegeben) oder unter Hausarrest gestellt wurden, weil sie sich gegen Hinrichtungen und harte Formen der Bestrafung wie das Abhacken von Händen ausgesprochen hatten. Wenn das System bereit war, älteren, angesehenen Theologen, die aktiv an der Revolution mitgewirkt hatten, seine Gunst zu entziehen und sie ins Gefängnis zu werfen, warum sollte es dann auch nur einen Moment lang zögern, mich, die ich weder eine Revolutionärin noch eine Theologin und noch dazu eine Frau, eine Nicht-Person, war, zu bestrafen?

Ich war nervös. Während ich Leilas Familie vertrat, beschuldigte der Richter mich wiederholt, den Islam und seine heiligen Gesetze zu kritisieren. In der politisch-religiösen Weltsicht dieser Traditionalisten gilt eine Person, die den Islam infrage stellt, rasch als Abtrünnige. Und es hing allein von ihrer Interpretation ab, ob eine Aussage als respektvolle Kritik eines weltlichen Gesetzes oder als Angriff auf einen heiligen Glaubenssatz galt. Ich kämpfte auf ihrem Schlachtfeld. Und ich konnte nicht einfach eine Kopie der Allgemeinen Erklärung der Menschenrechte hervorziehen und sie Geistlichen unter die Nase halten, die sich an der Rechtspraxis des siebten Jahrhunderts orientierten. Wenn ich erreichen wollte, dass Leilas Familie nicht für die Hinrichtung des Mörders aufzukommen hatte oder dass dem Leben einer Frau vor dem Gesetz der gleiche Wert wie dem Leben eines Mannes zuerkannt wurde, musste ich mich auf islamische Prinzipien und auf Präzedenzfälle im islamischen Recht beziehen.

Meine beiden Töchter waren inzwischen alt genug, um täglich mit unzähligen Fragen von der Schule nach Hause zu kommen. Sich als Frau in der Islamischen Republik durchzulavieren, wurde zunehmend schwieriger; sich als Mutter durchzulavieren ebenso. Maman, ist es wirklich falsch, wenn ich vor meinen Cousins ohne Schleier hergehe? Maman, ist Amerika wirklich die Quelle alles Schädlichen in der Welt? Maman, war Mossadegh wirklich ein böser Mann?

Meine Töchter Negar und Nargess

Es erforderte viel Fingerspitzengefühl, meinen Töchtern einerseits fortschrittliche Werte zu vermitteln und ihnen die Hohlheit der revolutionären Dogmen zu erklären, mit denen man sie in der Schule fütterte, andererseits jedoch sicherzustellen, dass sie lernten und diese Dogmen befolgten, um die Schule absolvieren zu können. »Viel von dem ist einfach falsch«, sagte ich normalerweise, »aber ihr müsst es trotzdem lernen, damit ihr eure Prüfungen besteht und aufs College gehen könnt.«

Wie üblich überließ mein Mann Javad mir diese heikle Angelegenheit. Wie er es mir auch überließ, zu kochen, einzukaufen, sauber zu machen, mit unseren Finanzen zu haushalten und die Kinder zur Schule zu bringen und wieder abzuholen. Angesichts der vielen Fälle, die ich annahm, wurde es immer schwieriger, meinen Kindern und meiner Arbeit gleichermaßen gerecht zu werden. Und nun brauchten die Mädchen nicht nur Gutenachtgeschichten. Sie brauchten unsere Führung, um jetzt, wo sie in der Pubertät waren, mit all den Verlockungen und dem Chaos in Teheran fertig zu werden.

»Sag mir einfach, wenn du Hilfe brauchst«, war Javads Standardsatz. Und das empfand ich als das Unfairste von allem, denn ich wartete nie darauf, dass er mich bat: »Shirin *jan*, kannst du bitte heute Abend das Essen kochen?« Ich kochte jeden Abend, weil es für mich klar war, dass dies meine Aufgabe war. Und genau um dieses Thema ging es in unseren Streiten. Er wollte, dass ich ihm sagte, was er tun solle, und ich meinte, er solle es selbst merken, ohne dass ich es ihm sagen musste.

Neben meiner morgendlichen Arbeit in der Anwaltspraxis und der abendlichen Arbeit an Artikeln hatte ich mein nächstes Buch, eine Abhandlung über die Rechte von Flüchtlingen, in Angriff genommen. Bevor ich als Anwältin tätig wurde, hielt das Bücherschreiben meinen Verstand auf Trab, doch nun gleichzeitig auch noch Mandanten zu vertreten, war oft eine sehr große Belastung. Dass in unserem Haushalt alles reibungslos lief, gelang mir nur, weil ich alles im Voraus plante. Es gab keine Restaurants mit Straßenverkauf, und von einer iranischen Frau wird unter anderem erwartet, dass sie kocht, das schmutzige Geschirr nicht einfach stehen und Wäscheberge liegen lässt. Wenn ich aus beruflichen Gründen verreisen musste, kochte ich alle Mahlzeiten für die Familie vor. Sie musste dann am Tag meiner Abreise abends nur ins oberste Fach des Kühlschranks schauen und an den folgenden Tagen in den Gefrierschrank, wo die einzelnen Mahlzeiten bereitlagen. Ich machte sogar die passende Menge frischer Salatsoße und stellte sie in den Kühlschrank. Ich will damit nicht sagen, dass ich eine brillante Hausfrau oder gar Köchin war. Ich bin mir sicher, dass es, am iranischen Standard gemessen, einiges an mir auszusetzen gab, doch von Anfang an hatte ich meinen Haushalt so geführt, dass es bei uns eher gemütlich als klinisch sauber war, und die Familie war an diese Gemütlichkeit gewöhnt. Vielleicht war meine zeitweilige Lässigkeit ein wenig fatalistisch. Doch seit der Hinrichtung meines Schwagers Fuad, die mich zum ersten Mal mit der Wucht des Todes konfrontierte, empfand ich die Beschäftigung mit der täglichen Kleinarbeit als bedeutungslos. Wenn wir letztlich alle sterben und zu Staub werden, sollte es uns dann wirklich jemals aufregen, wenn der Boden ein paar Tage lang nicht gewischt wurde? Das hieß nicht, dass mich die Details im Leben meiner Kinder nicht beschäftigten, es hieß nur, dass ich sorgfältig unterschied, welche Details wichtig waren.

Um mir nicht so viele Gedanken darüber machen zu müssen, ob ich zu viel Zeit außer Haus verbrachte, nahm ich abends meine Arbeit mit nach Hause und ließ meine Töchter an dem, was ich dachte und schrieb, teilhaben. Ich hielt es für besser, wenn sie mit meiner Welt vertraut wurden, anstatt sich zu fragen, warum ich mich so intensiv mit Dingen beschäftigte, mit denen sie nichts zu tun hatten. Ich glaube, dass ich tief in meinem Inneren hoffte, sie würden meine Überzeugungen, mein Gespür für Ungerechtigkeit und meinen Drang übernehmen, die Grenzen zu verschieben.

An dem Abend, an dem die Wahlergebnisse der Parlamentswahlen des Jahres 1996 verkündet wurden, setzte ich mich mit meinen Töchtern auf das Sofa und redete mit ihnen. Manchmal versuchte ich, ihnen von meiner Arbeit zu erzählen und so abstrakte Begriffe wie Frauenrechte anhand von Menschen, die sie kannten, mit Leben zu füllen. Sie wussten zum Beispiel, dass meine Freundin Shahla Sherkat vier Jahre zuvor mit der Herausgabe einer Frauenzeitschrift namens »Zanan« begonnen hatte. Es war Shahla, durch die ich von Leilas Fall erfahren hatte und die mich fragte, ob ich ihrer Familie einen juristischen Rat geben könnte. In gewisser Weise konnten meine Töchter die Entwicklung der Rolle der Frau anhand meines Lebens und des Lebens enger Freundinnen der Familie nachvollziehen. Bis 1992 hatte ich ja nicht einmal die Erlaubnis erhalten, als Anwältin zu arbeiten.

Shahla gab damals ein regierungseigenes Wochenblatt heraus, das sich an konservative, religiöse Frauen richtete. Im gleichen Jahr, in dem ich meine Lizenz erhielt und meine ersten Fälle übernahm, begann Shahla mit der Herausgabe von »Zanan« und wandte sich zunächst vorsichtig und dann immer entschlossener Fragen zu, mit denen sich ein breiteres Spektrum von Frauen im Iran täglich auseinander zu setzen hatte. Manchmal leitete sie Fälle an mich weiter, manchmal schrieb ich Artikel für ihre Zeitschrift.

Unser sanfter Aktivismus basierte auf einigen grundlegenden Tatsachen: Wir lebten in einer Islamischen Republik, die sich weder weiterbewegte, noch Anstalten machte, dem herrschenden Ethos ein weltliches Gewand zu verleihen; das Rechtssystem wurde vom islamischen Recht geprägt, und jede Facette der gesellschaftlichen Stellung der Frau – vom Recht auf Geburtenkontrolle über Scheidungsrechte bis zum Schleierzwang – wurde durch die Auslegung des Korans bestimmt.

Wollten wir erreichen, dass sich das Leben der Frauen um uns herum und das Leben von Menschen wie Leila und ihrer Familie spürbar veränderte, dann hatten wir keine andere Wahl, als für die Gleichheit der Frau in einem islamischen System einzutreten. Dabei waren unsere persönlichen Ansichten und unsere politische Weltsicht völlig irrelevant. Ich glaubte zum Beispiel an die Trennung von Religion und Staat, da der Islam, wie jede andere Religion, im Grunde der Interpretation unterliegt. Je nach Auslegung tritt diese Religion für die Unterdrückung oder für die Befreiung der Frau ein. In einer idealen Welt wäre man nicht den Launen der Interpretation ausgesetzt, doch die Ambiguität theologischer Debatten reicht bis ins siebte Jahrhundert zurück. Es wird nie eine endgültige Lösung geben, denn das gehört zum Wesen der islamischen Interpretation, einer Debatte, die im Laufe der Jahre zunehmen und sich entwickeln, nie aber beendet werden wird.

Aufgrund meiner Ausbildung als Juristin weiß ich nur allzu gut, dass es nicht möglich ist, unveräußerliche Rechte auf Quellen zu stützen, denen es an festgelegten Begriffen und Definitionen mangelt. Aber ich bin auch Staatsbürgerin der Islamischen Republik und weiß, wie aussichtslos es ist, die Frage auf irgendeine andere Weise anzugehen. Ich verfolge nicht das Ziel, meine eigenen politischen Vorstellungen zu verbreiten, sondern das Ziel, auf ein Gesetz zu drängen, das eine Familie wie die von Leila bei dem Versuch, die Hinrichtungen der verurteilten Mörder ihrer Tochter zu finanzieren, davor bewahrt, obdachlos zu werden. Wenn ich gezwungen bin, mich mit verstaubten Büchern islamischer Jurisprudenz herumzuschlagen und mich auf Quellen zu verlassen, die die egalitäre Moral des Islam hervorheben, dann sei es so. Ist dies der schwierigere Weg? Natürlich. Aber gibt es eine Alternative? So sehr ich mir eine wünschte, kann ich keine sehen.

Als ich an einem Sommermorgen im Jahr 1998 in meinem Büro eine Zeitung durchblätterte, stieß ich auf die Geschichte eines misshandelten Kindes, das in einem örtlichen Krankenhaus gestorben war, nachdem es mehrere Schläge auf den Kopf erhalten hatte. Das Foto zu dieser Geschichte zeigte ein verkrümmtes kleines Mädchen mit dünnen Gliedmaßen, dessen Körper mit Brandwunden bedeckt war. Es war so qualvoll, dieses Foto anzuschauen, dass ich schnell umblätterte und weiterlas. Das kleine Mädchen hieß Arian Golshani. Nach der Scheidung ihrer Eltern hatte das Gericht dem Vater, einem brutalen Mann, der wegen Betrugs und Drogendelikten vorbestraft war, das Sorgerecht für Arian übertragen. Den Nachbarn zufolge hielt der Vater Arian wie in einem Verlies. Das neunjährige Mädchen wog nur dreiunddreißig Pfund, man hatte ihr mehrmals die Arme gebrochen und behelfsmäßige Gipsverbände angelegt. Nachdem Arians Lehrerin ihren Vater wegen der vielen Brandwunden angerufen hatte, durfte Arian monatelang nicht mehr in die Schule gehen. Arians Mutter ging vor Gericht und bat darum, dass ihr das Sorgerecht übertragen werde. Sie schilderte den Zustand ihrer Tochter und erklärte, dass ihr Ex-Mann das Mädchen auf schreckliche Weise missbrauche. Das Gericht wies ihren Antrag ungerührt ab.

Den ganzen Morgen sah ich das Bild des mit Brandwunden bedeckten Kindes vor mir. Man müsste irgendetwas tun, dachte ich, aber was? Wenige Stunden später klingelte das Telefon. Eine Freundin, von Beruf Fotografin, hatte Arians Foto ebenfalls in der Zeitung gesehen.

»Shirin, wir müssen etwas unternehmen«, sagte sie.

»Ich weiß. Lass mich nachdenken«, antwortete ich.

Am Nachmittag trafen wir uns mit ein paar Freundinnen von einer Kinderrechtsorganisation und beratschlagten bei türkischem Kaffee, was wir tun könnten. Unser Plan sah schließlich folgendermaßen aus: Wir würden eine Trauerfeier für Arian organisieren, die gleichzeitig unseren Protest gegen die Zivilgesetzgebung, die den Tod des Mädchens mit zu verantworten hatte, zum Ausdruck bringen würde. Wir besorgten uns eine Räumlichkeit in einer großen Moschee, der Al-Ghadir, im Zentrum von Teheran und gaben in den Zeitungen Todesanzeigen für Arian Golshani auf, in denen auch die ihr zu Ehren geplante Trauerfeier angekündigt wurde. Ich bat Javads Onkel, einen Geistlichen, über Kindesmissbrauch zu sprechen und von Arians kurzem, grausamem Leben zu erzählen.

Die islamische Revolution hatte die muslimische Familie zum Herzstück ihrer nationalen Ideologie erhoben. Die Revolutionäre betrachteten die domestizierte muslimische Mutter, die ans Haus gebunden war und für ihren zahlreichen Nachwuchs sorgte, als den Schlüssel zur Bewahrung traditioneller, verbürgter Werte. Doch es schien in keinerlei Widerspruch dazu zu stehen, ein Familiengesetz zu erlassen, das den Müttern im Fall einer Scheidung automatisch die Kinder wegnahm oder die Ehe mit mehreren Frauen so leicht machte wie das Aufnehmen einer zweiten Hypothek. Die Frage des Sorgerechts für Kinder hatte mich seit Jahren stark beschäftigt, denn meine ältere Schwester hielt unter anderem auch deshalb an ihrer schlechten Ehe fest, weil sie Angst hatte, ihre Kinder zu verlieren. Die Sorgerechtsregelungen gehörten zu den destruktivsten Gesetzen des Systems, und mit jedem Jahr war der öffentliche Aufschrei lauter geworden.

Am Tag der Trauerfeier für Arian im Herbst 1998 schmückten wir die Begräbnishalle mit Blumen und stellten kleine Tische mit prallen Datteln an den Eingang. Kurz vor Beginn der Zeremonie schritten mehrere Frauen mit traurigem Gesichtsausdruck durch die Moschee. Tränen liefen ihnen die Wangen hinab. Es waren Arians Mutter und Tanten. »Ich wusste nicht, dass meine Tochter so viele Freundinnen hatte«, sagte ihre Mutter mit erstickter Stimme und schaute mich verwirrt an. »Wenn das so ist, warum musste sie dann alleine sterben?« Ich schluckte schwer und geleitete sie behutsam nach vorne, damit sie sich setzen konnte.

Javads Onkel war ein begnadeter Redner, und vom ersten Moment an zog er die Zuhörer in seinen Bann. Etwa nach der Hälfte seiner Rede ging ein Mann auf ihn zu, ein kleines Kind an der

Hand. »Das ist eine weitere Arian«, sagte er und erzählte die Geschichte des Kindes, das seinem Vater zugesprochen worden war, jedoch unbedingt bei seiner Mutter leben wollte. Der Mann hob das Kind hoch und bat: »Leute, tut etwas für diese Kinder!«

Plötzlich war die Atmosphäre sehr emotionsgeladen, und alle weinten. Ich ging zum Mikrofon in dem Bereich, der für die Frauen vorgesehen war, und sagte: »Heute sind wir hier, um für die Rechte anderer Arians zu kämpfen. Wir müssen das Gesetz reformieren, das zu ihrem Tod führte.« Die Leute begannen, Slogans zu skandieren, und wir baten sie, die Blumen auf ihrem Weg nach draußen zu verstreuen. Alle strömten gleichzeitig zum Ausgang, riefen »Das Gesetz muss reformiert werden!« und pflückten die Blütenblätter von den Stängeln ab.

Innerhalb einer halben Stunde waren die belebten Straßen um die Moschee mit zahllosen weißen Blütenblättern bedeckt, und die Taxifahrer und Pendler, die im Schneckentempo vorüberfuhren, hielten an, um einen Blick auf die Moschee zu werfen. Die Zeitungen berichteten anderntags darüber, und in den Universitäten wurden in den folgenden Wochen Seminare zum Thema Kindesmissbrauch veranstaltet. Plötzlich stand das Sorgerecht für Frauen im Mittelpunkt einer Kampagne, die dem öffentlichen Bewusstsein entsprungen war. Mein Bürotelefon, das seit Leilas Fall häufiger klingelte, klingelte nun fast ununterbrochen. Nicht nur potenzielle Mandanten riefen an, sondern auch Journalisten und die Vertreter internationaler Menschenrechtsorganisationen, die einen iranischen Gesprächspartner brauchten, der ihnen erklärte, wie das System funktionierte und wie Frauen – die damals noch nicht organisiert waren – versuchten, es zu ändern.

In dem Prozess vertrat ich Arians Mutter und klagte den Vater und den Stiefbruder des Mädchens der Folter beziehungsweise des Mordes an. Reporter, unter ihnen Rundfunk- und Fernseh-journalisten, drängten sich in den Gerichtssaal, und sobald der Prozess begann, wurde in der zweiten Reihe ein Banner hochgehalten, auf dem zu lesen war: DER PREIS FÜR ARIANS TOD IST EINE ÄNDERUNG DER GESETZE ZUGUNSTEN IRANISCHER KINDER.

Da es einen derartigen Wirbel um den Fall gab, hatte der Leiter des Bezirksgerichtes, ein Geistlicher, den Vorsitz.

Meine Eingangserklärung brauchte ich kaum auszuschmücken; Arians tragischer Fall sprach für sich. Ich berichtete, dass sie nach wochenlanger Folter immer schwächer geworden war, dass sie unterernährt gewesen war und immer verwirrter wurde. Ich erzählte, dass sie begonnen hatte, sich zu berühren, und dass ihr Stiefbruder sie, als er sie mit den Händen zwischen den Beinen fand, so heftig getreten hatte, dass ihr kranker Körper quer über den Boden geflogen war. Ich beschrieb, wie sie mit dem Kopf gegen die Wand schlug und die schwere Gehirnerschütterung erlitt, die nur wenige Stunden später zu ihrem Tod führte. Ich sprach vor allem auch über die Gesetze selbst, nicht nur über Arians Fall. Während ich auf und ab schritt und meine flachen Absätze auf dem Boden des Gerichtssaals klackten, machte ich im Grunde genommen dem Gesetz – statt diesen speziellen Angeklagten – den Prozess.

Als ich zum Ende gekommen war, übernahm der Leiter des Bezirksgerichts das Mikrofon.

»Der Islam«, begann er gewichtig, »ist eine Religion der Gleichheit, doch der Koran schreibt vor, dass das Erbe einer Frau nur die Hälfte von dem eines Mannes beträgt.«

Wie irrelevant! Es ging nicht im Entferntesten um das Erbrecht. Es war lediglich ein Vorwand, um mich der Diffamierung der Religion zu bezichtigen.

Ich bat den Richter um die Erlaubnis zu sprechen. »Ich kritisiere nicht den Islam«, erklärte ich kategorisch. »Möge die Zunge eines jeden, der dies tut, abgeschnitten werden. Ich kritisiere ein Gesetz, das vom iranischen Parlament verabschiedet wurde. Ist es gerecht«, so fragte ich und wandte mich an das Gericht, »dass das Gericht einer Mutter das Sorgerecht verweigert, deren Kind von seinem Vater so grausam missbraucht wird? Ist es gerecht, zu erwarten, dass eine Mutter, deren Kind gerade getötet wurde, dafür bezahlen muss, dass Gerechtigkeit geübt wird?«

»Machen Sie sich keine Sorgen«, sagte der Richter und versicherte mir, dass das Blutgeld der Staatskasse entnommen werden würde.

»Aber wir wollen nicht, dass unsere Steuergelder für Mörder verwendet werden!«, sagte ich wütend.

Der Richter verurteilte Arians Stiefbruder zum Tode und ihren Vater sowie ihre Stiefmutter zu einem Jahr Gefängnis. Arians Mutter stimmte schließlich zu, die Hinrichtung des Stiefbruders auszusetzen. Ich bewunderte sie für ihr Mitgefühl, denn der Stiefbruder war ein Kind aus der zweiten Ehe des Vaters, und er selbst war seiner Mutter nach der Scheidung weggenommen worden. Seine Gewalttaten waren ungeheuerlich, aber auch der Junge war ein Opfer desselben Systems.

Das Ende des Prozesses erregte weltweit Aufmerksamkeit. Die CNN-Korrespondentin Christiane Amanpour interviewte mich zusammen mit Arians Mutter, und als ich ihr aufgewühltes Gesicht zu Hause im Fernsehen sah, fühlte ich mich einen Moment lang ermutigt. Obwohl Arians Tod sinnlos gewesen war, erfüllte zumindest ihr Vermächtnis einen wichtigen Zweck. Vielleicht gab die Islamische Republik es ihren Bürgern gegenüber nicht zu, doch mit jedem Jahr wünschte sie mehr, ihren Paria-Status in der globalen Gemeinschaft loszuwerden. Langsam wurde sie sich dessen bewusst, dass eine Nation, die sich nicht auf gleicher Höhe mit dem Westen befand, es sich nicht leisten konnte, auf den Rechten ihrer Bürger herumzutrampeln.

Als ich den Fernsehbericht sah, der überall auf der Welt ausgestrahlt wurde, wurde mir zum ersten Mal klar, dass ich das geworden war, was man als berühmt bezeichnen könnte. Bekanntheit ist eine Sache, die man sich langsam erwirbt. Man arbeitet und redet, schreibt Artikel und hält Vorträge, trifft sich mit Mandanten und verteidigt sie, Tag für Tag, Nacht für Nacht, und eines Tages wacht man dann auf und bemerkt, dass man eine lange Spur hinterlassen und sich damit einen Ruf erworben hat. So war es jedenfalls bei mir. Für mich persönlich war das unwichtig, für meine Arbeit jedoch sehr nützlich. Es bedeutete, dass die Journalisten mir zuhörten, wenn ich mit einem Fall an sie herantrat, und mir halfen, die Sache sowohl im In- als auch im Ausland zu veröffentlichen. Es bedeutete, dass Menschenrechtsorganisationen überall auf der Welt mich kannten und mir vertrauten und schnell handelten, wenn ich sie von dringenden Fällen in Kenntnis setzte. Es bedeutete, dass der abstrakte Begriff »Menschenrechte« im Iran nun ein Gesicht und einen Namen hatte und dass endlich Millionen von Frauen, die ihren Frust und ihre Wünsche nicht artikulieren konnten, jemanden hatten, der für sie sprach. Ich hätte eine solche Rolle nie von mir aus übernommen, doch in der Islamischen Republik haben wir ein Problem mit unseren Repräsentanten. Unsere Diplomaten überall auf der Welt sind natürlich dem Regime gegenüber loyal, und das Regime spiegelt nicht die wahre Meinung der Bevölkerung wider. Es ist dann die Aufgabe inoffizieller Botschafter, der Welt die Ansichten und Hoffnungen der Iraner mitzuteilen.

Da ich immer bekannter wurde und die Welt neugierig war, wie Frauen in einer Gesellschaft wie der des Iran zurechtkommen, wurde es mit jedem Jahr wahrscheinlicher, dass die internationale Gemeinschaft dem System für die Weigerung, die Gesetze im eigenen Land zu reformieren, die Quittung präsentieren würde.

Terror und die Republik

Erst als der Busfahrer zum zweiten Mal den fahrenden Bus verließ, wurde Fereshteh Sari klar, dass er versuchte, sie umzubringen. Etwa zwanzig iranische Schriftsteller und Dichter waren unterwegs zu einem Literaturkongress in Armenien. Sie hatten einen Reisebus gemietet, der sie durch die mit Eichen, Birn- und Walnussbäumen bedeckten Berge im Norden des Iran bis in die westliche Provinz des Landes bringen sollte. Als meine Freundin Fereshteh am Tag vor der Abreise auf einen Tee bei mir vorbeigekommen war, hatte sie den Ausflug als eine lang erhoffte Chance bezeichnet, die alten Pflastersteine der Hauptstadt zu sehen und lange Gespräche mit ihren Schriftstellerkollegen führen zu können.

Gegen zwei Uhr morgens, als die meisten Schriftsteller auf ihren Sitzen dösten, hielt der Busfahrer am Straßenrand an und sprang hinaus. Einem der Schriftsteller, der vorne saß, fiel auf, dass die Handbremse nicht angezogen war. Er rief den Fahrer herbei, der, wie er annahm, müde geworden war und eine kurze Pause brauchte. Der Fahrer stieg wieder in den Bus ein, ließ den Motor anspringen und steuerte sein Fahrzeug, vom Mondlicht geleitet, über die schmale Straße, die sich zwischen hoch aufragenden Gipfeln dahinschlängelte. Als der Bus plötzlich beschleunigte, wurden die meisten Schriftsteller wach. In panischer Angst sahen sie, wie er auf eine Felskante zusteuerte. Kurz vor dem Abgrund stieß der Fahrer seine Tür auf und sprang hinaus. Einer der vorne sitzenden Schriftsteller warf sich auf den Fahrersitz und machte eine Vollbremsung. Mit quietschenden Bremsen kam der Bus zum Stehen. Die Schriftsteller starrten hinab in den dunklen Abgrund hinter der Felskante. Der Bus schwankte. Einer der Reifen hing fast über der Kante, und die Schnauze des Busses schwebte über dem Abgrund. Einer nach dem anderen verließen die Schriftsteller den Bus.

Schockiert versammelten sie sich am staubigen Hang des Heyran-Passes und sahen einander stumm an. Kurz danach traf ein Sicherheitsoffizier ein und brachte sie zum Verhör in eine kleine Stadt in der üppig grünen Ebene nahe dem Kaspischen Meer. Der Vernehmungsbeamte warnte sie davor, mit irgendjemandem über diesen Vorfall zu reden. Dann erst durften sie zurück nach Teheran fahren. Fereshteh erzählte mir die Geschichte nach ihrer Rückkehr in meinem Wohnzimmer. Ein Gefühl der Angst breitete sich in meinem Magen aus. Während der frühen und Mitte der Neunziger jagte das Regime seine Gegner quer durch Europa, entsandte Auftragskiller, um bejahrte Beamte der Schah-Ära zu töten, politische Aktivisten und, in einem Fall, einen bekannten Sänger mit kritischen Ansichten. Es war August 1996, und wir konnten nicht länger so tun, als würde der Terrorfeldzug allein im Ausland geführt. Zwei Tage bevor Fereshteh nach Armenien aufgebrochen war, hatte eine andere Freundin, die Dichterin Simin Behbahani, mir erzählt, dass man im Haus eines deutschen Diplomaten, bei dem sie zum Abendessen gewesen war, eine Razzia durchgeführt habe. Dabei hatte man sie zusammen mit zwei weiteren Schriftstellern festgenommen und ins Evin-Gefängnis gebracht. Anfang des Monats war ein Übersetzer in Isfahan getötet worden. Seinen Leichnam hatte man einfach auf der Straße liegen lassen. Ein weiterer Schriftsteller, Ghafar Hosseini, starb zwei Monate später zu Hause an einem nicht natürlichen Herzinfarkt.

Viele dieser Schriftsteller gehörten dem Schriftstellerverband des Iran an. Der Verband setzte sich aus Romanciers, Übersetzern, Dichtern und Intellektuellen zusammen, die sich einmal im Monat trafen, um über Literatur, über Zensur und über die Frage zu diskutieren, wie sich die Meinungsfreiheit im Iran verteidigen lasse. Ich war diesem Verband ebenfalls beigetreten, und nach der Armenien-Busreise und den mysteriösen Todesfällen waren wir davon überzeugt, dass wir es mit einer finsteren, verdeckten Terrorwelle zu tun hatten. Es war eine grauenhafte Zeit. Wir gingen alle davon aus, dass unsere Telefone abgehört wurden und dass man uns auf Schritt und Tritt verfolgte. Viele seltsame Zufälle – Treffen, bei denen genau zum passendsten Zeitpunkt Razzien durchgeführt wurden, unbekannte Gesichter, die in der Gruppe auftauchten – signalisierten, dass wir rund um die Uhr beobachtet wurden.

Jedes Mal wenn ich zu einer unserer Versammlungen ging, traf ich von nun an die Vorsichtsmaßnahmen, die wir alle für nötig hielten. Wir trafen uns in unterschiedlichen Gegenden Teherans, zuerst in der Nähe eines großen Buchladens auf dem Palästina-Platz, später im Café Naderi, einem alten Kaffeehaus im Zentrum der Stadt mit gewölbten Decken und Blick auf einen Garten, das früher einmal ein berühmter Treffpunkt von Schriftstellern und Intellektuellen gewesen war. Unterwegs wechselte ich mehrmals das Taxi (im Iran gibt es kleinbusartige Taxis, die bestimmte feste Routen fahren). Ich winkte ein Sammeltaxi herbei, stieg an einer großen Kreuzung in ein privates um, stieg mehrere Straßen weiter wieder aus und in ein anderes ein. Es war kein Geheimnis, wer wir waren. Wir hatten in der Vergangenheit unsere Namen unter Protestbriefe gesetzt, um der Regierung klar zu machen, dass unsere Arbeit als Intellektuelle nicht politischer Natur war. 1994, in dem Jahr, in dem ein prominenter Literaturkritiker unter mysteriösen Umständen in Regierungsgewahrsam starb, hatten 134 Autoren einen offenen Brief an die Regierung unterzeichnet, in dem sie gegen die Zensur protestierten und Meinungs- sowie Vereinsfreiheit forderten. Ich hatte den Brief auch unterschrieben. Nach seiner Veröffentlichung wurden einige der Unterzeichner getötet oder sie verschwanden. Nun schien es, als sei ein gesichtsloses Todeskommando hinter uns her. Und schaltete uns aus, einen nach dem anderen.

In den dunklen Tagen, die folgten, war es unmöglich, die Repressionen, denen wir ausgesetzt waren, nicht mit denen zu vergleichen, unter denen die Aktivisten während des Schah-Regimes in dessen Gefängnissen und in den Händen des Savak, seiner Geheimpolizei, gelitten hatten. Doch die Einschüchterungskampagne, die wir nun erlebten, unterschied sich völlig von der Art und Weise, wie der Schah mit seinen Gegnern umgegangen war. Der Savak operierte wie ein klassischer Sicherheitsarm einer Autokratie; er konzentrierte sich auf ganz spezifische Ziele, politische Aktivisten, die offen das Schah-Regime bekämpften, und versuchte, sie mit traditionellen Foltermethoden wie Elektroschocks und dem Ziehen von Nägeln zu brechen.

Die Techniken der Islamischen Republik unterschieden sich nicht nur von denen des Savak, sondern auch von denen ihrer eigenen Terrorwelle in den ersten Jahren der Revolution. Sie kennzeichneten eine neue Phase in der politischen Entwicklung des Regimes, einen Wandel, der eine modernere Rücksichtnahme auf die neuralgischen Punkte der internationalen Gemeinschaft widerspiegelte. Vor allem hatte der Geheimapparat der Islamischen Republik alles und jeden im Visier; er zog die Linie nicht bei Dissidenten; zu seinen Zielscheiben gehörten Übersetzer französischer Literatur ebenso wie organisierte politische Aktivisten, die eine weltliche Regierung forderten.

Anfang der Neunzigerjahre, nach dem Krieg, begannen Menschenrechtsorganisationen und so genannte Watchdog Groups, die Exekutionswellen und die mutwilligen Menschenrechtsverletzungen des Regimes zu dokumentieren. Die Massenhinrichtungen von MKO-Mitgliedern im Jahr 1988, während derer Fuad zusammen mit tausenden anderen getötet worden war, hatten dem Ruf eines Systems geschadet, das versuchte, wieder in die internationale Gemeinschaft integriert zu werden, um sich nach dem Krieg wieder konsolidieren und sich um eine wachsende Bevölkerung kümmern zu können. Etwa um die Zeit, als sich der Bus-Vorfall ereignete, bemerkten wir, dass anders durchgegriffen wurde.

Das System fühlte sich nicht länger wohl dabei, der Welt durch Zeitungen voller Fotos mit Erschossenen zu verkünden: Wir töten unsere Gegner! Um einen Aufschrei der internationalen Gemeinschaft und eine Verurteilung durch sie zu vermeiden, kam man zu dem Schluss, dass die Prozesse und Hinrichtungen auf andere Weise gehandhabt werden mussten. In der Vergangenheit hatte es Prozesse gegeben, für die das Regime selbst das Beweismaterial gesammelt hatte, Prozesse, die hinter verschlossenen Türen stattfanden und bei denen es keine Anwälte gab – schnelle, geheime, inoffizielle Prozesse, bei denen Todesurteile gefällt wurden. In einem Rechtssystem, in dem die Rollen des Anklägers, des Richters und des Vernehmungsbeamten zu einer einzigen verschmolzen, war es leichter, schnelle Urteile zu fällen. Warum sollen wir überhaupt einen Prozess abhalten, so dachte man, wenn doch der Gefangene in den meisten Fällen keine Verteidigung vorbereitet hat und die von uns gesammelten Beweise erdrückend sind? Warum legen wir die Akte nicht einfach einigen Geistlichen vor und holen uns schlicht ihre Erlaubnis ein, ein Todesurteil zu fällen? Auf diese Weise wurde den theologischen Erfordernissen Rechnung getragen, und das Informationsministerium konnte sein Todeskommando losschicken, um das Urteil zu vollstrecken.

Die Mörder wendeten unterschiedliche Techniken an – einige ihrer Opfer starben bei Autounfällen, andere wurden bei inszenierten Einbrüchen erschossen, wieder andere auf der Straße niedergestochen oder zusammengeschossen. Eine beliebte Methode war die, dem Opfer Kalium zu injizieren, um einen scheinbar natürlichen Herzinfarkt herbeizuführen. Wer auch immer diese Morde angeordnet hatte, hielt die Sache für sehr clever. Er muss geglaubt haben, es würde der Aufmerksamkeit der internationalen Gemeinschaft entgehen, wenn alle paar Monate ein iranischer Autor oder ein Oppositioneller tot am Straßenrand aufgefunden wurde oder aufgrund eines unerwarteten Herzinfarkts tot umfiel.

Das Beängstigendste in dieser Zeit war die Unberechenbarkeit, mit der der Staat seine Opfer auswählte. Womöglich aber steckte dahinter Methode, nämlich die intellektuellen und literarischen Zirkel Teherans so zu terrorisieren, dass keiner es mehr wagen würde, Kritik zu äußern. Wenn ein Wissenschaftler, der sich mit neoklassischer persischer Literatur befasste, im Gefängnis ermordet wurde, welches Schicksal konnte dann jene ereilen, die den Kern des Systems infrage stellten, das heilige Recht der Ayatollahs, das Land zu regieren!

Wir trafen uns damals häufig, schielten auf die Teeblätter in unseren Tassen und versuchten, ein Muster bei der Auswahl der Ziele zu erkennen.

Obwohl die Islamische Republik daran arbeitete, ihren internationalen Ruf aufzupolieren, standen ihre früheren Aktivitäten diesen Bemühungen im Weg; so bediente man sich häufig der sowjetischen Methode der Schadensbegrenzung, die die Sache nur noch verschlimmerte. 1997 ordnete ein deutsches Gericht die Festnahme von Informationsminister Ali Fallahian an, weil er den Mord an iranisch-kurdischen Dissidenten in einem Berliner Restaurant im Jahr 1992 organisiert hatte. Diese Entscheidung demütigte die Islamische Republik. Ein hochrangiges Mitglied des Kabinetts, das an den mafiaartigen Erschießungen von Dissidenten beteiligt gewesen war, vereitelte den zaghaften Versuch des Regimes, sein Image aufzupolieren. Als Vergeltungsmaßnahme behauptete die Regierung, deutsche Spione würden den Iran infiltrieren. Aber wer? Wo? Ihre Wahl fiel auf den freundlichen Journalisten Faraj Sarkuhi, ein Mitglied des Schriftstellerverbandes, der das Pech hatte, eine Familie in Deutschland zu haben.

Faraj war auch bei dem Abendessen des deutschen Diplomaten gewesen und sein Aufenthalt dort wurde später als Beweis für Spionagetätigkeiten angeführt.

Faraj fuhr eines Abends zum Teheraner Flughafen Mehrabad, um nach Deutschland zu fliegen, doch er sollte das Land nie verlassen. Seine Frau berichtete, er sei nie angekommen, obwohl den Flughafenprotokollen zu entnehmen war, dass sein Pass zur Ausreise gestempelt worden war. Wir waren alle verwirrt und machten uns große Sorgen um ihn. Einen Monat später tauchte er mit einer wilden Geschichte wieder am Flughafen Mehrabad auf. Angeblich war er nach einem Streit mit seiner Frau in Deutschland nach Tadschikistan und Georgien geflohen. Zu unserer Verblüffung sagte er nichts davon, dass man ihn verhaftet habe. Im Einklang mit der Film-noir-artigen Atmosphäre jener Zeit tauchte dann in den Buchläden Teherans ein kopierter Brief auf, in dem Faraj von seiner Festnahme und seinem grotesken Wiederauftauchen am Flughafen berichtete. Er beschrieb, wie die Vernehmungsbeamten im Gefängnis ihn gezwungen hatten, vor laufender Kamera zu »gestehen«, dass er für Deutschland spioniere und Affären mit Frauen habe. »Ich wurde festgenommen, und ich habe keinerlei Zweifel daran, dass man mich bald töten wird«, schrieb er. Und tatsächlich, zwei Wochen später wurde er erneut verhaftet.

Eines Nachmittags besuchte Farajs Mutter mich in meinem Büro. Die schüchterne ältere Dame saß mir gegenüber, fragte, ob ich Farajs Fall übernehmen werde, und brach dann prompt in Tränen aus. Faraj habe auch während des Schah-Regimes im Gefängnis gesessen, sagte sie untröstlich. War das nicht genug? Während sie unter Tränen von Farajs Zeit in den Gefängnissen des Schahs berichtete, wurde mir klar, dass sie nicht viel Geld zur Verfügung hatte. Ich wollte ihr helfen, ohne ihren Stolz zu verletzen.

»Mrs. Sarkuhi«, sagte ich, »Faraj hat etwas Geld bei mir hinterlegt. Darf ich es Ihnen geben?« Natürlich hatte Faraj das nicht getan, aber ich dachte, ihr Stolz würde es ihr erlauben, meine Hilfe anzunehmen, wenn ich sie auf diese Weise anbot. Sie war tapfer und freundlich, und da sie meine List durchschaute, weigerte sie sich, Geld anzunehmen.

Mit ihrer Vollmacht ausgestattet, machte ich mich an meine Ermittlungen, ohne jedoch zu wissen, wo ich anfangen sollte. Ich beschloss, mit der islamischen Menschenrechtskommission zu beginnen, einer angeblich regierungsunabhängigen Organisation, die in einem Regierungsgebäude untergebracht und deren Vorsitzender der Leiter des Gerichtswesens war. In der Tat eine regierungsunabhängige Organisation! Ihr wesentlicher Beitrag zur Verteidigung von Farajs Menschenrechten war der, mich darüber zu informieren, dass er im Gefängnis einen Brief entworfen habe, in dem er meinen Rechtsbeistand ablehnte. Ich wies darauf hin, dass der Brief datiert war, *bevor* seine Mutter mich gebeten hatte, ihn zu vertreten. Vergeblich. Sie gestatteten es mir nicht, Faraj zu verteidigen. Deswegen ging ich an die Presse, als sein Urteil verkündet wurde. Gemäß der Verfassung, so argumentierte ich, müssten politische Verbrechen in einer öffentlichen Gerichtsverhandlung untersucht werden. Da Faraj beschuldigt wurde, Lügen zu verbreiten, um den Staat zu unterminieren, war eine nichtöffentliche Gerichtsverhandlung folglich illegal. Schließlich teilte das Gericht Faraj einen Anwalt zu. Faraj verbrachte ein Jahr in Einzelhaft und kam Gott sei Dank lebend aus dem Gefängnis heraus. Vielleicht hat ihm der kopierte Brief das Leben gerettet.

Als er aus dem Gefängnis entlassen wurde, lud Faraj mich zum Abendessen ins »Sorrento« ein, ein Restaurant auf dem Vali Asr, dem belebten, von Maulbeerfeigenbäumen gesäumten großen Boulevard, der von Norden nach Süden durch Teheran verläuft. Wir ließen uns in einer der kastanienbraunen Sitzgruppen nieder, und er erzählte mir, dass er das Land verlassen wolle, jedoch befürchte, erneut festgenommen zu werden, wenn er einen Pass beantrage. »Mach dir keine Sorgen«, versicherte ich ihm. »Ich komme mit.« Am nächsten Tag fuhren wir zum Passamt, einem zweistöckigen Gebäude im geschäftigen Zentrum Teherans, das Faraj mit nervösem Blick betrat. Er bekam einen Pass, verließ den Iran und kehrte nie wieder aus Deutschland zurück.

Farajs Fall lehrte uns viel darüber, wie das System mit denjenigen umging, die es als Opposition betrachtete. Die Festgenommenen – ob man sie der Spionage oder umstürzlerischer Pläne beschuldigte – wurden normalerweise raffinierten Folter- und Einschüchterungsmethoden ausgesetzt, die keine verräterischen körperlichen Spuren hinterließen, den Verhafteten jedoch wirkungsvoll zu auf Video aufgenommenen Geständnissen zwan-

gen, die man später im staatlichen Fernsehen sendete. Schlaf-
entzug, Scheinhinrichtungen, das Auspeitschen der Füße, psy-
chologische Spielchen mit gefälschten Zeitungen, in denen von
Massenverhaftungen oder Staatsstreichen berichtet wurde, Einzelhaft in Zellen von der Größe eines Fuchsbaus. Diese Methoden
ersetzten die rohere, körperliche Folter, die der Savak angewendet
hatte. Das Nägelausreißen, Zufügen von Brandwunden und der
Gebrauch von elektrischen Viehtreibern wurden aufgegeben, und
oft hatten die Verhafteten, wenn sie aus dem Gefängnis entlassen
wurden, kaum Narben oder andere körperliche Spuren von den
Verhören. Obwohl sie in der Regel dreißig Pfund abgenommen
hatten, nachts nicht hatten schlafen können und der leere Blick
nicht aus ihren Augen verschwand, konnte das System sie der
Welt vorzeigen und behaupten, man habe keine physische Folter
eingesetzt.

Es war gleichzeitig eine Horrorgeschichte mit einem düsteren,
Schrecken erregenden Schurken und eine Kriminalgeschichte mit
beschränkten Vernehmungsbeamten, einem Sensationsjournalis-
ten, der daraus eine Geschichte mit kodierten Namen wie »graue
Eminenz« machte, sowie einem Schauplatz, den er ein »dunkles
Geisterhaus« nannte. Das Ganze führte zu einem ernsthaften Riss
im System, und zwar zwischen der Regierung des amtierenden
Reformpräsidenten Mohammed Khatami und seinem noch immer
einflussreichen Vorgänger Akbar Hashemi Rafsandjani.

Am Abend des 22. November 1998 wurden die Abendnachrichten auf dem persischsprachigen Radiosender für eine drin-
gende Meldung unterbrochen. Dariush und Parvaneh Forouhar,
regimekritische Intellektuelle, waren in ihrer Teheraner Wohnung ermordet worden. Die Mörder hatten mehrmals mit Mes-

sern auf das ältere Paar eingestochen und waren dann in die Nacht geflüchtet. Ich war damals zu einem Kurzbesuch in den Vereinigten Staaten und erwog, meine Rückkehr nach Teheran zu verschieben. Schließlich entschied ich mich jedoch, wie geplant zurückzukehren, denn die Morde waren so überaus grausam, dass es meiner Vorstellung nach nicht noch schlimmer werden konnte.

Drei Tage später war in den Abendnachrichten zu hören, dass man die Leiche von Majid Sharif, einem Übersetzer, der in der vergangenen Woche zum Joggen aus dem Haus gegangen und nie zurückgekehrt war, im Büro des Teheraner Untersuchungsrichters gefunden hatte. Zehn Tage danach verschwand der Schriftsteller Mohammad Mokhtari, als er Glühbirnen auf dem Jordan Boulevard im Norden Teherans kaufte. Wenige Tage später entdeckte man seinen Leichnam im Süden Teherans. Am gleichen Abend verschwand Mohammad Jafar Pouyandeh, auch ein Schriftsteller. Seine Leiche tauchte am 13. Dezember 1998 im Büro des Untersuchungsrichters auf.

Der oberste geistliche Führer, Ayatollah Ali Khamenei, bekundete während der Freitagsgebete sein Entsetzen über die Morde. Staatspräsident Mohammed Khatami nannte sie »abscheuliche Taten«, die das Ziel hatten, die islamische Regierung zu Fall zu bringen. Er setzte einen Ausschuss ein, der die Serienmorde untersuchen sollte. Die Ankündigung des Präsidenten ließ bei mir verhaltene Freude aufkommen, doch da der Staat seit Jahren die Verantwortung für die im rechtsfreien Raum ausgeübte Gewalt abgelehnt hatte, hielt ich mich mit meiner Meinung zurück.

Am 6. Januar 1999 rief mich eine Freundin an und sagte: »Du wirst nicht glauben, was passiert ist.« An jenem Tag hatte der Informationsminister eine Erklärung veröffentlicht, in der es hieß:

»Leider haben einige verantwortungslose, irregeleitete und einzelgängerische Kollegen von uns diese Verbrechen begangen.« Es war das erste Mal in der Geschichte der Islamischen Republik, dass die Regierung die Verantwortung für den Mord an einem Regimekritiker übernommen hatte. Etwa einen Monat später trat der Informationsminister Ghorbanali Dorri-Najafabadi zurück. Es tat sich was.

Einige Monate später kam Parastou Forouhar, die Tochter des ermordeten Paares, zu mir ins Büro und fragte, ob ich ihre Familie vor Gericht vertreten würde. Ich erklärte mich einverstanden. Wir verbrachten viele Stunden damit, die Informationen der Polizei, der Nachbarn und der Hausangestellten zusammenzufügen und genau herauszufinden, was sich in jener verhängnisvollen Nacht ereignet hatte, in der ihre Eltern ermordet worden waren.

In den Tagen vor ihrer Ermordung hatten Dariush und Parvaneh Forouhar in ständiger Angst vor dem Tod gelebt. Beide waren seit langer Zeit Regimekritiker, die kein Blatt vor den Mund genommen hatten. Vor allem Dariush nicht. Er war der Führer der Iranischen Nationalpartei (Hezb-e Mellat-e Iran), der Gruppe, die auf die Partei des gestürzten Ministerpräsidenten Mohammed Mossadegh zurückging, und hatte während des Schah-Regimes für seinen Aktivismus viele Jahre im Gefängnis gesessen. Er unterstützte die Revolution und wurde der erste Arbeitsminister der Islamischen Republik, aber wie so viele weltlich orientierte Nationalisten, die gegen den im Verlauf der Revolution sich entwickelnden islamischen Radikalismus waren, trat er zurück und nahm wieder die vertraute Oppositionsrolle ein. Obwohl die Forouhars im Lauf der Zeit offener gegen das islamische Regime opponierten und die Verfassung der Republik sowie die autokratische Art kritisierten, in der diese die Macht an den obersten geistlichen Führer delegierte, war ihre Organisation, zu deren Anhängern ältere Intellektuelle und Gelehrte sowie ein paar Studenten gehörten, für die Regierung keine wirkliche Bedrohung.

So waren die Fourouhars für das islamische Regime zwar nicht gefährlicher als ein Sturm von Flaumfedern, aber dennoch schikanierte das Informationsministerium sie jahrelang. Ihre beiden Kinder wurden so oft verhört, dass sie schließlich nach Deutschland gingen. Alle Unterhaltungen des Ehepaares wurden aufgezeichnet. Sie bauten Gitterstäbe vor ihre Fenster, und Dariush hatte für den Fall, dass man ihn ins Gefängnis brachte, eine Tasche mit Toilettenartikeln bereitgestellt.

An jenem kühlen Novemberabend, an dem Dariush in seinem Arbeitszimmer mit Freunden zusammensaß, sprang irgendwann nach 23 Uhr einer der Gäste auf und band ihn an einem Stuhl fest. Die Mörder stachen elfmal mit einem Messer auf ihn ein. Dann drehten sie seinen Körper in Richtung Mekka. Um Dariush herum bildete sich eine Blutlache auf dem Fußboden. Parvaneh war bereits ein Stockwerk höher und machte sich zum Schlafen zurecht. Ihr fügte man vierundzwanzig Stichwunden zu. Danach wurden die Körper der beiden in Stücke gehackt. Freunde fanden sie am nächsten Tag, als sie hingingen und feststellten, dass die Eingangstür offen stand. Der Hund der Forouhars war betäubt worden.

Die Teppiche, Möbel und Bettlaken waren mit getrocknetem Blut verkrustet. Nachdem die Ermittlungsbeamten das Haus durchsucht hatten, fehlten mehrere Gegenstände: ein Notizbuch mit Parvanehs Gedichten, Dariushs Tagebuch, in dem er seine Gedanken über das Konzept des *velayat-e faqih* festgehalten hatte, die Doktrin Ayatollah Khomeinis von der absoluten Herrschaft der Geistlichkeit, und Dariushs Briefwechsel mit seinem Helden, Ministerpräsidenten Mossadegh, der ihm sehr viel bedeutet hatte.

Noch bevor der Fall vor Gericht kam, wurde er niedergeschlagen. Eine Fraktion innerhalb des Staates war, wie es schien, ebenso fest zur Vertuschung des Skandals entschlossen, wie der Präsident entschlossen war, ihn aufzudecken. Obwohl Präsident Khatami in seinem Herzen ein Demokrat war und den Iranern versprochen hatte, Recht und Gesetz in ihrem Land zu stärken, fand er bald heraus, dass die Exekutive in der Islamischen Republik wenig Macht hatte. Als Hauptverdächtiger galt Saeed Emami, ein Stellvertreter des Informationsministers, der enge Beziehungen zu hochrangigen Beamten pflegte. Nicht lange nachdem er mit dem Fall in Zusammenhang gebracht und verhaftet wurde, beging er angeblich im Gefängnis Selbstmord, indem er eine Flasche Haarentfernungsmittel schluckte. Mit Emami starb im Grunde genommen auch die Chance, hochrangige Regierungsbeamte für die Anordnung der Morde gerichtlich zu verfolgen. Es war klar, dass Emami, ein mittlerer Beamter mit Verbindungen zum Sicherheitsapparat, viel mehr war als nur der Anführer eines Todesschwadrons. Seine Freunde berichteten, dass er einer berüchtigten Bande religiöser Extremisten angehörte, die glaubten, die Feinde des Islam müssten getötet werden. In Teheran tuschelte man über seine Bande und ihre Aktivitäten. Wenn es innerhalb des Staatsapparates eine Verschwörergruppe gab, die das Ziel verfolgte, Oppositionelle zu töten und ein Klima des Terrors zu schaffen, in dem jeglicher Dissens unterdrückt wurde, dann war, wie nur wenige bezweifelten, Saeed Emami deren Drahtzieher.

Als ich die Geschichten über seinen Selbstmord in den Zeitungen las, wurde ich neugierig. »Meine Damen, bitte besorgt jede Marke Haarentfernungsmittel, die auf dem iranischen Markt erhältlich ist«, wies ich meine Angestellten an. Auf jeder einzelnen Flasche, die sie mir brachten, stand: »Ungiftig«. Es schien unmöglich zu sein, mit frei erhältlichem Haarentfernungsmittel Selbstmord zu begehen. Ich fragte mich, ob die Selbstmordgeschichte vielleicht eine Farce war und Emami noch lebte. Die einzige Möglichkeit, dies herauszufinden, war die, an den Trauerfeierlichkeiten für Emami teilzunehmen und zu sehen, ob die Trauer seiner Verwandten echt oder gespielt war.

An einem warmen Juninachmittag des Jahres 1999 ging ich mit meiner Schwester zu den Trauerfeierlichkeiten in einer Teheraner Moschee. Drinnen war es so heiß, dass ich als Erstes zwei Gläser Orangensaft trank. »Jetzt, wo er tot ist«, flüsterte ich meiner Schwester zu, »gehen zumindest die Drinks auf seine Rechnung.« Wir kicherten hinter unseren schwarzen Tschadors. Als ich mich im Raum umsah, musste ich ein Lächeln unterdrücken. Ich entdeckte in der Menge viele vertraute Gesichter, andere Journalisten und Aktivisten, die so argwöhnisch waren wie ich und sehen wollten, ob das Wehklagen von Herzen kam oder nicht. Nur wenige von denen, die Fälle wie diese genau verfolgten, fanden den praktischerweise im Gefängnis verübten Selbstmord des Hauptverdächtigen sehr überzeugend. Saeed Emamis Frau und seine Schwester, die in der ersten Reihe saßen, heulten laut, und eine korpulente Frau, die aussah wie eine Undercover-Polizistin, beruhigte sie pausenlos. Emamis Schwester schrie immer wieder, fast hysterisch: »Haj Saeed, ich wünschte, ich könnte alles erzählen.« Nach der Trauerfeier zerrte meine Schwester mich am Arm und wollte die Moschee verlassen. Ich ging jedoch hinüber zu Mrs. Emami und kondolierte ihr. Als ich ihre rot geränderten Augen sah und ihre zitternde Hand in meiner spürte, wusste ich, dass ihr Mann tot war.

Ungefähr um dieselbe Zeit erschienen in der beliebten Zeitung »Sobh-e Emrouz« eine Reihe von Artikeln, in denen der Skandal aufgedeckt wurde. Der Autor, ein Enthüllungsjournalist namens Akbar Ganji, stützte sich bei seiner Beschreibung des Geheimplans des Staates zur Eliminierung seiner Kritiker auf Quellen innerhalb des iranischen Sicherheitsapparates. Ganjis Journalismus faszinierte die Iraner, die jeden Morgen am Kiosk Schlange standen, weil sie unbedingt den Fortgang der Geschichte erfahren wollten. Obwohl Ganji kodierte Spitznamen verwendete, um die Geistlichen zu beschreiben, die die als Todesurteile dienenden *fatwas* [religiöse Edikte] veröffentlicht hatten, wusste jeder, von wem die Rede war.

Im Sommer 1999, als Ganji seinen journalistischen Feldzug führte, gaben die Gerichtsbehörden endlich unserer Bitte nach, uns Zugang zu den Akten zu gestatten. Gleichzeitig versuchten sie, unsere Recherchen zu behindern. Der Leiter des Gerichtswesens ordnete einen Prozess hinter verschlossenen Türen an und verbot den Anwälten, mit der Presse zu sprechen. Mehrere ranghohe Beamte erklärten, die Verdächtigen, einschließlich des verstorbenen Saeed Emami, hätten auf Befehl der »ausländischen Feinde« der Islamischen Republik gehandelt, um dem internationalen Ruf des Landes zu schaden. Ein Videoband, auf dem Saeed Emamis Frau dies zugab (eine Methode, die Ganji als »selbstbelastendes Interview« bezeichnete), wurde den Medien zugespielt. Das Band wurde aufgenommen, während sie sich in Haft befand, wo man sie so grausam folterte, dass eine ihrer Nieren versagte.

Während der zehn Tage, in denen wir, die Anwälte der Familien der Opfer, die Akten lesen durften, war es uns nicht gestattet, Fotokopien zu machen, obwohl das Dossier einen Umfang von weit über tausend Seiten hatte. Nahezu überall fehlte das Datum, und es gab kaum stichhaltige Informationen wie etwa die Abschrift vom Verhör des Hauptverdächtigen. Obwohl in den Akten vieles fehlte, was für die Ermittlung von unmittelbarer Bedeutung war, fanden wir doch eine Reihe hochinteressanter Einzelheiten, die die Geschichte dieser Morde erhellten. Beim Lesen dieser Akten stieß ich zum ersten Mal auf meinen eigenen Namen und entdeckte, dass das gleiche Todeskommando auch mich auf der Liste gehabt hatte.

Lange Zeit erwähnte ich dies nie direkt gegenüber einem Mitglied des Staatsapparates. Einige Jahre später kam ein Beamter zu mir ins Büro und bat mich, auf einer Konferenz, die die Regierung in Europa organisierte, über die terroristischen Aktivitäten der Mojahedine Khalgh (MKO) zu sprechen.

»Wenn Sie möchten, dass ich über den MKO-Terrorismus spreche«, sagte ich ihm, »dann muss ich auch darüber sprechen, wie Sie alle, die Regierung, versucht haben, mich zu töten. Ist das in Ordnung?«

Er schwieg.

»Ich nehme kaum an, dass Sie mich für eine sehr nützliche Rednerin halten werden«, sagte ich abschließend.

Manchmal stellte mich die Psychologie des islamischen Regimes vor ein Rätsel: Wie konnte es einerseits die Hilfe einer Person erbitten, die es andererseits zu töten versuchte?

Im Sommer 1999 fand der Prozess ein enttäuschendes Ende. Zwei der Verdächtigen wurden zu lebenslanger Haft verurteilt, die eigentlichen Mörder zum Tode. Alle anderen erhielten kurze Gefängnisstrafen. Der Oberste Gerichtshof hob später einige der Urteile auf, doch die Anwälte der Familie erfuhren nie seine endgültige Entscheidung, da das Verfahren aus Gründen der nationalen Sicherheit geheim gehalten wurde. Keiner der hochrangigen Beamten wurde jemals strafrechtlich verfolgt, und der zur Zeit der Morde amtierende Informationsminister wurde später auf einen sehr hohen Posten im Gerichtswesen gesetzt. Saeed Emamis direkter Vorgesetzter im Informationsministerium kandidierte später für die Präsidentschaft. Die Tatsache, dass kein Todesurteil vollstreckt wurde und dass die beteiligten leitenden Beamten ihre politischen Karrieren fortsetzten, könnte zu der Annahme verleiten, dieser Fall habe in der Islamischen Republik keine Spuren hinterlassen.

Es war jedoch so, dass nach Prozessende regelmäßig die Witwen und Verwandten anderer ermordeter Dissidenten in mein Büro kamen. Das Schweigen, verursacht durch die Angst vor und den Glauben an die Allmacht des Ministeriums, war gebrochen worden. Die Islamische Republik musste erkennen, dass sie gespalten war; der Riss im System half, den Skandal auszulösen; der Skandal wiederum vergrößerte die Kluft zwischen dem Regime und der Bevölkerung. Seit jenem Sommer hat das Informationsministerium keine weiteren Hinrichtungen von Dissidenten und Intellektuellen mehr angeordnet.

Ich kann schwer einschätzen, welchen Einfluss der Fall auf mich persönlich hatte. Es war das erste Mal in meinem Leben, dass ich direkt mit der Möglichkeit meines eigenen Todes konfrontiert wurde. Seitdem wurden aus abstrakten Sorgen echte Angst. Wenn ich einen Urlaub plante, schaute ich auf die Landkarte und fragte mich: Wäre es leichter für sie, mich hier oder dort umzubringen? Ich habe viel Anerkennung dafür erfahren, nicht aufgegeben zu haben, selbst nachdem ich herausgefunden hatte, dass sie auch mich im Visier hatten. Doch zu jenem Zeitpunkt hatte der Fall bereits eine Dimension angenommen, die größer war als ich, größer als die Morde selbst, größer als irgendwer von uns es sich je hätte vorstellen können.

Der Prozess gehörte nicht zu den erfolgreichsten meines Lebens, denn er trug nie zu einer Gesetzesreform oder auch nur einem wirklich beachtenswerten Urteil bei. Aber er zog die Vorhänge vor dem zurück, was Ganji als das »dunkle Haus der Geister« beschrieben hatte, ein düsteres Land, in dem Mörder ihre

Opfer in der Nacht überfielen und sich anschließend unerkannt davonschlichen. Der Prozess machte das Morden weniger leicht. Er zwang die Islamische Republik, ihre Exzesse zu überprüfen und Morde im rechtsfreien Raum aufzudecken, so wie sie vor einem Jahrzehnt Massenhinrichtungen aufgedeckt hatte. Wenn es kein unpassender Vergleich wäre, würde ich es eine Evolution nennen.

Aufkeimende Hoffnung

Am 23. Mai 1997 gingen zweiundzwanzig Millionen Iraner zur Wahl, um der Islamischen Republik eine zweite Chance zu geben. Unter einem heiteren, fast wolkenlosen Frühlingshimmel standen in den Straßen Teherans und anderer Städte des Landes die Wähler Schlange, um einem wenig bekannten Mann namens Mohammed Khatami ihre Stimme zu geben. Dieser verkörperte zu jener Zeit womöglich eher das, was die Iraner *nicht* wollten, als das, was sie wollten. Es war das erste Mal in jüngerer Zeit, dass ein Außenseiter einen etablierten Politiker herausgefordert hatte, und dieser unerwartete Wettbewerb weckte in den Menschen die Hoffnung, dass sich ihr Leben mit der Wahl Khatamis spürbar würde verbessern können.

Im Unterschied zum favorisierten Kandidaten gehörte Khatami nicht zur Politiker-Elite der Revolution, und seine Rhetorik war frei von den allgegenwärtigen Verweisen auf den Feind und den Märtyrer, den »Großen Satan« und den »zionistischen Feind«. Er versprach, den Iran in eine islamische Demokratie umzuwandeln, in ein Land, in dem das Gesetz herrschte und das bessere Beziehungen zu den Nachbarn und den anderen Staaten der Welt pflegte. Diese Wahl war nicht, wie so viele davor, lediglich eine Übung in Demokratie, denn viele Kandidaten – solche, die als »Außenseiter« galten, von religiösen Nationalisten bis zu Säkularisten – waren gar nicht zur Wahl zugelassen. Die »Insider« auf dem Wahlzettel unterschieden sich jedoch hinreichend voneinander, um dem Wähler eine tatsächliche Alternative zu bieten, und die Menschen hatten dennoch das Gefühl, mit ihrer Stimme die Richtung, in die sich die Nation entwickelte, mitbestimmen zu können. Der Wahltag, der zweite *Khordad* im iranischen Kalender, fiel auf einen Freitag, und die Schlangen vor den Schulen und Moscheen, in denen sich die Wahllokale befanden, zogen sich über mehrere Häuserblocks hin.

Dies war die erste Präsidentschaftswahl für Negar, meine älteste Tochter, und meine jüngste begleitete uns, um uns bei unserer Stimmabgabe zuzusehen. Wir gingen zu unserem Wahllokal, einer Schule in unserer Nähe, und gesellten uns zu all den jungen und alten Menschen, die dort in der Schlange warteten und mit der Vertrautheit von Verwandten miteinander plauderten. Ich sah keine einzige Frau, die einen Tschador trug. Die Warmherzigkeit und die gehobene Stimmung der Wartenden erinnerten mich an die Anfänge der Revolution, als sich während einiger viel zu schnell vorübergehender Tage alle mit »Bruder« und »Schwester« anredeten, sich beim Tragen der Einkäufe halfen und die meisten sich wie die Mitglieder einer großen Familie verhielten. Das war, bevor die Gewinnsucht während der Revolutionsjahre gesellschaftsfähig wurde und die Leute begannen, das soziale Gefüge zu schädigen, indem sie den Motiven des anderen misstrauten, logen und betrogen, um nicht hintergangen zu werden, und den Älteren die Tür vor der Nase zuschlugen. »Khatami ist nicht wie die anderen«, hörte ich eine Frau in der Schlange sagen, »er will uns wirklich helfen.«

Als wir an diesem Freitag bei meiner Mutter zum Mittagessen ankamen, tauchte sie aus der Küche auf, die Hände in die Hüften gestemmt. »Warum habt ihr mich nicht mitgenommen?«, wollte sie wissen.

»Weil so viele Menschen dort waren und du nicht eine Stunde lang in der Schlange hättest stehen können«, sagte ich.

»Na gut«, seufzte sie, »dann müsst ihr eben heute Nachmittag mit mir dort hingehen.«

Gegen sechs, bevor die Abendwähler in Scharen kamen, fanden wir ein kleines Wahllokal mit einer kurzen Warteschlange. Es war das erste Mal seit der Revolution von 1979, dass meine inzwischen achtzigjährige Mutter zur Wahl ging. Die Wahlhelfer sahen sie warten und überredeten sie, sich auf einem Klappstuhl niederzulassen, während ich ihren Platz in der Schlange hielt. Einige andere ältere Damen, die ihre Stimme schon abgegeben hatten, scharten sich um meine Mutter. Gesprächsfetzen, wie »es ist alles so furchtbar geworden« und »Inschallah, kann Khatami etwas für uns tun«, drangen zu mir herüber.

Als meine Mutter an der Reihe war, rief ich sie zu mir und wollte schon ihren Wahlzettel ausfüllen. Doch sie packte mich am Handgelenk und sagte: »Bitte, Shirin *jan*, das muss ich selbst tun.« Auf dem Nachhauseweg meinte sie: »Ich wünschte, dein Vater wäre noch am Leben.« Das sagte sie nur selten. Es war ihre Art zu sagen, dass sie in diesem Moment glücklich war.

Sie kam in jenen Tagen nur selten aus dem Haus, daher dachte ich mir, wir sollten die Gelegenheit nutzen und uns ein Eis gönnen. »Shirin, keine Waffel«, sagte sie, »das tropft nur auf meine Kleidung.« Mit achtzig war sie pingeliger denn je. Ich holte ihr Vanilleeis in einem Schälchen und mir eine Waffel. Ich bekleckerte mich natürlich, und meine Mutter schüttelte den Kopf. Javad kam an jenem Abend erst spät nach Hause und berichtete, er sei in unserem kleinen Obstgarten am Rande Teherans gewesen und habe schließlich seine Zeit damit verbracht, die Arbeiter den weiten Weg zum Wahllokal des Ortes und wieder zurück zu befördern.

Ein spontaner Freudentaumel, wie man ihn auf Teherans Straßen über zwei Jahrzehnte lang nicht erlebt hatte, erfasste die Stadt, als das Radio berichtete, Khatami liege in Führung. Ich war auf der Straße, und von allen Seiten her liefen Menschen an mir vorbei, umarmten und beglückwünschten einander und hielten ein Schwätzchen. Vor der Bäckerei stand der Lehrling und verteilte Süßigkeiten an die Passanten.

Der Wahlsieg Mohammed Khatamis überraschte alle völlig, angefangen bei unseren Nachbarn bis hin zu den oberen Rängen des geistlichen Establishments. Als ehemaliger Kulturminister, der für seine trockene Gelehrsamkeit bekannt war, fehlten ihm all die üblichen Referenzen, die Geistlichen in der Islamischen Republik zur Macht verhalfen – eine tragende Rolle während der Revolution, enge Verbindungen zu mächtigen Ayatollahs. Abgesehen natürlich vom Turban auf seinem Kopf und seiner Loyalität gegenüber der Revolution, wich Khatami in fast jeder Hinsicht von dem ab, was wir von unseren Führern nach 1979 gewöhnt waren. Im Gegensatz zu deren zu Masken erstarrten Gesichtern war sein strahlendes Lächeln echt. Er trug elegante, feine Gewänder in schokoladenbraunen oder ockerfarbenen Tönen statt der unter Geistlichen üblichen zerknitterten, schmutzfarbenen Stoffe. Er hatte geputzte Ledermokassins statt der Ledersandalen oder der noch schrecklicheren Plastiklatschen, die nach der Revolution zum Markenzeichen geworden waren. Jahrelang flimmerten Fernsehbilder in unsere Wohnzimmer, die die Geistlichen in unordentlichen Gewändern, mit ungepflegten Bärten im Schneidersitz auf dem Boden sitzend bei ihren Versammlungen zeigten. Die Anziehungskraft der Kultiviertheit Khatamis bedeutete nicht, dass die Iraner nicht länger für eine populistische Politik empfänglich waren oder dass weniger Armut im Lande herrschte. Doch war ihnen im Verlauf der vergangenen zwanzig Jahre die Scheinheiligkeit der Geistlichen sauer aufgestoßen.

Denn sie wussten nur allzu gut, dass die Revolutionäre, die die Getreuen des Schahs aus ihren Ämtern und aus den Villen im bewaldeten Norden Teherans gejagt hatten, an deren Stelle getreten waren. Die großen Ölreserven, die dem Schah zu Reichtum verholfen hatten, boten den Anhängern des neuen Systems eine ähnliche Chance, sich selbst zu bereichern. Im Verlauf von zwei Jahrzehnten war aus den Reihen der Radikalen von 1979, die sich dem Volk angebiedert und damals verkündet hatten, der Islam werde alle wirtschaftlichen Probleme des Iran lösen, eine neue wohlhabende Revolutionärs-Elite hervorgegangen. Ihre großartigen Versprechen von Autos und Nahrungsmitteln, die umsonst sein würden, hatten sie natürlich nicht gehalten. Das reale Pro-Kopf-Einkommen sank nach der Revolution, und die Mehrheit der Iraner konnte sich nur mit zwei oder mehr Arbeitsstellen über Wasser halten. In der Zwischenzeit hatten sich die geistlichen Machthaber mitsamt ihren Familien in Luxusvillen auf den Anhöhen im Norden Teherans häuslich eingerichtet. Inmitten all der klapprigen und stotternden iranischen Paykans, die sich auf den Durchgangsstraßen Teherans drängten, wurden sie in teuren, ausländischen Autos chauffiert, die von ihrem Status als mächtiger Revolutionspolitiker zeugten.

Die Mehrzahl der Iraner missbilligte die um sich greifende Korruption, die dazu führte, dass man selbst die alltäglichsten Geschäfte kaum ohne Bestechung oder Beziehungen abwickeln konnte. Die Geistlichen und ihre Genossen flogen zwar nicht wie die Minister des Schahs zum Mittagessen nach Europa, aber dass sie die Staatsschatulle plünderten, entging niemandem. So war zum Beispiel der Verkäufer vom Teheraner Basar, der Ayatollah Khomeinis Auto nach dessen Rückkehr aus dem Exil chauffiert hatte, einer der reichsten Männer im Iran geworden. Namhafte Politiker waren dafür berüchtigt, dass sie ihre Verbindungen aus Regierungszeiten nutzten, um sich ein Monopol auf lukrative Import- und Exportgeschäfte zu sichern.

Trotz der überhand nehmenden Korruption hielt das Regime jedoch an der Revolutions-Ideologie fest und sah tatenlos zu, wie seine Legitimität immer weiter unterminiert wurde. Reklametafeln und Graffiti mit grimmig dreinblickenden Kriegsmärtyrern sowie Porträts revolutionärer Geistlicher waren allgegenwärtig in der Stadt, in der jede zweite Straße nach einem Märtyrer umbenannt worden war.

Die Graffiti schrien »Tod den USA« und machten sich den Märtyrerkult zu Eigen, der im Zuge des ersten Golfkriegs entstanden war. Viele verherrlichten die Unterstützung, die der Iran militanten Gruppen in fernen Ländern wie dem Libanon oder Palästina zukommen ließ. Oft waren die Kunstwerke makaber oder kitschig, so zum Beispiel die Freiheitsstatue mit einem Totenschädel oder das Porträt einer Mutter, die einen wie ein Selbstmordattentäter gekleideten Säugling im Arm hielt. Der Dogmatismus dieser Bilder durchsetzte das öffentliche Leben im Iran und gab der Entrüstung der Durchschnittsiraner Nahrung, die den Eindruck hatten, die Geistlichen würden mit jedem Tag reicher, während sie bei den Freitagsgebeten von den Kanzeln Opfer, Kampf und den revolutionären Islam predigten.

Vor diesem Hintergrund betrat Khatami die Bühne und verzauberte die Nation. Er verwendete nicht die abgedroschenen Phrasen von Feinden und ausländischen Verschwörungen, sondern beschwor in seinen Reden die Herrschaft des Rechts und der Demokratie. Vertraut mit Philosophen von Platon bis Alexis de

Tocqueville, zog er vor allem junge Menschen und Frauen in seinen Bann, wenn er auf respektvolle, aufrichtige Weise von ihrer Bedeutung für die iranische Gesellschaft sprach. Khatamis Anderssein nutzte jedoch ironischerweise dem System. Die Islamische Republik musste dringend ihre Glaubwürdigkeit in den Augen einer desillusionierten jüngeren Generation wieder herstellen. Mit seiner Anziehungskraft auf die Jugend und seiner tiefen Loyalität gegenüber dem islamischen System war Khatami der ideale Vertreter, um die iranische Gesellschaft zu liberalisieren, ohne das Regime zu schwächen.

Sein erdrutschartiger Sieg, überwältigende siebzig Prozent der Stimmen, lief auf ein unmissverständliches Mandat zum Wandel hinaus. Doch die unrealistischen Erwartungen, die am Wahltag allenthalben um mich herum zu spüren waren, beunruhigten mich. Die Menschen wollten nicht so sehr die Reform als vielmehr einen komplett neuen Iran, und das bitte in vier Jahren! Sie erwarteten, dass all die Gesetze, die Frauen diskriminierten, außer Kraft gesetzt würden. Sie erwarteten, dass die Korruption bekämpft würde. Sie stellten sich vor, dass die Gerichte über Nacht unabhängig würden. Sie glaubten, dass diejenigen, die in den letzten zwei Jahrzehnten ihre Verwandten hingerichtet hatten, dass diejenigen, die den Hinrichtungskommandos den Schießbefehl gegeben hatten, sich endlich vor Gericht würden verantworten müssen. Die Sehnsucht und die Erwartungshaltung waren so groß, dass mir angst und bange wurde.

Die Sehnsucht der Menschen hat ihren Sinn für Realität ausgeschaltet, dachte ich. Wissen sie nicht, welch eingeschränkte Machtbefugnisse unsere Verfassung dem Präsidenten gewährt? Ist ihnen nicht bewusst, aufgrund welch ausgeklügelten Gesetzeswerkes eine Hand voll nicht durch den Wähler legitimierter geistlicher Machthaber die Politik unterlaufen und ihre Inhalte bestimmen kann, sodass ein Präsident nahezu bedeutungslos wird? Khatami würde alle diese Erwartungen unmöglich erfüllen können. Unglücklicherweise sind die Iraner im Grunde ihres Herzens Heldenverehrer. Ob es sich nun um den Fürsten und Feldherrn Rostam aus unserem alten Heldenepos *Shahnameh* (Das Buch der Könige) oder um Imam Husain, den größten aller schiitischen Märtyrer, handelt, sie klammern sich an die Vorstellung, dass eine erhabene Ikone durch ihr Leben rauschen, ihre Feinde besiegen und ihre Welt zum Besseren verändern kann. Vielleicht glaubt man in anderen Kulturen auch an Helden, die Iraner aber tun es mit einer einzigartigen Inbrunst. Sie verlieben sich nicht nur in ihre Helden, sondern sind sogar in ihre Liebe zu ihnen verliebt. Sie glaubten, durch die Wahl Khatamis ihren Teil getan zu haben, lehnten sich in verträumter Bewunderung betäubt zurück und warteten darauf, dass er den Iran in das Paradies ihrer Fantasie verwandeln würde.

Während der Jahre 1998 und 1999 erlebte das Land eine Blütezeit der Meinungs- und Pressefreiheit, die einige Optimisten als Teheraner Frühling bezeichneten. Der Optimismus war möglicherweise nicht gänzlich unbegründet, denn die Praxis der Zensur reichte weit in die iranische Geschichte, ja selbst bis in die Modernisierungsära des Schahs, zurück. Nach der Revolution hatte die Islamische Republik die Medien so vollständig unter Kontrolle, dass die meisten meiner Freunde nicht einmal mehr Zeitungen kauften, sondern stattdessen BBC-Sendungen auf Persisch und die Radionachrichten von »Voice of America« hörten. Doch Khatami änderte all dies, indem er seinem Kulturministerium bei der Vergabe von Pressegenehmigungen für neue Publikationen freie

Hand ließ. So arbeiteten die Medien für kurze Zeit in einer Atmosphäre relativer Freiheit und Unabhängigkeit.

Die Zeitungen bereicherten unsere morgendliche Routine. Ich kaufte regelmäßig fünf oder sechs, ließ mich bei einer Tasse dampfenden Tees nieder und genoss das neue Ritual. Es war so befreiend, endlich eine landesweite Diskussion darüber führen zu können, wohin unser Land strebte. Die Zeitungen sorgten auch wieder für Lebendigkeit in unserem öffentlichen Leben. Die Menschen, die vor den Kiosken anstanden, im Taxi oder Bus saßen, sprachen über die Schlagzeilen. Das lähmende Gefühl, dass wir nur innerhalb unserer eigenen vier Wände offen sprechen konnten, dass die Straße verbotenes Terrain für unsere echten Gedanken und Meinungen war, ließ allmählich nach. Die meisten Iraner, vor allem die jungen, hofften, dass die unabhängige Presse ein Signal für Freiheiten in anderen Bereichen der iranischen Gesellschaft sein würde. Wenn die Zukunft plötzlich heller erschien, dann lag das daran, dass die Titelseiten mehr Liberalisierung verhießen.

Die Toleranz des machthabenden Establishments war nicht von Dauer. Eine liberalisierte Presse öffnete dem politischen Dissens Tür und Tor, und die Hardliner unter den Geistlichen fürchteten, dass Kritik der Anfang ihrer Entmachtung sein würde. Entschlossen, an ihrem Einfluss festzuhalten, gingen sie daran, ihre Kritiker zum Schweigen zu bringen. Am Morgen des 7. Juli 1999 verfügten die Richter aus der Hardliner-Fraktion die Einstellung der beliebten unabhängigen Zeitung »Salaam«. Die Zeitung und ihr Herausgeber wurden der Gefährdung der nationalen Sicherheit angeklagt, was nichts anderes bedeutete, als dass sie den Bogen überspannt hatten. Die Zeitung hatte Artikel veröffentlicht, in denen hochrangige Regierungsvertreter mit der Ermordung von Dutzenden von Dissidenten in Verbindung gebracht wurden, womit im Endeffekt der Staat dafür zur Rechenschaft gezogen wurde, dass er auf heimtückische Weise seine Gegner oder diejenigen umbrachte, die er als Störenfriede betrachtete. Als die Studenten der Stadt von der Einstellung der Zeitung erfuhren, versammelten sie sich zum Protest auf dem Campus der Universität Teheran.

An jenem Abend fielen rund vierhundert Paramilitärs in Zivil in einem Studentenwohnheim ein, flüsterten in Walkie-Talkies und schwangen ihre Schlagstöcke. Die Studenten gaben an, die Polizei hätte dabeigestanden und nicht eingegriffen. Die Paramilitärs traten Türen ein und bahnten sich gewaltsam den Weg durch die Flure. Sie packten Studentinnen an den Haaren und legten in den Zimmern Feuer. Sie schlugen mit Schlagstöcken zu und warfen Studenten von Balkonen im dritten Stock hinunter. Einige landeten auf dem Gehweg unter den Balkonen und brachen sich die Knochen. Einer blieb querschnittsgelähmt. Es müssen auch Schüsse gefallen sein, denn in den Krankenhäusern wurden Studenten mit Schusswunden behandelt. Zeugen sagten aus, dass mindestens ein Student getötet, dreihundert verletzt worden waren und tausende in den folgenden Tagen in Haft genommen wurden.

Meine Familie und ich waren an jenem Wochenende nicht in der Stadt und kehrten gegen Mitternacht zurück. Als wir zu einer großen Kreuzung in der Nähe der Universität kamen, sahen wir uns verwirrt um. Ganze Kolonnen von Polizeilastern rumpelten an uns vorbei auf eine Absperrung zu, die von Sicherheitskräften um das gesamte Universitätsgelände herum errichtet worden war. Die Nachrichten berichteten von Zusammenstößen an der Universität, aber das Gelände war komplett von der Polizei umstellt, sodass wir uns nicht näher heranwagten. In der Luft hing eine unheimliche Spannung, die Polizisten winkten uns vorbei, als passierten wir den Schauplatz eines Unglücks.

Am nächsten Tag fingen die Unruhen erst richtig an und weiteten sich auf Städte in der Provinz aus. Die wahren Ursprünge dessen, was dann geschah, sind im Iran noch immer umstritten. So viel war klar: Die fünf Tage anhaltenden Aufstände verwandelten Teheran in ein Schlachtfeld; es handelte sich unbestritten um die schlimmsten Massenerhebungen in der fünfundzwanzigjährigen Geschichte des Systems. Einige Szenen erinnerten direkt an die Massenproteste, die zu der Revolution von 1979 geführt hatten. Nach dem zweiten Tag entwickelten die Krawalle eine Eigendynamik, wurden zu einer destruktiven, gewalttätigen Randale, die eine geplünderte Innenstadt, ausgebrannte Busse und eingeschlagene Schaufensterscheiben hinterließ. Auf den Alleen und Plätzen der Stadt fanden ständig Straßenschlachten statt. Die Studenten bewarfen die Sicherheitskräfte mit Steinen und setzten Bilder des obersten geistlichen Führers in Brand. Die Zusammenstöße wurden von Tag zu Tag grausamer; Sicherheitsbeamte in Zivil feuerten Salven in die Luft, um die Studenten auseinander zu treiben, die Polizei setzte Tränengas ein und LKWs standen bereit, um hunderte Studenten zum Gefängnis zu transportieren. Polizeihubschrauber kreisten über der Teheraner Innenstadt und forderten die Studenten über Megaphon auf, sich zu zerstreuen. Betrachtet man die Bilder aus jener Zeit, meint man, eine Szene aus einem Bürgerkrieg vor sich zu haben, der in den Straßen Teherans geführt wurde. Man sieht Polizisten mit Kampfausrüstung in dichten Reihen hintereinander stehen, um inmitten von Rauch und Schutt gegen eine Schar junger Leute zu Felde zu ziehen, die ihre Fäuste erhoben hatte.

Im Laufe dieser wenigen Tage schien die Zeit langsamer zu verstreichen. Keiner wusste, was als Nächstes passieren würde: Würden Panzer durch die Straßen Teherans rollen? Würden Millionen Menschen sich den Protesten anschließen? Es war ein Gefühl, als hinge das Schicksal des Landes in der Schwebe.

Ich kam zu dem Schluss, dass dies die perfekte Gelegenheit sei, meinen Töchtern Anschauungsunterricht in Sachen Unruhen im Iran zu erteilen. Wie junge Leute überall auf der Welt lässt sich auch die iranische Jugend leicht durch den Sirenengesang des politischen Protests verführen. Wenn man jung ist, denkt man nicht darüber nach, was alles passieren kann, welche Folgen ein großer Protest haben kann. Man hat noch nicht genügend Erfahrung, um zu hinterfragen, ob der junge Mann, der neben einem steht und so mutig nach der Entmachtung des obersten geistlichen Führers schreit, nicht möglicherweise ein bezahlter Agent mit dem Auftrag ist, die Menge aufzuwiegeln. Man nimmt nur die leuchtenden Augen der Umstehenden wahr, fühlt, wie ihre Körper an den eigenen gepresst werden, wenn die protestierende Masse nach vorne drängt und man von dem seltenen, in Hochstimmung versetzenden Gefühl der eigenen Macht berauscht wird. Man ist nicht nur einer von vielen verdrossenen iranischen Jugendlichen, die über den Mangel an gesellschaftlichen Freiheiten jammern; man ist Bürger, Handelnder und in der Lage, seine Hauptstadt in ein Kriegsgebiet zu verwandeln.

Wie die meisten iranischen Eltern befürchtete ich, meine Töchter könnten dazu verleitet werden, sich kopfüber in das düstere Chaos der Proteste zu stürzen. Klagende und verängstigte Mütter hatten sich schon draußen vor dem Evin-Gefängnis versammelt und warteten auf Nachricht von ihren vermissten Kindern. Ich wollte mich ihnen nicht anschließen müssen. Meine größte Befürchtung war immer die, dass meine Töchter dazu benutzt würden, mich zu brechen. Wenn sie jemals unter irgendeinem Vorwand aufgegriffen würden – sei es, weil sie sich die Nägel lackiert oder sich zufällig in der Nähe einer Protestkundgebung aufgehalten hätten –, würden sie zweifellos weitaus roher behandelt werden als andere.

Nach dem Mittagessen bat ich Negar und Nargess ihren *roopoosh*, den nach islamischer Lehre korrekten Mantel, anzuziehen, und dann fuhren wir zur Universität Teheran. In den umliegenden Straßen herrschte eine unheimliche Ruhe, die Buchläden waren geschlossen, an jeder Ecke war Polizei postiert. Auf dem Campus versammelten sich die Menschen unter den Bäumen oder auf den Stufen vor den Hörsälen und führten hitzige Diskussionen. Gelegentlich kam ein Aktivist vorbei und schleppte Taschen mit Sodawasser und Essen für die Studenten herbei.

Als wir an der modernistischen Fassade eines Hörsaals vorbeigingen, begann eine der größeren Gruppen, provozierende Slogans zu skandieren. »Nun passt einmal auf«, sagte ich zu den Mädchen und führte sie langsam zu dieser Gruppe zurück. »Es spielt keine Rolle, ob das, was man ruft, wahr ist oder nicht, ob ihr daran glaubt oder nicht. Eure Entscheidung, mitzumachen, ist kein Maß dafür, wie sehr ihr euch für Gerechtigkeit oder Freiheit oder für welch erhabene Prinzipien auch immer engagiert. Manchmal sind radikale Parolen eine Falle. Sie werden von Unterwanderern gerufen, damit eine Gruppe von Studenten, die gegen das scharfe Durchgreifen bei der Presse protestiert, so hingestellt werden kann, als beabsichtige sie, das Regime zu stürzen. Manchmal sind sie jedoch überhaupt keine Falle, sondern Ausdruck der Frustration eines mutigen Menschen. Aber woher wollt ihr das wissen? Ihr dürft unter keinen Umständen zur bloßen Schachfigur werden oder deswegen in Schwierigkeiten geraten, weil ihr neugierig seid oder meint, zu Zeugen der Geschichte werden zu müssen.« Sie nickten ernst.

Und was tat Negar am nächsten Tag? Sie ging mit ihren Freundinnen zurück zum Campus und lungerte dort herum. Nach einer Weile kam es zu Kämpfen. Ich war zu Hause, als sie anrief.

»Maman, kannst du mich hören?«, fragte sie mit zittriger Stimme, als ich den Hörer abnahm.

»Wo in aller Welt bist du?«, explodierte ich. »Negar, *sind das Schüsse, was ich da im Hintergrund höre?*«

Sie und ihre Freundinnen waren vom Universitätsgelände geflüchtet und hatten in einem Haus auf der anderen Straßenseite Unterschlupf gefunden.

Sie gab mir die Nummer des Telefons, von dem aus sie angerufen hatte. Aber als ich nach einer halben Stunde zurückrief, hob niemand ab. Mir krampfte sich der Magen zusammen. Ich wäre gerne direkt dorthin gefahren und hätte sie abgeholt, aber auf den Straßen herrschte pures Chaos. Mein Bruder lebte in der Nähe, daher bat ich ihn, hinüberzugehen und sie zu holen.

»Es geht ihr gut«, berichtete er trocken. »Sie sind auf dem Dach, damit sie die Auseinandersetzungen besser sehen können.«

Gegen dreiundzwanzig Uhr, als es auf den Straßen wieder ruhiger geworden war, fuhr ich schließlich durch die unbeleuchtete Stadtmitte, vorbei an den ausgebrannten Polizeiwachen und an Geschäften mit zersplitterten Schaufenstern, um Negar abzuholen. Ich war entschlossen, ruhig zu bleiben, als sie ins Auto stieg. Ich schimpfte nicht mit ihr und sprach mit ruhiger Stimme.

»Negar *jan*«, sagte ich. »Ich habe euch gestern zur Universität mitgenommen, weil ich genau dies vermeiden wollte. Ich möchte dir ein paar Fragen stellen.«

Sie warf mir einen unschuldigen Blick zu.

»Wenn in dem Haus Männer gewesen wären, die über euch hergefallen wären, was hättest du getan? Wenn du festgenommen worden wärst und jetzt im Gefängnis säßest, statt hier im Auto, was hättest du getan? Wenn du angeschossen worden wärst, wo wärst du jetzt? Vergiss nie: Sollte man dich jemals festnehmen, wirst du weitaus schlechter behandelt als andere, denn du bist meine Tochter. Mich können sie nicht anrühren, aber dich. Mit dir werden sie mich einzuschüchtern versuchen. Es versteht sich von selbst, dass du immer vorsichtig sein musst. Also bitte, vergiss diesen letzten Punkt nie.«

Schweigend fuhren wir nach Hause, und als wir ankamen, war Javad gerade vom Sportzentrum zurückgekommen. Seine Haare waren noch nass. Als ich ihn ansah – er war so entspannt nach dem Schwimmen –, wurde mir plötzlich der wahre Unterschied zwischen einer Mutter und einem Vater klar.

Ich will damit nicht sagen, dass er die Kinder in irgendeiner Weise vernachlässigte. Aber als Mutter begleitete mich die Sorge um meine Kinder in jedem Augenblick meines Lebens. Ich wusste immer, in welcher Stimmung sie waren, welche Pläne sie für den nächsten Tag, die nächste Woche und den nächsten Sommer hatten. Es gab nicht einen Moment oder einen Aspekt in ihrem Leben, mit dem ich nicht vertraut gewesen wäre. Ihm hingegen entging so vieles. Und das war nicht nur bei Javad so. Er liebte unsere Töchter innig. Doch im Iran ist die Mutter die Stütze der Familie, die stets die Bedürfnisse und möglichen Gefahren voraussieht. Ich glaube, ich habe in meinem Leben kaum ein halbes Dutzend iranischer Männer getroffen, die ihren Frauen nicht die Verantwortung für Haus und Kinder aufgeladen hätten. Zusätzlich zu allem, was ich sonst noch zu tun hatte, musste ich meine Töchter die Feinheiten der Politik und das Verhalten in einer instabilen Gesellschaft lehren.

Gemäß der *velayat-e faqih*, der von Aytollah Khomeini aufgestellten Doktrin des göttlichen Rechts der Geistlichen, zu regieren, ist der Oberste Religionsführer die letzte Entscheidungsinstanz. Ayatollah Khomeinis Nachfolger, der oberste geistliche Führer

Ayatollah Ali Khamenei, ist im Iran der wahre Machthaber. Er ist der Oberste Befehlshaber der Armee, besetzt Ämter in einflussreichen staatlichen Institutionen, vom Gerichtswesen bis zu den staatlichen Medien und vor allem dem Wächterrat, einem Gremium, das sowohl neue Gesetze als auch Wahlen überprüft. In diesem System sind Teile der Regierung wie das Parlament und die Exekutive bloße Anhängsel. Wenn sie mit Personen besetzt sind, deren Politik die des obersten geistlichen Führers ergänzt, wird ihnen zugestanden, Gesetze zu erlassen und ihr politisches Programm umzusetzen. Wenn das Volk einen Präsidenten oder Parlamentarier wählt, dessen Politik dem (nicht gewählten) obersten geistlichen Führer nicht genehm ist, werden sie effektiv ausgeschaltet. Ihre Reformen und Gesetze werden irgendwo im Labyrinth der Institutionen der Islamischen Republik blockiert.

Am sechsten Tag der Unruhen wandte sich Präsident Khatami gegen die Aufständischen. Er beschuldigte sie, »die Fundamente des Regimes anzugreifen und Spannungen und Unruhen zu provozieren«. Er drohte, man werde gegen sie »mit Macht und Nachdruck vorgehen«. Khatamis Reaktion verblüffte die studentischen Aktivisten, die geglaubt hatten, der gemäßigte Präsident stünde auf ihrer Seite. Viele der Studenten waren sich sogar sicher, dass die Hardliner des Regimes Provokateure in die Menschenmenge geschickt hatten, damit sie aufpeitschende Slogans anstimmten. Als dann die Massen begannen, in Sprechchören dem obersten geistlichen Führer den Tod zu wünschen, griffen die Sicherheitskräfte hart durch, und die Proteste wurden gewalttätig. Auch die Reformer waren davon überzeugt, dass der Wechsel vom Protest zum Aufstand durch Aufwiegelung zustande gekommen war. Wenn Studentenproteste als natürlicher Vorbote von gewaltsamen Massenprotesten und einem Zusammenbruch der gesellschaftlichen Ordnung betrachtet würden, dann würde sich die

Reformbewegung nur ungern eines ihrer wichtigsten politischen Instrumente bedienen: der Fähigkeit, junge Menschen hinaus auf die Straße zu locken.

Später sagte Präsident Khatami, das ganze Debakel – vom Angriff auf das Studentenwohnheim bis hin zu den auf gefährliche und mysteriöse Weise eskalierenden Unruhen – sei der Preis, den er dafür bezahlt habe, dass er den Staat für die Serienmorde verantwortlich gemacht habe. Nach jenem Sommer hatte ich den Eindruck, dass der Präsident übertrieben sensibel wurde und befürchtete, dass ein Austesten der Grenzen wiederum provozierte Unruhen und deren gewaltsame Unterdrückung nach sich ziehen könnte. Präsident Khatami war schließlich Bibliothekar und Kulturminister gewesen. In jenem Sommer wurde er Zeuge, wie Studenten unter seiner Regierungsverantwortung getötet wurden. Danach legte er den Schwerpunkt nicht länger auf die Veränderung des Iran, sondern darauf, solche Vorkommnisse zu vermeiden.

Für mich und all jene, die geglaubt hatten, die Untersuchung der Serienmorde könnte ein neues Zeitalter der staatlichen Verantwortlichkeit ankündigen, hielt jener Sommer nur tiefe Enttäuschungen bereit. Mächtige, im Hintergrund agierende Hardliner der Islamischen Republik schienen nicht geneigt, ihre Schlacht im Rahmen eines politischen Prozesses zu schlagen. Wie eh und je schien ihnen die öffentliche Meinung der Iraner und der gesamten Welt gleichgültig zu sein. Die nahe Zukunft sah plötzlich düsterer aus. Für die Reformer und den Präsidenten, die die stahlharte Faust ihrer Gegner von der Hardlinerfraktion zu spüren bekamen und erkannten, auf welch brutale Weise tatsächliche politische Veränderungen torpediert würden, war es an der Zeit, Bilanz zu ziehen. Wie stand es um ihre anderen Träume? Zum Beispiel die Statuten der Verfassung dahingehend zu ändern, dass die gewählte Regierung mehr Macht erhielt? Denn dies waren die grundlegenden und strukturellen Veränderungen, die den Reformern vorschwebten und die ihrer Meinung nach notwendig waren, um im Iran von innen heraus mehr Demokratie zu ermöglichen. Jener Sommer war ein Wendepunkt für die bunte Mischung aus religiösen Nationalisten, Säkularisten, ehemaligen Systemtreuen und Intellektuellen, die, etwas ungenau, als Reformbewegung bekannt war. Wie schon seit Urzeiten bei politischen Gruppierungen im Iran üblich, bildeten sich Splittergruppen, die dann in weitere Gruppen zerfielen. Man konnte sich nicht mehr auf eine gemeinsame Taktik, geschweige denn auf eine Strategie einigen: Ruft zu einer Volksabstimmung auf! Greift in der Presse die Führung an! Hebt die Hände hoch und tretet für die Säkularisierung ein! Bewegt euch langsam! Beeilt euch!

Im Gefängnis aus Gewissensgründen

Oft ist es ein ganz bestimmtes Bild, das uns von umwälzenden Ereignissen in Erinnerung bleibt: das Foto des einsamen chinesischen Studenten, der sich auf dem Platz des Himmlischen Friedens den Panzern entgegenstellt; Boris Jelzin auf einem russischen Panzer. Im Fall der Studentenunruhen von 1999 war es das Bild des 23-jährigen Ahmad Batebi, eines gut aussehenden jungen Mannes mit langen dunkelbraunen Locken und einer schwarzen Armbinde, der das blutverschmierte weiße Hemd eines Freundes hochhielt. Batebi wurde zum Tode verurteilt, sein Freund, dessen Hemd er in der Hand hielt, war bereits tot. Er gehörte zu den vielen Ermordeten, deren genaue Anzahl nie festgestellt wurde, und sein Name war Ezzat Ebrahimnezhad.

Im Spätsommer 1999, nachdem die Aufstände niedergeschlagen worden waren und das Leben wieder seinen so genannten normalen Gang nahm, las ich eines Morgens in der Zeitung, dass Ezzats Vater bereit war, sein kleines Haus in der Provinz zu verkaufen und einen Anwalt zu engagieren, um die Mörder seines Sohnes vor Gericht zu bringen. Die Verzweiflung des alten Mannes ging mir so zu Herzen, dass ich ihn ausfindig machte und ihm kostenlos meine Dienste anbot. Einige Tage später erschien Ezzats Schwester in einen schwarzen Tschador gehüllt an meiner Tür. Mit einem tiefen Seufzer der Erleichterung ließ sie sich auf einem Stuhl nieder.

»Ich bin so froh«, sagte sie, »dass Sie eine Frau sind. Dann kann ich nämlich aus meinem Dorf zu ihnen kommen, ohne dass die Leute sich das Maul zerreißen.« Sie sei eine Kriegswitwe, erklärte sie, und man würde bereits über sie tuscheln, weil sie sich an der Universität eingeschrieben habe. Sie könne keine weiteren Probleme gebrauchen.

Eine Woche später kam sie mit ihrem Vater zu mir, einem gramgebeugten alten Mann, der einen Gedichtband seines Sohnes in der Hand hielt.

»Ich wusste nicht, dass Ezzat Dichter war«, sagte ich.

»O doch«, erwiderte er und blätterte mit rauen Fingern die Seiten um. »Lesen Sie dieses.«

Das Gedicht war wunderschön, und es enthielt eine Zeile, in der Ezzat davon sprach, dass er mit einundzwanzig sterben werde. Was die Familie mir dann von Ezzat und seinem tragischen Tod erzählte, war mehr, als ich ertragen konnte. Der talentierte, hart arbeitende und ehrgeizige Ezzat gehörte zu jener Sorte junger Männer, die der Iran normalerweise in einem Jahr für Jahr zunehmenden Brain Drain an den Westen verlor. Ezzat war geblieben, hatte ausgeharrt und war trotz all der Schwierigkeiten, gegen die junge Leute in diesem Land ankämpften mussten, erfolgreich gewesen. In meinen Augen verkörperte Ezzat das, was mich auf die jungen Leute des Iran stolz machte – dass sie sich von dem Mangel an sozialer Ordnung nicht unterkriegen ließen, Kreativität den Dogmen entgegenhielten. Und nun war er tot, dieser anmutige junge Dichter mit den düsteren Versen und der beunruhigenden Vorahnung. Ich weine nicht häufig. Aber an diesem Tag zog ich mich ins Badezimmer zurück und weinte, bis mir die Augen brannten.

Einige Tage später begann vor dem Militärgericht der Prozess gegen den Teheraner Polizeichef und die Beamten, die bei den

Unruhen dabei gewesen waren und der Angriffe auf die Studenten beschuldigt wurden. Der in Zivil erschienene Polizeichef schwitzte fürchterlich, als er sich im Zeugenstand befand, rühmte sich seiner Kriegsverdienste und klagte, dass er wieder Probleme mit seiner Milz habe. Am Ende des überaus zähen Prozesses wurden alle Angeklagten freigesprochen. Nur ein Beamter wurde angeklagt. Und wofür? Weil er einen elektrischen Rasierapparat aus einem Schlafsaal gestohlen hatte. Das Urteil wurde unter den Studenten zu einem Running Gag, ein tragikomischer Höhepunkt, der allenfalls noch dadurch überboten wurde, dass Saeed Emami, der Leiters des Todeskommandos, mit einem Haarentfernungsmittel Selbstmord verübt haben sollte: auch so eine mutwillige Aufhebung der Gerechtigkeit.

Während der kommenden Wochen verfolgte ich Ezzats Fall, der getrennt verhandelt wurde. Je mehr Einzelheiten ich erfuhr und je mehr Spuren ich nachging, desto verwirrter wurde ich: Eines Nachmittags etwa waren Ezzats Verwandte, nachdem sie sein Grab besucht hatten, völlig verzweifelt in mein Büro gekommen. Sie hatten einige Tage zuvor einen Kranz auf Ezzats Grab gelegt, als hinter den Grabsteinen ein paar Männer aufgetaucht waren, sie verflucht und mit Steinen beworfen hatten. Erschreckt waren Ezzats Verwandte davongeeilt. Als sie heute wieder zu seinem Grab gingen, um in Ruhe Gebete für ihn zu sprechen, tauchten diese Männer wie aus dem Nichts wieder auf, beschimpften sie wüst und bewarfen sie mit Kies und Dreck. Ezzats Schwester berichtete, man habe ihr den Zutritt zu zwei Regierungsbüros verweigert. Außerdem kursiere in ihrem Dorf das Gerücht, sie seien Anti-Revolutionäre, »und das, obwohl ich eine Kriegswitwe bin«, schluchzte sie.

An einem anderen Tag hatten mich ein Student und eine junge Reporterin in meinem Büro aufgesucht. Ich schöpfte kurzzeitig Hoffnung. Denn der Student hatte in der Nähe von Ezzat gestanden, als dieser angeschossen worden war, und geholfen, ihn ins Krankenhaus zu bringen, wo er wenige Stunden später starb. Die Frau hatte ebenfalls beobachtet, wie man ihn mit Kugeln durchlöchert hatte. Erleichtert, endlich etwas Konkretes in der Hand zu haben, fügte ich ihre Berichte schnell meinen Akten hinzu. Nachdem die beiden jedoch vor Gericht ausgesagt hatten, änderte dieses sofort seinen Kurs. Das Militärgericht verkündete, es sei für diesen Fall nicht zuständig, und übergab ihn dem Büro des Staatsanwaltes, das sich ebenfalls für nicht zuständig erklärte. Das Rechtssystem schob den Fall hin und her, bis er schließlich an den Obersten Gerichtshof verwiesen wurde, der entscheiden sollte, welcher Abteilung die Rechtsprechung denn eigentlich oblag.

Mir wurde klar, dass Ezzats Fall weiter hin und her geschoben würde, falls es mir nicht gelang, Spuren von denjenigen zu finden, die die Studenten angegriffen hatten. Zeugen sowohl der Polizei als auch der Studenten sagten aus, bei den geheimnisvollen Tätern während der Studentenproteste habe es sich um *lebas-shakhsis*, Polizisten in Zivil, gehandelt. Der Begriff bezeichnet die paramilitärischen Truppen in Zivil, die stummen Handlanger der von Hardlinern beherrschten Machtzentren des Iran. Sie haben die Aufgabe, Unruhen niederzuschlagen, im öffentlichen Bereich Terror zu verbreiten und brutalere Strategien zu verfolgen, die die normale Polizei und die Sicherheitskräfte lieber meiden. Man erkennt sie, wenn sie zu Razzien ausgeschickt werden, an ihrem stämmigen Körperbau und ihrer unangenehmen Wachsamkeit. Es ist unklar, wer sie befehligt oder ihre Söldnertaktik finanziert. Man könnte sie mit einer örtlichen Mafia vergleichen, die ein bestimmtes Stadtviertel terrorisiert, den Ladenbesitzern Drohungen ins Ohr flüstert und Gewalt inszeniert, um den Menschen Angst und ein Gefühl der Unsicherheit einzuflößen. So wie man einen Film-Mafioso schon von weitem erkennen kann, erkannte auch jeder sofort die *lebas-shakhsis*, auch wenn niemand genau wusste, wer sie waren. Wie soll man Paramilitärs verfolgen, die in den dunklen Gassen der Stadt verschwinden, nachdem sie ihre Motorräder auf Touren gebracht und Knüppel über dem Kopf geschwungen haben? Sie operierten mit dem stillschweigenden Einverständnis des Systems, das es ablehnte, sie in ihre Schranken zu weisen. Aber wie sollte man sie zur Rechenschaft ziehen, wenn sie eigentlich gar nicht existierten? Es war, als versuche man, einen Ghul zu verfolgen.

Im März 2000 tauchte eines Morgens ein junger Mann namens Amir Farshad Ebrahimi in meinem Büro auf und behauptete, ein *lebas-shakhsis*-Abtrünniger zu sein. Er sagte, er habe Informationen aus erster Hand über seine Kameraden, die den Angriff auf das Studentenwohnheim verübt hätten. Er sagte, dass er einer der gewalttätigsten paramilitärischen Gruppen angehöre, der Ansare Hisbollah (die mit der militanten libanesischen Gruppe ähnlichen Namens nichts zu tun hat), und dass der Leiter der Gruppe ihn wegen seines Versuchs, die Einheit zu verlassen, ins Gefängnis geworfen habe. War das nicht zu gut, um wahr zu sein? »Einzelheiten bitte«, sagte ich vorsichtig.

Nachdem er erst einmal losgelegt hatte, hörte Amir Farshad gar nicht mehr auf. Er selbst, sagte er, habe Geld und Material für die Angriffe besorgt, und er könne die Beteiligung anderer beweisen. In seiner aktiven Zeit war er auch an gewaltsamen Angriffen auf zwei Reformminister beteiligt gewesen. Wenn es stimmte, was er sagte, dann war Amir Farshad der ideale Zeuge, nicht nur für Ezzats Fall, sondern auch im Zusammenhang mit vielen undurchsichtigen Angriffen, die man aus Mangel an Beweisen nicht weiter verfolgt hatte. »Jetzt, wo ich raus will«, sagte er, »versuchen sie, mir etwas anzuhängen.« Es sei, als gehöre man einer Gang an, erklärte er. Man konnte nicht einfach aussteigen. Durch die Mitwisserschaft wurde man zur Belastung für die Gang. Sie hatten ihn für sieben Monate ins Gefängnis gesteckt, erzählte er mir, und ihn gefoltert. Einmal hatten sie ihn in einen kleinen Wandschrank von der Größe eines Sargs gesperrt und ihn 24 Stunden darin gelassen.

»Amir Farshad«, sagte ich, »Sie müssen mit dem, was Sie wissen, an die Öffentlichkeit gehen. Das ist sicherer für Sie. Ihre Geheimnisse sind gefährlich für Sie, solange sie Geheimnisse bleiben. Sobald sie jedoch an die Öffentlichkeit gelangt sind, ist es vorbei.« Er stimmte mir zu, und wir vereinbarten, seine Zeugenaussage auf Video aufzunehmen. Ich besprach alle Einzelheiten mit ihm persönlich, denn ich wusste, dass meine Telefone abgehört wurden. Und ich bat zwei Personen, als Zeugen dazuzukommen, damit man mir später nicht vorwerfen konnte, ich hätte Amir Farshad zu seinen Enthüllungen verleitet oder gezwungen. An dem Tag, an dem wir unseren Termin hatten, öffnete ich Amir Farshad und seiner Schwester die Tür und starrte sie verwirrt an. Vielleicht war Amir Farshad ja ein Verräter, aber er war dennoch fromm genug gewesen, Mitglied einer paramilitärischen Gruppe zu werden, die in ihrer radikalen Interpretation des Islam den Taliban glich. Da würde man doch erwarten, dass seine Schwester den schwarzen Tschador trug oder sich zumindest konservativ kleidete. Doch sie trug Make-up und reichte mir geziert eine Hand mit lackierten Nägeln. Seltsam, dachte ich.

Wir gingen in den Raum, in dem die Zeugen warteten. Dort entfernte ich alles, was verraten würde, dass dieser Ort mein Büro war, und begann dann, Amir Farshads Zeugenaussage zu filmen. Als wir fertig waren, bat mich eine der Zeuginnen, eine Wissenschaftlerin, die einer amerikanischen Menschenrechtsorganisation angehörte, in einen Nebenraum.

»Shirin«, sagte sie eindringlich. »Das ist eine Falle. Wenn Amir Farshad wirklich eine Zeugenaussage machen will, warum hat er sich dann nicht an die Regierung gewandt? Schließlich wird die Regierung derzeit von Reformern kontrolliert, die verständnisvoll sein würden. Wieso ist er zu dir gekommen? Für dieses Video könnte man dich festnehmen. Sie könnten dir vorwerfen, Informationen zu fälschen, die die Islamische Republik in Misskredit bringen.«

»Ich tue nichts Ungesetzliches«, antwortete ich. »Ich bin eine Anwältin, die Beweise für ihren Fall sammelt.«

Ihre Warnung machte mich jedoch nachdenklich. Und um ehrlich zu sein, ich war beunruhigt. Es war besser, so beschloss ich, wenn nicht ich das Videoband aufbewahrte. Am nächsten Tag fuhr ich zum Büro des stellvertretenden Innenministers und ließ das Band dort. Selbst wenn es sich um eine Falle handelte, so dachte ich, war das Videoband zumindest nicht länger in meinem Besitz.

Einige Tage später tauchten in den Zeitungen Artikel über ein Videoband auf, das in Teheran und im Ausland kursierte. Darauf, so hieß es, decke ein junger Mann die Aktivitäten der berüchtigten Ansar-e Hisbollah auf. Die Artikel beunruhigten mich, vor allem als sie auch in der Hardliner-Presse erschienen, die andeutete, für diese Sache seien zwei Anwälte verantwortlich. Man veröffentlichte auch ein Interview mit Amir Farshads Mutter, die behauptete, ihr Sohn sei labil und so lange bearbeitet worden, bis er diese Enthüllungen gemacht habe. Amir Farshad selbst war inzwischen von der Bildfläche verschwunden. Sein Vater sagte, man habe in ihrem Haus eine Razzia durchgeführt und hätte ihn mitgenommen. »Ich bin genau in die Hände derer geraten, vor denen ich weggelaufen bin«, hatte Amir Farshad seinem Vater zugeflüstert, als sie ihn zu einem wartenden Wagen schleiften.

Die folgenden Tage waren spannungsgeladen und qualvoll. Die Situation geriet außer Kontrolle. Tagtäglich griffen die Hardliner-Zeitungen diejenigen an, die die Revolution mit diesen erfundenen Enthüllungen befleckten. Ein Prozess wurde angestrengt, und ich wurde zum Verhör vorgeladen. Meine Unruhe wuchs mit jedem Tag, denn ich war überzeugt davon, dass es sich tatsächlich um eine Falle gehandelt hatte und dass ich schließlich im Gefängnis landen würde.

Am Abend nach meinem zweiten Verhör kamen einige Freunde und Verwandte zu Besuch, um meinen Geburtstag zu feiern. Ich lächelte den ganzen Abend verkniffen, reichte Schokoladenkuchen herum und tat so, als sei alles in Ordnung. Doch meine Gedanken schweiften immer wieder ab. Ich dachte an das Gefängnis und vor allem daran, wie meine Familie damit fertig werden würde. Nachdem ich mich an diesem Abend bettfertig gemacht hatte, setzte ich mich an meinen Schreibtisch und verfasste einen Brief an meine Familie:

Meine Lieben,
wenn ihr dies lest, werde ich bereits im Gefängnis sein. Ich versichere euch,
dass es mir gut gehen wird. Man wird mich unversehrt wieder freilassen,
denn ich habe nichts falsch gemacht. Könnt ihr bitte etwas für mich
tun? Ich möchte, dass ihr euch einen Moment lang vorstellt, ich hätte einen
Herzinfarkt gehabt und wäre auf dem schnellsten Weg ins Krankenhaus

gebracht worden. Wäre das nicht schrecklich? Es wäre viel, viel schlimmer als meine Festnahme. Versucht also, die Dinge sachlich und nüchtern zu sehen.

Ghorban-e hamegi, in Liebe
Shirin

Ich gab Javad den Brief, der nur wenig von all dem wusste, was passiert war. Er überflog ihn und warf mir dann einen fragenden Blick zu. »Shirin *jan*«, bat er, »kannst du mir bitte erklären, was los ist?«

Ich versuchte, die Geschichte zu erzählen, ohne niedergeschlagen zu klingen. »Und du«, sagte ich schließlich, »kannst dies der Familie als Trost vorlesen.«

Ich neige dazu, viele meiner Sätze mit der persischen Entsprechung für »so oder so« zu beginnen, einer Redewendung, die man auch mit »glücklicherweise oder unglücklicherweise« übersetzen könnte. Nicht dass ich gerne leere Worthülsen verwende, doch so vieles von dem, was man in der Islamischen Republik erlebt, macht ratlos und unfähig, objektiv zu sein. Es ist, als würde man die Realität ständig durch einen Zerrspiegel betrachten. Das, was einem groß oder breit erscheint, wird so relativ, dass man völlig auf objektive Kategorien verzichtet: groß oder breit? Glück oder Unglück? Wer weiß das schon.

Glücklicherweise oder unglücklicherweise wird man also, wenn man in der Islamischen Republik verhaftet werden soll, vorher in der Hardliner-Presse gewarnt. Als würde man eine bestimmte Seite aufblättern, um die Wettervorhersage für die Woche zu lesen oder in der beliebten Tageszeitung »Hamshahri«

die Kleinanzeigen studieren, verraten einem die Titelseiten von zwei oder drei Hardliner-Zeitungen, wer als Nächster verhaftet werden wird. Wenn die Schlagzeilen eher unauffällig sind und nur ab und zu erscheinen, dauert es noch zwei oder drei Wochen, bis sie einem die Handschellen anlegen. Wenn die Verleumdungen jeden Tag auf der Titelseite prangen, wenn die Wut nur so aus den Überschriften springt, dann weiß man, dass man seine Reisetasche packen sollte.

Glücklicherweise oder unglücklicherweise sind die Hardliner geschickt im Umgang mit den Medien. Sie verschicken ihre so genannten Pressemitteilungen vorzeitig, um sicherzustellen, dass westliche Medien trotz Zeitverschiebung die Nachrichten rechtzeitig bekommen. Sie vergessen dann jedoch, deren Veröffentlichung bis zur tatsächlichen Festnahme zu verhindern, und so kommt es zu solchen Anrufen, wie ich ihn an einem frühen Junimorgen erhielt.

»Hallo?«, sagte ich.

»Hallo?«, wiederholte der Anrufer. »Mit wem spreche ich?«

»Mit Shirin Ebadi.«

»Mrs. Ebadi! Ich bin so froh, Ihre Stimme zu hören! Wir haben vor kurzem ein Telex bekommen, in dem es hieß, Sie seien verhaftet worden.«

»Wirklich? Was Sie nicht sagen.«

An jenem Tag, dem 28. Juni 2000, klingelte das Telefon ununterbrochen. Stundenlang wiederholte ich Journalisten gegenüber, dass ich nicht im Gefängnis war. Dennoch. Sogar meine Schwester rief an, nachdem sie die Kurznachrichten auf einem europäischen, persischsprachigen Radiosender gehört hatte.

»Es ist alles ein Fehler«, versicherte ich ihr.

Um 17 Uhr kam schließlich der Anruf, auf den ich gewartet hatte: »Bitte melden Sie sich in Abteilung 16 des Teheraner Gerichts«, sagte der Anrufer. Die Zeit war gekommen. Man würde mich ins Evin bringen.

Während ich mich noch einmal rasch in unserer Wohnung umsah und prüfte, ob ich meine Blutdruckmedikamente und eine zusätzliche Zahnbürste eingepackt hatte, redete ich mir ein, dass ich bald zurück sein würde. »Euer Vater und ich haben heute Abend eine Versammlung«, rief ich den Mädchen zu, die im Wohnzimmer fernsahen. »Bestellt euch eine Pizza zum Abendessen.« Ich hoffte, dass Javad nicht zu lange im Ministerium bleiben würde, in dem ich mich zuerst melden sollte, damit sich unsere Töchter keine Sorgen machen mussten.

Die Sitzung mit dem Richter dauerte nicht länger als zwanzig Minuten. Er versprach, meinen Mann, der, wie ich annahm, draußen wartete, davon zu unterrichten, dass man mich ins Gefängnis gebracht hatte. Die Wachen führten mich durch eine Hintertür zu einem Parkplatz, den ich noch nie gesehen hatte. Es war ziemlich spät, nach zehn, und das Neonlicht der Straßenlaterne tauchte den Parkplatz in ein seltsames orangefarbenes Glühen. Der Verkehr hatte um diese Zeit nachgelassen, sodass die Fahrt über die Schnellstraße nicht lange dauerte, vorbei an den spiralförmigen Zwillingsminaretten der neuen Gebetsstätte und dem kunstvollen, in Leuchtbuchstaben an einen nahegelegenen Hang geschriebenen »Ya Husain«. Der Fahrer hielt unterwegs an einem Kiosk an und kaufte mir ein Sodawasser. Ich hatte einen vollkommen trockenen Mund.

Schließlich erreichten wir das Evin. Evin, durch dessen Eisentore fast jeder politische Gefangene des letzten halben Jahrhunderts geschritten ist. Evin, in dem mein Schwager Fuad die letzten Jahre seiner Jugend verbrachte. Meine Gedanken schweiften zurück in frühere Zeiten, zu der bedrohlichen Gegenwart dieses Gefängnisses in unserem Leben. Ich war völlig unvorbereitet auf die erste Frage, die man mir bei meiner Ankunft stellte: »Sind Sie hier wegen eines moralischen Vergehens?«

Frauen, die nach Einbruch der Dunkelheit festgenommen und ins Evin gebracht werden, sind normalerweise Prostituierte. Nach der ersten Schrecksekunde wurde mir deshalb klar, dass der Gefängniswärter annahm, dies könne auch bei mir der Fall sein.

»Nein! Wovon reden Sie? Mein Vergehen ist politischer Natur!«

Die Sache erinnerte mich an einen Witz, den wir immer erzählten und dessen Pointe lautete: »Mein Verbrechen ist politischer Natur.« Ich begann zu lachen, was den Gefängnisbeamten sehr erzürnte. »Warum lachen Sie?«, fragte er wütend. »Mein Verbrechen ist politischer Natur«, wiederholte ich immer wieder, und mein Lachen grenzte fast an Hysterie. Er wartete darauf, dass ich mich beruhigte, und wandte dann angewidert den Blick ab, als er merkte, dass es mir nicht gelang.

»Schreibt irgendwas auf und bringt sie weg.«

Eine Wärterin führte mich einen langen Flur entlang zu dem, was sie als ihre »beste Zelle« bezeichnete. Eine meiner Freundinnen, ebenfalls Anwältin, war wenige Wochen zuvor inhaftiert worden und hatte gewitzelt, dass sie darum gebeten habe, dass man ihre Zelle, die »beste«, für mich reserviere. Und nun war ich hier. Die beste Zelle war völlig verdreckt, und es gab kein fließendes Wasser. Die Ränder der Metalltoilette in der Ecke waren schmutzig und rostig. »Gibt es noch eine bessere?«, fragte ich vorsichtig. Die Wärterin ließ mich einen Blick in drei andere Zellen werfen, und ich stellte mit grimmiger Miene fest, dass meine tatsächlich das kleinere Übel war. Da ich noch nicht den Mut aufbrachte, in meine Zelle zurückzukehren, hockte ich mich im Flur hin. Ein paar der Insassinnen, die sich in diesem Trakt befanden, kamen auf dem Weg zum Geschirrspülen an mir vorbei.

»Warum bist du hier?«, fragten sie. Die Presse hatte den Fall von Amir Farshad »den Fall der Videomacher« getauft, deswegen flüsterte ich nur, ohne den Kopf zu heben: »Die Videomacher.«

»Wirklich? Wie hieß der Titel?«, fragte eine von ihnen. »Wie viel hat man dir gezahlt?«

»War der Regisseur nett?«, wollte eine andere wissen.

Ach du meine Güte, dachte ich. Sie denken, ich bin hier, weil ich einen Pornofilm gemacht habe. Ich senkte wieder den Kopf und versuchte, ihre lauten Stimmen auszublenden.

Kurze Zeit später kam der Gefängnisarzt, um meinen Blutdruck zu messen. Als er wieder ging und die Zellentür hinter sich zuschlug, starrte ich die narbigen, fleckigen Wände an und spürte, dass die Angst, die mich in den vergangenen Wochen geplagt hatte, langsam nachließ. Es gab niemanden und nichts, zu dem ich Zuflucht nehmen konnte, wurde mir klar, außer Gott. »Ich habe alles in meiner Macht Stehende getan«, flüsterte ich, »jetzt bist du an der Reihe.« Dann funktionierte ich meine Tasche zum Kopfkissen um, zog den Tschador über mich und schlief ein.

Das Klirren des metallenen Frühstückstabletts weckte mich. Ein Stück Brot, ein kleines Stück salziger Käse und ein bisschen Tee. Eine Wärterin, die mich zur Anmeldung bringen sollte, klopfte an meine Tür. Sie warf mir einen blauen Gefängnis-Tschador hin, auf dem ironischerweise Justitias Waage abgebildet war, und befahl mir, ihr zu folgen. Unten im Verwaltungsbüro nahmen sie meine Fingerabdrücke, hängten mir ein Schild mit einer Nummer um den Hals und machten Kopfbilder. Einer der Wärter fragte mich: »Na, was spielst du denn?« Wenn im Iran jemand verhaftet wird, wird auch seine Wohnung nach Beweisen durchsucht. Da einige Ayatollahs Musikinstrumente für unmoralisch halten, ging ich davon aus, dass sie das Klavier meiner Töchter oder die Sitar meines Mannes gefunden hatten und versuchten, der Liste meiner Vergehen das Spielen von Musikinstrumenten hinzuzufügen. »Ich spiele kein Instrument«, antwortete ich.

»Hör auf, uns zum Narren zu halten«, schnauzte der Wärter mich an. »Wir haben schon genug von den Spielchen, die du gestern Abend mit uns getrieben hast. Ich frage dich noch mal: Was spielst du?«

»Das Klavier gehört meinen Töchtern«, sagte ich. »Nicht jeder ist musikalisch.«

Die Wärterin, die mich nach unten gebracht hatte, begriff, dass es sich um ein Missverständnis handelte, und erklärte ihrem Kollegen mit einem leisen Lächeln, dass man mich in Zusammenhang mit dem Amir-Farshad-Fall festgenommen hatte.

Endlich ging mir ein Licht auf. Der Wärter hatte gedacht, ich sei drogenabhängig! Im Persischen benutzt man für Drogen nehmen und ein Musikinstrument spielen das gleiche Verb. »Was spielst du?«, bedeutet auch »Was nimmst du?«. Er hatte angenommen, ich sei letzte Nacht high gewesen, weil ich so hysterisch gelacht hatte. Prostituierte, Pornostar, Drogenabhängige. Konnte sich niemand in diesem Gefängnis vorstellen, dass eine Frau eine Gefangene aus Gewissensgründen sein konnte?

Nach der Anmeldung wurde ich in eine neue Zelle gebracht. Es war keine Verbesserung, doch zumindest waren die Wärterinnen freundlicher. Mir fiel auf, dass sie mich bevorzugt behandelten. Sie schöpften das Essen für die anderen Insassinnen aus einem riesigen Topf, reichten mir jedoch ein Tablett mit *chelokabab*. Stundenlang starrte ich an die Decke, dann auf den Fußboden und spürte schließlich, wie ich vor Langeweile zu schielen begann. Deswegen guckte ich zur Abwechslung durch das kleine

Loch in der Tür. Eine der Gefangenen hatte ein Kind dabei, das im Flur spielte und die Wärterinnen unterhielt.

Die Wärterinnen hatten, wie sich herausstellte, alle einen Collegeabschluss und in Besserungsanstalten gearbeitet. Und als sie herausfanden, dass ich zu den Gründern einer Kinderrechtsorganisation gehörte, die sie kannten, begegneten sie mir noch freundlicher und respektvoller. Sie brachten mich heimlich in die Gefängnisbibliothek, damit ich mir Bücher holen konnte. (Sie war eigentlich den männlichen Gefangenen vorbehalten; selbst hier waren wir Frauen zweitrangig.) Sie brachten mir frische Kleidung. Doch sie konnten mich nicht vor den Schrecken der Nacht schützen. Viele der Gefangenen in meinem Trakt, in dem es nur Einzelzellen gab, waren drogenabhängig und hierher gebracht worden, um ohne die Hilfe von Entgiftungsmitteln clean zu werden. Sie brüllten und schrien die ganze Nacht, fürchterliche Schreie, die durch die Wände drangen, schlimmer als das Heulen verletzter Wölfe, schlimmer als alles, was ich mir vorstellen konnte. Die Wärterinnen begannen, sich in meiner Gegenwart wohl zu fühlen, und setzten sich manchmal zu mir in meine Zelle, um über ihre Arbeit zu klagen. Ich fühlte mit ihnen. Es war eine anstrengende Arbeit. Aber wenigstens geht ihr nach eurer Schicht nach Hause, dachte ich.

Es war seltsam, wie schnell man sich an den Rhythmus des Gefängnislebens gewöhnte. Die Marotten der Wärterinnen, der unangenehm feuchte, staubige Geruch der Zellen, sogar die Schreie der Drogenabhängigen kamen mir nach wenigen Tagen bereits normal vor. Am dritten Tag kam ein junger Mann in meine Zelle und beschuldigte mich, versucht zu haben, eine Telefonnummer aus dem Gefängnis zu schmuggeln. »Ich habe nichts dergleichen getan«, sagte ich höflich. Er wurde wütend und durchsuchte mit groben, ruckartigen Bewegungen meine Tasche. Ich

227

war sprachlos. Die Gefängniswärterin, eine liebevolle Frau, die ich inzwischen ein wenig kennen gelernt hatte, kam anschließend in meine Zelle.

»Warum zum Teufel haben Sie sich nicht verteidigt?«, wollte sie wissen und sah mich vorwurfsvoll an. »Warum haben Sie ihm nicht gesagt, dass die Wärterinnen hier so etwas nicht gemeldet haben? Was wollte der überhaupt? Auf welche verdammte Uni sind Sie denn gegangen? Welchen Sinn hat dieses Jurastudium, wenn Sie einfach nur stumm dasitzen?«

Ich erwiderte nichts, schloss nur die Augen. Ich war zu erschöpft, um mich mit ihr zu streiten. Zu niedergeschlagen, um zu erklären, dass eine Verteidigung nur an Orten Sinn macht, an denen ein ordnungsgemäßes Verfahren respektiert wird. Sie berührte mich an der Schulter, seufzte leise, empfahl mir, auf Gott zu vertrauen, und ließ mich alleine.

Später an diesem Abend riss mich ein lautes Klopfen an der Tür aus meiner Apathie. »Machen Sie sich fertig. Sie werden in ein anderes Gefängnis gebracht«, verkündete eine Frauenstimme von draußen. Mit einem Mal war die Angst wieder da, die ich seit meiner Ankunft im Evin hatte unterdrücken können. Als ich mit zitternden Fingern meine Tasche nahm, schossen mir Fetzen all der Berichte durch den Kopf, die ich über Folter in Gefängnissen gelesen hatte.

Beruhige dich, sagte ich zu mir selbst vergeblich. Ich wusste, dass sie es nicht wagen würden, mich zu vergewaltigen. Aber ich wusste, dass sie meine nackten Füßen mit Elektrokabeln traktieren könnten, bis ich »gestand«, bis ich sagte: »Ja, ich, Shirin Ebadi, habe Material gefälscht, um die Islamische Republik verunglimpfen zu können.«

»Wo bringen Sie mich hin?«, fragte ich. Schweigen. »Bitte, können Sie mir bitte nur sagen, wo wir hingehen?« Was, wenn sie mich zu dem gefürchteten Ort brachten, der unter dem ominösen

Namen »Joint Committee« bekannt war. Dort waren Folterungen an der Tagesordnung. Wenn sie mich dorthin brachten, konnte kein Zweifel bestehen an dem, was mir bevorstand.

Keiner antwortete mir. »Gehen Sie einfach«, sagten sie. In einem dunklen Hof vor dem Gefängnisblock wartete ein Bus. Einer der Wärter verband mir die Augen und half mir beim Einsteigen. Wir rumpelten davon. Ich klammerte mich an den Sitz und starrte in die Schwärze der Augenbinde. Wir schienen im Kreis zu fahren. Als wir anhielten, stolperte ich aus dem Bus, die Hände tastend vor mich haltend.

»Hier lang«, sagte jemand. Ich erkannte die Stimme. Es war Ali, mein Vernehmungsbeamter beim Gericht. »Wir halten eine Gerichtssitzung für Sie ab«, sagte er.

Man legte meine Hand auf etwas, das sich wie ein Stock anfühlte. »Folgen Sie mir.«

Ich versuchte es, blind und nur mit der Hilfe eines Stocks, während mir klare Bilder von all den scheußlichen Dingen im Kopf herumschwirrten, die schief gehen konnten. Mein Mund war wie ausgetrocknet, und ich konnte nicht ruhig bleiben.

»Sie werden am Tag des Jüngsten Gerichts Rechenschaft ablegen müssen«, schrie ich Ali mit schriller Stimme an. »*Sie* sind es, der seine Pflicht nicht tut! Angeblich sind Sie mein Vernehmungsbeamter, der diesen Fall untersuchen soll. Doch statt den dingfest zu machen, der das Band tatsächlich an die Medien weitergegeben hat, geben Sie einfach mir die Schuld.« Ich war außer mir; Wut und Angst nahmen mir alle Hemmungen. Meine Stimme überschlug sich, ich schrie: »Sie sollen wissen, dass ich Ihnen am Tag des Jüngsten Gerichts *niemals* vergeben werde.«

Plötzlich blieb der Stock stehen. »Nehmen Sie die Augenbinde ab«, sagte Ali. Ich blinzelte. Meine Augen stellten sich auf das gedämpfte Licht in einem schmalen Gang ein, der etwa so breit war wie die Schultern eines kräftigen Mannes. Von diesem Gang gingen acht Türen zu acht Einzelzellen ab. »Das Wasser hier ist sauberer«, sagte er (vom verseuchten Brunnenwasser im anderen Trakt hatte ich Magenprobleme bekommen), »das Essen ist besser, und nachts wird Sie niemand stören. Sie werden sich hier viel wohler fühlen«, versprach er.

»Zu Hause würde ich mich noch wohler fühlen«, antwortete ich missmutig. »Wieso bin ich überhaupt hier?«

Er sagte kein Wort, drehte sich auf dem Absatz um, verließ mit schnellen Schritten den Gang und schloss die Tür hinter sich ab.

Ich begann, meine neue Umgebung zu untersuchen. Es war keine Wärterin da. Ich schaute in jede Zelle. Keine hatte Fenster. Die Böden waren mit verdrecktem, billigem Teppich ausgelegt, der offensichtlich seit Jahren nicht gereinigt worden war. In einer der Zellen fiel mein Blick auf eine halb volle Schachtel billiger iranischer Zigaretten. Ich wollte unbedingt rauchen. Ich ließ einen verknitterten Geldschein auf dem Tisch liegen – wir durften etwas Geld bei uns haben, mit dem wir am Gefängniskiosk einkaufen konnten – und machte mich auf die Suche nach Streichhölzern. Eine halbe Stunde durchsuchte ich jede Zelle, sah in den Ecken nach, unter dem Teppich, überall. Rauchen ist in den Gefängnissen gestattet, doch Streichhölzer und Feuerzeuge werden den Insassen abgenommen. Man musste an die Zellentür klopfen und eine der Wärterinnen bitten, zu kommen und einem Feuer zu geben. Ich wünschte mir nichts sehnlicher, als eine dieser Zigaretten zu rauchen. Doch ich hatte mir selbst versprochen, im Gefängnis nie um etwas zu bitten. Aus Prinzip nicht. Ich weigerte mich, irgendetwas zu brauchen, bei dem sie entscheiden konnten, ob sie es mir geben wollten oder nicht. Nach weiterer vergeblicher Suche warf ich die Packung zurück auf den Tisch, rollte mich auf einer stinkenden Pritsche zusammen und schlief ein.

Der Tritt in die Seite sollte mir zugleich wehtun und mich wecken. »Was machst du hier?« Eine füllige Frau mit fettiger Haut stand über mir.

»Ich weiß nicht«, sagte ich verschlafen, »man hat mich letzte Nacht hierher gebracht.«

»Aber das hier ist das Zimmer der Wärterinnen. Also hau ab.«

»In Ordnung«, sagte ich und nahm meine Sachen.

»Weswegen bist du überhaupt hier?«, fragte sie unfreundlich.

Das geht dich nichts an, wollte ich antworten. Doch dann sagte ich mir: Du sitzt hier fest, du musst diese schrecklichen Menschen irgendwie für dich einnehmen, und erklärte es ihr ganz ruhig.

»Du lügst«, sagte sie und durchwühlte meine Tasche. Sie nahm mir meine Kleidungsstücke weg und warf mir einen stinkenden, fleckigen Tschador zu.

»Aber … aber … bitte geben Sie mir meine eigenen Kleidungsstücke wieder.«

»Das ist alles, was du kriegst«, bellte sie.

Später kam ein Arzt, um meinen Blutdruck zu messen, und ich bat ihn, meine eigenen Kleider tragen zu dürfen. Es war für mich ein himmelweiter Unterschied, in meinem eigenen sauberen Kleid in dieser Zelle zu sitzen anstatt in diesem scheußlichen, ungewaschenen Kittel, den schon unzählige unglückliche Frauen vor mir getragen hatten.

Ich wusste nicht, was mir lieber war: der alte oder der neue Trakt. Hier war das Essen besser. Hähnchenspieße, Schnitzel, nahrhafte Eintöpfe und alle zehn Tage: ein Apfel! Aber die Wärterinnen waren ausgesprochen übellaunig, gemein und kleinlich; vier von ihnen bewachten nur mich, worüber sie sich ärgerten. »*Wir* sind *deine* Gefangenen«, sagten sie gerne. Es war schwer für mich zu sagen, welche Tageszeit es war, denn die nackte Glühbirne, die in meiner Zelle hing, brannte immer, und es gab keine Fenster, die mir hätten verraten können, ob die Sonne auf- oder unterging. Man gab mir weder Zeitungen noch ein Radio. Manchmal nickte ich ein und fragte mich anschließend, ob zehn Minuten oder zehn Stunden vergangen sein mochten. Man verlor die Orientierung, was wohl auch Sinn der Sache war.

Schon nach einem Tag in dem neuen Trakt machten mich die Einsamkeit und die Stille wahnsinnig. Ich vermisste meine fluchenden Ex-Nachbarinnen, vermisste ihre verzweifelten Rufe nach einem »bisschen Heroin« mitten in der Nacht, ihr Hämmern an die Eisentür, wenn sie Feuer für ihre Zigarette brauchten. Nach einem Tag waren meine Platzangst und meine Nervosität verschwunden. Hmmm, dachte ich, vielleicht ist das Evin ja gar nicht so schlecht. Zumindest brauchte ich mir dort keine Gedanken darüber zu machen, dass ich noch die Böden wischen und den Müll raustragen musste. Ich brauchte mir keine Sorgen über den Artikel zu machen, den zu schreiben ich versprochen hatte, oder den Prozess, auf den ich mich vorbereiten sollte. Es gab keine Studenten, die mich fragten, ob ich bereits dazu gekommen sei, einen Blick in ihre Arbeit zu werfen. Kein Essen, das ich kochen, keine Hypothek, die ich bezahlen musste.

Die Verhöre fanden normalerweise in einem kleinen Raum statt, den ein klappriger Holztisch fast vollständig ausfüllte. Die Sitzungen dauerten mehrere Stunden, die umständlichen Fragen wiederholten sich, und der Richter rezitierte zu Beginn jeder Runde mit lauter Stimme eine Sure aus dem Koran. Mein Vernehmungsbeamter Ali war ebenfalls anwesend, und alles in allem waren die beiden einigermaßen höflich. Es waren nicht so sehr die Verhöre, die mich nervös machten, sondern das Gefühl, dass die Zeit nicht verging. In der Eintönigkeit meiner Zelle wurden

Stunden zu Tagen und Tage zu Wochen. Ich betete fünfmal am Tag. Ich machte Dehnübungen und Gymnastik.

Eines Morgens sagte die Wärterin, die mir mein Frühstück brachte, völlig überraschend, ich solle mich für meinen Prozess ankleiden. Die Aussicht, die Enge des Zellentrakts zu verlassen, wenn auch nur für einen Prozess voller Formfehler, erfüllte mein Herz mit Freude. Ich bestieg einen Minibus und traf dort auf Amir Farshad und zwei andere in den Fall verwickelte Männer, die Sträflingskleidung und Hausschuhe trugen. Als wir das Gerichtsgebäude betraten, wurde ich von einem starken Gefühl der Überreizung überwältigt. Nachdem ich mehrere hundert Stunden alleine oder nur mit einer Wärterin oder einem Vernehmungsbeamten verbracht hatte, flutete die Menschenmenge – Leute, die mir Glück wünschen wollten, Journalisten, die Polizeibeamte zur Seite drängten, um mit uns zu sprechen – meine Sinne mit Stimmen und Farben.

Plötzlich hörte ich die vertraute Stimme meines Mannes, der versuchte, mich auf sich aufmerksam zu machen. Zusammen mit dem Anwalt, der mich vertreten sollte, schob er sich zu mir durch. Wie sich herausstellte, handelte es sich nur um eine Vorverhandlung. Amir Farshad wurde in den Zeugenstand gerufen. Mutig blieb er bei seiner ursprünglichen Geschichte. Das Gericht verlas dann die Anklageschrift der Kläger, bei denen es sich um eine Auswahl von extremen Rechten, Paramilitärs und Vertretern der Hardline-Presse handelte. Während Amir Farshads Zeugenaussage rief der Richter Ali, den Vernehmungsbeamten, zu sich.

»Seine Zeugenaussage entspricht nicht der Abschrift seines Verhörs«, sagte der Richter.

»Lassen Sie mich versuchen, ihn daran zu erinnern«, antwortete Ali.

Die Unterhaltung war in Hörweite geführt worden.

Als wir den Gerichtssaal verließen, entdeckte ich meine Schwester, die sich nach vorne vordrängte. In ihren Augen standen Tränen. Sie schaffte es nicht, sich durch die Menge zu schieben, aber mit unseren Blicken hielten wir einander fest.

Zehn weitere Tage im Gefängnis. Zehn weitere Tage mit klirrenden Frühstückstabletts und mürrischen, rauchenden Wärterinnen, die mich dafür verachteten, jemand zu sein, für dessen Bewachung man vier von ihnen abstellte. Zehn weitere Tage, in denen ich versuchte, mir die sanften, felsigen Abhänge des Elbursgebirges vorzustellen, das hinter dem Evin-Gefängnis aufragte. Dorthin waren meine Freundin Simin Behbahani, eine Dichterin, und ich jede Woche zum Wandern gegangen und hatten melancholisch-sehnsuchtsvolle Gespräche geführt, während wir den Berg erklommen und Teenagern mit ihren Ghettoblastern und bunten Halstüchern begegneten. Meistens waren wir auf einen bestimmten Gipfel gestiegen, hatten dort in einem Café am Berghang Tee getrunken und die kühle Bergluft und den Blick in eine saftig grüne Schlucht genossen. Simin und ich sind verwandte Seelen, und viele Themen ihrer Dichtung – das Leid der Frauen, das Feiern ihrer Rechte und ihrer Existenz – inspirieren meine eigene Arbeit. Ich versuchte, die Zeit totzuschlagen, indem ich mich an Zeilen ihrer *ghazals* erinnerte. Aber dann kamen die Bilder, Bilder von Monstern, die, Rauchspuren hinterlassend, zum Himmel aufflogen.

In jenen letzten Tagen begann ich zu halluzinieren. All meine körperlichen Leiden machten mir plötzlich Ärger. Meine Hüftschmerzen, mein Herzklopfen – selbst das Stottern, das mich als Kind geplagt hatte, kehrte zurück. Ich verachtete mich dafür, so schwach zu sein, und bemühte mich eisern, nicht zu klagen. Ich biss die Zähne zusammen, krallte meine Finger ineinander, bis die Nägel blau wurden, und unterdrückte ein Stöhnen. Ich versuchte, mich daran zu erinnern, von wem die Worte stammten: »Wir werden nicht geboren, um zu leiden.« Es fiel mir jedoch nicht ein, und meine Unfähigkeit, mich zu entsinnen, machte mich schrecklich wütend. Ich nahm meinen Metalllöffel und versuchte, einige Worte in die Betonwände der Zelle zu ritzen: »Wir sind geboren, um zu leiden, weil wir in der Dritten Welt geboren wurden. Raum und Zeit wurden uns aufgebürdet. Wir können nichts tun, als geduldig zu sein.«

Ich mahnte mich selbst beständig, mich nicht zu sehr in meinen Träumen zu verlieren, um während der Verhöre hellwach sein zu können. Die Vernehmungsrichter blufften gerne, trieben ihr Gegenüber in die Enge und gaben zu verstehen, dass man von jemandem belastet wurde, bis man selbst jemanden belastete. Ein plumper und klassischer Verhörtrick. Ich schaffte es, jedem Versuch auszuweichen. Anderen in diesem Fall Angeklagten gelang dies nicht. Einer von ihnen belastete mich schließlich. Ich gab mir große Mühe, ihn dafür nicht zu verurteilen. Schließlich werden die Leute mit Verhören und Folter unterschiedlich gut fertig. Ihre Konstitution, ihr Temperament und ihr Empfinden unterscheiden sich. Manche haben sich ein Leben lang den Tag vorgestellt, an dem man sie an einem Tisch festbindet, ihre Füße mit einem Elektrokabel traktiert und ihnen zwischen den Schlägen befiehlt, Namen zu nennen und alles zu gestehen. Doch selbst zum harten Kern gehörende politische Aktivisten, die sich auf physische oder psychische Einschüchterung gefasst gemacht haben, wissen erst dann, wenn es tatsächlich geschieht, ob und wie lange sie es aushalten können.

Manchmal denke ich an die traurige Realität, der sich Aktivisten oder Intellektuelle in einem Land wie dem Iran stellen müssen: Wenn sie aus dem Gefängnis kommen, geschieht es oft genug, dass man sie nicht feiert, weil sie tapfer waren und überlebt haben, sondern man ist vielmehr auf perverse Art und Weise darauf erpicht, herauszufinden, wie sie sich im Gefängnis verhalten haben. Haben sie sich gebeugt und zugestimmt, dass ihre Geständnisse auf Videoband aufgenommen werden? Haben sie Briefe unterschrieben? Haben sie Listen mit den Namen ihrer Kameraden erstellt? Indem wir beurteilen, was sich aus ethischer Sicht jedem Urteil entziehen sollte – die Reaktion eines Einzelnen auf eine Form der Folter –, leisten wir der Taktik der Vernehmungsbeamten Vorschub. Wir legitimieren die Abartigkeit des ganzen Unternehmens, als gäbe es so etwas wie eine richtige Reaktion, wenn man in die entsetzliche Situation gerät, gefoltert zu werden.

Der zweite Prozesstag verlief ähnlich wie der erste. Doch zumindest durfte mein Mann diesmal ein paar Minuten mit mir im Gang reden. »Du darfst unter keinen Umständen zulassen«, sagte ich, »dass meine Mutter oder die Mädchen mich im Gefängnis besuchen.« Ich wachte jeden Morgen mit dem Gedanken an sie auf, aber ich wollte nicht, dass sie mich in Sträflingskleidung hinter Gittern sahen. Ich wollte nicht, dass sie mit dieser Erinnerung leben mussten. Als die Wärterin mich fortführte, folgte meine Schwester uns ein Stück und flüsterte mir »Ist alles in Ordnung? Ist alles in Ordnung?« ins Ohr. Am nächsten Tag durfte Javad mich im Gefängnis besuchen. Wir sprachen ganz kurz miteinander. Bevor er wieder ging, drückte er mir den Roman *The Fig Tree of the Monasteries*, den ich halb gelesen auf dem Nachttisch hatte liegen lassen, in die Hand.

An einem Donnerstagabend, an dem ich, zu müde zum Lesen, aber zu unruhig, um zu schlafen, auf dem schmutzigen Teppich in meiner Zelle lag, klopfte die Wärterin an die Tür und verkündete mir, dass ich am Telefon verlangt werde. Es war der Vorsitzende Richter. Er rief an, um mir zu sagen, dass ich gegen eine Kaution von zwanzig Millionen *toman* (rund 21 000 Euro) entlassen werden könne – zwanzig Tage nachdem ich durch die Eisentore des Evin-Gefängnisses gegangen war. Euphorisch rief ich sofort zu Hause an und bat meinen Mann, gleich am Samstagmorgen mit der Übertragungsurkunde für unser Haus zum Gericht zu gehen.

Am nächsten Tag krochen die Stunden quälend langsam dahin, doch die Nachricht von meiner Entlassung hatte mich beruhigt, sodass ich mich zum ersten Mal auf den Roman konzentrieren konnte. Als die Nacht hereinbrach und das Buch in meiner Hand schwer wurde, legte ich mich auf den Rücken und ließ meine Gedanken schweifen. Ich dachte daran, dass ich bald meine Töchter wiedersehen würde und dass es ihnen glücklicherweise erspart geblieben war, mich in einem schmutzigen Gefängnis-Tschador zu sehen. Ich dachte an die wöchentlichen Wanderungen, die ich wieder mit meiner Freundin, der Dichterin, unternehmen würde, daran, wie wir beim ersten Tageslicht aufbrechen und in dem Café neben der schneebedeckten Schlucht Tee trinken würden, während Teheran in der Ferne verschwand. Ich dachte daran, was einer meiner Mandanten, der Journalist Akbar Ganji, mir einmal über die Unentbehrlichkeit des Gefängnisses gesagt hatte. »Im Iran«, so hatte er mich gewarnt, »wird jeder annehmen, dass Sie mit dem Regime kollaborieren, wenn Sie nicht öffentlich bestraft werden.«

Als ich am Samstagmorgen aufwachte, schaute ich mich lange in der Zelle um, deren Konturen ich mir eingeprägt hatte, und fragte mich, wie lange es dauern würde, bis ich die Form der Flecken und die in die Wände eingeritzten Graffiti vergessen hätte. Um neun Uhr saß ich, nachdem ich die wenigen Dinge, die meinen persönlichen Besitz ausmachten, gepackt hatte, auf der Pritsche und wartete gespannt auf das Klopfen der Wärterin. Um 17 Uhr war es endlich so weit. Die kräftige Wärterin, die sich beklagt hatte, meine Gefangene zu sein, riss die Zellentür auf und befahl mir, ihr zu folgen. Schwerfällig ging sie den Gang entlang. Ich zwang mich, nicht schneller als sie zu gehen, obwohl sich meine Füße so leicht anfühlten, dass ich das Gefühl hatte, sie würden jeden Moment vom Boden abheben.

Im Gefängnishof stand ein Krankenwagen mit getönten Scheiben. Ein Gefängnisbeamter sagte mir, er würde mich bei einem Taxistand absetzen. Aber warum ein Krankenwagen? In Teheran nimmt man keine Rücksicht auf Rettungswagen, also konnte es nicht darum gehen, mich schneller ans Ziel zu bringen. Ich hielt es jedoch für besser, zunächst keine Fragen zu stellen, und stieg einfach ein. Als wir auf die belebte Schnellstraße bogen, betrachtete ich mit einer gewissen Freude das Gewirr von Autos – gelangweilte Fahrer, die sich ungeniert vom Steuer aus die anderen ansahen, staubige, mit Obst beladene Lastwagen, an deren Seiten Werbesprüche aufgemalt waren – und dachte zum ersten Mal in meinem Leben, dass der Sechs-Uhr-Verkehr in Teheran doch durchaus einen gewissen Reiz hatte.

Bald erreichten wir die riesige Kreuzung in Nord-Teheran mit den vielen Überführungen, bekannt als die Parkway-Kreuzung. Als wir an einer roten Ampel anhielten, rief der »Krankenwagenfahrer« dem Taxifahrer neben uns etwas zu und fragte ihn, ob er mich nach Hause bringen könne. Überrascht nickte der Taxifahrer. Ich schnappte meine Tasche und sprang aus dem Wagen.

»Sind Sie krank, *khanum*?«, fragte er und starrte mich im Rückspiegel an.

»Nein«, sagte ich, »ich wurde gerade aus dem Gefängnis entlassen.« Als ich seine Bestürzung sah, beruhigte ich ihn rasch: »Ich bin keine Diebin oder Verbrecherin«, erklärte ich ihm. »Ich war eine politische Gefangene.«

Er musterte mich gründlich, bis er auf einmal rief: »Hey! Sind Sie nicht *khanum* Ebadi?« Als ich seine Frage bejahte, lächelte er breit und gratulierte mir zu meiner Entlassung. Nachdem er zwei Minuten lang höflich gewartet hatte, erzählte er mir seine eigene Leidensgeschichte. Er war Ingenieur und besserte sein geringes Einkommen auf, indem er an den Nachmittagen das Taxi eines Freundes mietete. Er beklagte Korruption und Bestechung, Inflation und Arbeitslosigkeit. Nach einer Weile hielt er inne und sah mich an, als wolle er sehen, ob ich ihm zuhörte. Er schien noch trauriger zu sein, als ich es war.

Ich wollte so schnell wie möglich nach Hause, konnte jedoch dem Drang nicht widerstehen, an einem der weißen, mit Schindeln verkleideten Kioske Halt zu machen, um mir eine Zeitung zu kaufen, das tägliche Ritual, das ich im Gefängnis am meisten vermisst hatte. Mit gierigen Augen begutachtete ich die vielen Zeitungen, die wie eine dicke Decke auf dem Bürgersteig ausgebreitet waren. Ich kaufte sieben oder acht, rollte sie zusammen und presste sie an die Brust. Als das Taxi langsam unsere Straße hinabrollte, sah ich, dass meine Verwandten sich vor dem Haus versammelt hatten, mit einem Lamm als Opfergabe. Der Taxifahrer eilte um den Wagen herum, um mir die Tür zu öffnen, und weigerte sich, Geld von mir zu nehmen.

Als ich durch die Tür ging, fielen meine Töchter mir um den Hals und drückten mich fest an sich. An jenem Abend blieben wir lange auf und tranken eine Tasse Tee nach der anderen. Mein

Mann brachte mir einen großen Stapel Zeitungen aus der Zeit, die ich im Gefängnis hatte verbringen müssen. Ich blätterte sie durch, umgeben von einem Stimmengewirr. Meine Töchter saßen neben mir und erzählten, schon ganz außer Atem, in allen Einzelheiten, was sich während meiner Abwesenheit in ihrem Leben ereignet hatte. Sie waren daran gewöhnt, sich über alles mit mir zu beraten, von ihren Hausaufgaben über ihre Freundinnen bis hin zu der Frage, auf welcher Seite sie sich den Scheitel ziehen sollten. Nun berichteten sie mir von all den kleinen und großen Entscheidungen, die sie in der Zwischenzeit allein getroffen hatten.

Sie hatten auch alle Nachrichten gesammelt, die, ob telefonisch oder per Fax, seit meiner Verhaftung aus aller Welt eingetroffen waren, und die Dicke des Ordners überraschte selbst mich. Mein internationaler Ruf war im Laufe vieler Jahre langsam gewachsen, der große Stapel mit Nachrichten erinnerte mich daran, wie bekannt ich inzwischen war.

Als ich alle Nachrichten gelesen hatte, war es weit nach Mitternacht. Langsam verabschiedeten sich unsere Verwandten, und eine wärmende Ruhe breitete sich in unserem Wohnzimmer aus. Ich hatte es mir schon seit vielen Jahren zur Gewohnheit gemacht, zu Hause nicht über die hässliche Seite meiner Arbeit zu reden. Ich erzählte nicht viel von meinen Fällen, denn bei vielen von ihnen ging es um die Verteidigung von Gewaltopfern, und ich sah keinen Grund, warum ich meine Töchter mit all den schmerzlichen Details belasten sollte. Natürlich bekamen sie mit, wenn ich am Telefon Interviews gab, und sie wussten, dass meine Arbeitstage damit gefüllt waren, an Prozessen teilzunehmen und Mandanten im Gefängnis zu besuchen. Doch ich hielt es für wichtig, die Dinge im Gleichgewicht und meine Arbeit innerhalb gewisser Grenzen zu halten. Bei gemeinsamen Mahlzeiten mied ich so weit wie möglich ernste Themen und versuchte, so etwas wie eine normale Atmosphäre zu schaffen. Aus dem Gefängnis zu kommen, war nur einer der schwierigeren Momente meines ständigen Bemühens, so zu tun, als sei ich zu Hause eine Mutter wie jede andere. Vom nächsten Morgen an verhielt ich mich so, als sei ich nur zu einer Konferenz gewesen, nur dass ich diesmal keine Geschenke mitgebracht hatte, und schon nach einem Tag nahm alles wieder seinen gewohnten Gang.

Ich bin mir sicher, dass die Schilderung dieser Ereignisse hunderte Fragen aufwirft. Was hatte das alles zu bedeuten? Was geschah mit meinem Fall?

Im Fall des ermordeten Ezzat, für den ich ins Gefängnis gegangen war, wurde die Klage schließlich fallen gelassen. Das Revolutionsgericht erklärte den Fall für abgeschlossen, da niemand offiziell unter Anklage gestellt worden und Ezzat tot sei. Die Richter klappten ihre Akten zu, doch in den Köpfen der Iraner ist der Fall bis heute nicht beendet.

Welche Spuren hat all das hinterlassen? Welchen bleibenden Einfluss hatte die schlimmste Unruhe seit der Revolution von 1979, der Fall von Ezzat Ebrahimnezhad? Der Fall eines jungen Dichters, erschossen von Paramilitärs, denen der Staat es erlaubt, auf seine Bürger Jagd zu machen? Warum erheben sich die jungen Leute im Iran nicht einfach?, werde ich oft gefragt. Wenn ihre Unzufriedenheit so groß ist, ihre Entfremdung so unumkehrbar, wenn sie 70 Prozent der iranischen Gesellschaft ausmachen, wie lässt sich dann ihre Selbstgefälligkeit erklären?

Aber für seinen Protest bezahlt man einen hohen persönlichen Preis. Ezzat protestierte gegen die Einstellung einer Zeitung und wurde im Schlafsaal eines Studentenwohnheims ermordet. Man stelle sich vor, was mit Studenten geschieht, die mutig genug sind, sich zu organisieren und Treffen zu veranstalten, Studenten, die ihre politische Einstellung nach außen tragen. Die wichtigste Studentenorganisation des Iran beschwert sich in den letzten Jahren regelmäßig darüber, dass sie in jenen dunklen Tagen des Jahres 1999 von jedem im Stich gelassen wurde – von den so genannten Reformern bis hin zu Präsident Khatami selbst; dass Ezzat, das Opfer, als Agitator gebrandmarkt wurde, dass in den nachfolgenden Prozessen nicht einer der Angreifer seine gerechte Strafe bekommen hat.

Haben sich vielleicht andere Dinge seitdem geändert? Könnten wir nach 1999 einen Strich ziehen und sagen, die Islamische Republik habe sich in gewisser Weise definitiv verändert? Man könnte sagen, dass das Regime, das so lange keine Verbindung mehr zu den Menschen gehabt hatte, gezwungen war, sich mit dem Ausmaß ihrer Unzufriedenheit auseinander zu setzen.

Was ist mit dem jungen Ahmad Batebi, mit dem wir diese Geschichte begonnen haben, dem Studenten auf dem Foto, der Ezzats blutbeflecktes Hemd hochhielt? Dem jungen Mann mit den kaffeebraunen Augen und dem roten Halstuch, dessen Ähnlichkeit mit Che Guevara das Foto noch unvergesslicher werden ließ. Der oberste geistliche Führer setzte seine Hinrichtung aus und verringerte seine Strafe auf fünfzehn Jahre. Ahmad Batebi besuchte mich eines Tages bei einem seiner Freigänge. Er hatte zugenommen, und sein Haar war kürzer als auf dem berühmten Bild. Seine Körpersprache signalisierte, dass er sich aufgegeben hatte.

»Sie schrieben mir mit einem Marker ›Ahmad Batebi‹ auf den Arm. Ich musste ein Testament schreiben, und sie verbanden mir die Augen. Sie brachten mich in einen Raum und zwangen mich, mich hinzuknien. Ein Schuss fiel. Ich wurde ohnmächtig. Als ich wieder zu mir kam, lag ich auf dem Fußboden und fragte mich:

Bin ich im Jenseits? Wenn ja, warum sieht das Leben nach dem Tod dann aus wie meine Gefängniszelle? Ich stieß mit den Ellbogen gegen die Zementwände und dachte: Wenn ich tot bin, werde ich keinen Schmerz spüren.

Ich war unschuldig, als ich ins Gefängnis kam. Nicht nur, dass ich kein Verbrechen begangen hatte, ich war unschuldig als Mensch. Vielleicht werde ich eines Tages frei sein. Aber meine Zukunft ist innerhalb der Gefängnismauern verloren gegangen. Nach dem, was ich gesehen habe, nach dem, was sie mit mir gemacht haben, wie kann ich da je wieder ein Mensch sein?«

Er war genauso alt wie meine ältere Tochter. Als er auf meiner Couch saß und mir seine entsetzliche Geschichte erzählte, hatte ich nur den einen Gedanken: Was, wenn dies meiner Tochter passiert wäre? Was in Gottes Namen hätte ich dann getan?

Im Schatten der Reformen

»Schokoladenkuchen oder Kaffee-Mousse?«, fragte ich meine Tochter Negar, die Ende der Woche dreiundzwanzig werden würde. Wir saßen an dem kleinen Tisch in der Küche und machten eine Liste der Dinge, die wir für ihre Party besorgen mussten. Ich wollte einen Salat, *olivieh*, machen, einen herzhaften Kartoffelsalat, *kotlet*, kleine Pastetchen mit Hackfleisch und Kartoffeln, und ein paar Dips. Wenn sie schließlich müde vom Reden, Tanzen und der lauten Musik waren, würde ich als krönenden Abschluss den Kuchen servieren, außerdem kleine Schälchen mit persischem Eis, Safraneis mit Pistazien und Rosenwasser. »Habe ich noch jemanden vergessen?«, fragte Negar, die immer wieder die Liste durchsah und sich eine Locke ihres langen braunen Haares um den Finger wickelte. »Sie kommen so gegen neun, okay?«

Im Jahr 2003 eine Geburtstagsparty zu planen, war eine ganz andere Sache als in den Neunzigerjahren, in denen eine Feier sehr viel Kopfzerbrechen bereitet hatte – wie jede Zusammenkunft junger Leute. Damals ermunterte ich die Mädchen, schon am frühen Abend mit ihrer Party zu beginnen, wenn der Verkehrslärm auf den Straßen noch die laute Musik übertönen konnte. Ich servierte dann das Abendessen erst nach 22 Uhr, damit die jungen Leute mit Essen beschäftigt waren und die Stereoanlage nicht so laut aufdrehten, dass man die Musik bis zum Ende der Straße hörte. Normalerweise hatte ich damit wenig Erfolg, denn unaufhaltbar drehte sich der Lautstärkeregler von selbst hoch, bis das Haus vibrierte. Ich war mir sicher, dass die ganze Nachbarschaft es hören konnte, und bat meinen Mann, ein Stück die Straße entlang zu spazieren, um festzustellen, wie weit der Lärm reichte. Wenn wir dann endlich die Kerzen anzündeten und den Kuchen anschnitten, war ich besorgter, als ich es mir anmerken ließ, und die Hälfte der Geburtstagsbilder in unserem Album zeigt mich mit einem verkrampften Lächeln auf den Lippen.

Diese Jahre lagen nun hinter uns. Glücklicherweise fielen die letzten Jugendjahre meiner Töchter mit den Reformjahren im Iran zusammen, mit jener achtjährigen Phase, die 1997 begann, als der moderate Präsident Khatami versuchte, die Einmischung des Systems in das Privatleben der Bevölkerung einzuschränken. Dafür war ich dankbar, denn ich hätte mir nicht vorstellen können, in den repressiven Jahren, die seiner Amtszeit vorausgingen, Teenager großzuziehen. Anfang und Mitte der Neunzigerjahre hatten die jungen Leute es mit einer düsteren, von der globalen Kultur isolierten sozialen Landschaft zu tun, in der es selbst an den einfachsten Formen der Unterhaltung mangelte. Das Internet war noch nicht in die iranischen Haushalte und Universitäten eingedrungen, die Kleiderordnung für Frauen wurde rigide durchgesetzt, und das öffentliche Leben blieb weiterhin ein sehr aufgeheizter und potenziell feindlicher Bereich. Junge Leute liefen Gefahr, von den Tugendwächtern abgefangen zu werden, selbst wenn sie einfach nur zusammen zum Wandern in die Berge fuhren. Wenn junge Frauen etwas anderes als Dunkelblau oder Schwarz trugen, mussten sie damit rechnen, von den Tugendwächtern schikaniert zu werden, und ein wenig Make-up oder heller Nagellack konnte Grund genug sein, um verhaftet oder ausgepeitscht zu werden.

Die Reform-Ära trug, trotz aller politischen Unzufriedenheit, viel dazu bei, unser Alltagsleben entspannter zu machen. Die Tugendwächter hatten keineswegs das Feld geräumt, waren aber nicht mehr allgegenwärtig. Dieser Wandel war nur bis zu einem gewissen Grad das Verdienst von Präsident Khatami. Entscheidend war, dass die unerschrockene Generation meiner Töchter sich zu wehren begann und es dem Staat schon allein aufgrund ihrer Zahl, aber auch aufgrund ihres Mutes, unmöglich machte, sich gleichermaßen einzumischen wie zuvor. Jetzt bedurfte es bei der Organisation einer Geburtstagsparty keines Schlachtplans mehr für das Timing und die Vorbeugungsmaßnahmen. Ich musste mir keine Sorgen mehr machen, wenn die Mädchen das Haus in Sandalen ohne Socken verließen oder Schleier in leuchtenden Farben trugen. Wenn sie mit einem Cousin zu einem Familien-Abendessen fuhren und zehn Minuten zu spät nach Hause kamen, fragte ich mich nicht mehr voller Panik, ob man ihnen am Kontrollpunkt Schwierigkeiten gemacht hatte.

Es war noch immer undenkbar, sich mit Freunden in der Öffentlichkeit richtig zu amüsieren. Manchmal spielten meine Töchter Platten von früheren iranischen Sängern, jenen, die vor über zwei Jahrzehnten nach Los Angeles gegangen waren. »Das ist Mahasti, oder?«, fragte ich dann. »Oder vielleicht Haideh?« Sie schauten mich ungläubig an. »Maman, woher weißt *du* das denn?« Als ob diese körperlosen Stimmen, die aus den Stereoboxen drangen, früher nicht live in den Restaurants und Hotels von Teheran zu hören gewesen wären. Meinen Töchtern und den meisten jungen Leuten fiel es schwer, sich das vorzustellen, denn dieser Iran – in dem es einer Frau verboten war, in der Öffentlichkeit zu singen – war die einzige Wirklichkeit, die sie je kennen gelernt hatten. Für sie war es schon ein Fortschritt, Geburtstagspartys zu besuchen, bei denen es keine Razzien gab, und nicht auf dem Weg zu den Skihängen an einem Kontrollpunkt aufgehalten zu werden.

Das allmähliche Nachlassen der Schikanen sorgte für eine Wiederbelebung der öffentlichen Kultur in Teheran. Überall in der Stadt schossen Cafés wie Pilze aus dem Boden, in den Parks fanden Konzerte statt, und neue Galerien wurden eröffnet, in denen regelmäßig Ausstellungen zu sehen waren. Das Internet verband junge Leute durch Chatrooms und Webblogs, und eine Weile lang schien es so, als seien die meisten jungen Teheraner durch Network Sites wie orkut.com miteinander verbunden. Obwohl noch immer eine dicke Smogschicht über der Stadt hing, obwohl Paramilitärs auf Motorrädern freitags morgens noch immer die jungen Leute einschüchterten, die in die Berge fuhren, obwohl wir noch immer von gelegentlichen Razzien bei Partys oder in Cafés hörten, war die Stadt, so wie eine junge Frau von zweiundzwanzig sie erlebte, dennoch ein pulsierenderer und toleranterer Ort als das Teheran der frühen Neunzigerjahre.

All dies änderte jedoch nichts daran, dass unsere Wissenschaftler auch weiterhin ins Ausland abwanderten. Für hunderttausende von Hochschulabsolventen gab es weiterhin nur äußerst geringe Chancen auf dem Arbeitsmarkt und nur wenig Aussicht auf eine Karriere. Ehrgeizige junge Leute glaubten noch immer, dass der Westen ihnen eine erfüllendere und einträglichere Zukunft zu bieten habe, und verließen in Scharen das Land. In jenem Jahr stand auch Negar vor der Entscheidung, ob sie die Graduate School in Kanada besuchen sollte.

Wochenlang diskutierten wir diese Entscheidung, saßen am Esstisch, den Anrufbeantworter eingeschaltet, und setzten uns mit der Möglichkeit auseinander, dass unsere Familie, deren Bande selbst für iranische Verhältnisse sehr eng waren, durch Kontinente voneinander getrennt sein könnte, womöglich für immer. Wenn Negar im Iran blieb und einen Job fand, würde sie wie die meisten jungen Iraner feststellen, dass ihr Gehalt nicht einmal die Hälfte der Miete für eine bescheidene Wohnung abdeckte. Sie konnte hier studieren und ihren Doktor machen, doch die Ausbildung, die sie erhielt, würde sich kaum mit der an den Hochschulen des Westens vergleichen lassen. Außerdem musste man im Iran, um promovieren zu können, wie bei so vielen anderen Dingen, Beziehungen haben, und ich fürchtete, dass die staatlichen Universitäten Negars Bewerbung ablehnen würden, weil sie meine Tochter war.

Wenn es allein um die Frage gegangen wäre, in welchem Land meine Tochter die beste Ausbildung als Elektroingenieurin würde genießen können, wäre die Sache weitaus einfacher gewesen. Aber es gab so viel anderes, worüber ich mir Sorgen machte. Natürlich wollte ich, dass Negar in beruflicher Hinsicht ihr Potenzial voll ausschöpfte. Ich wusste aber auch, dass sie sich, wenn sie einmal die Freiheit und die Annehmlichkeiten des Lebens im Westen kennen gelernt hatte, sicher fragen würde, ob sie je wieder im Iran würde leben können. Für eine intelligente junge Frau Ende zwanzig – so alt würde sie nach Beendigung der Graduate School sein – würde es schwierig sein, sich die Chance entgehen zu lassen, nach all den Ausbildungsjahren endlich in einer der schönsten Städte der Welt in einer wettbewerbsorientierten Umgebung zu arbeiten. Ich wusste, dass nicht Montreals Straßencafés und Sommer-Jazzfestivals sie dort halten würden. Es würde die Chance sein, in einer Atmosphäre zu arbeiten, in der ihr Beitrag respektiert wurde, in der sie von ihren Kollegen lernte. Wie verführerisch würde es für sie sein, dachte ich, morgens aufzuwachen, ein adrettes Kostüm anzuziehen, ohne Schleier eine belebte Straße entlangzugehen und sich als Teil einer dynamischen, lebendigen Kultur zu fühlen. Wie sollte sie sich das nicht wün-

248

schen? Wie sollte ich ihr das nicht wünschen, meiner Tochter, die das letzte Jahrzehnt über ihre Hausaufgaben gebeugt verbracht hatte, die eindeutig eine hervorragende Studentin war und das Lernen liebte?

Ich gab mir große Mühe, nicht an mich selbst zu denken, als ich Negar erklärte, dass es auch Rückschläge geben würde. Ich wollte sie nicht entmutigen, denn es ist für eine junge Frau schwer genug, eine solche Entscheidung zu treffen. Sie sollte jedoch wissen, dass das Leben im Ausland zwar ihre berufliche Entwicklung fördern, im privaten Bereich aber Probleme mit sich bringen würde. Abgesehen von der anfänglichen Einsamkeit und dem wiederkehrenden Gefühl der Entfremdung, würde Negar sich in einer Stadt wieder finden, in der nur wenige Iraner lebten. Sie würde ihre Zwanziger, die Jahre, in denen man normalerweise viele gleichgesinnte Freunde und Kollegen kennen lernt und im Idealfall unter ihnen einen Partner auswählt, in einem kleinen Kreis mit einer nur geringen Auswahl an Heiratskandidaten verbringen. In Teheran wären da zumindest mehrere Kreise.

Schließlich beschlossen wir, dass sie gehen sollte. Als die Entscheidung gefallen war, verdrängte ich meine Zweifel und erinnerte uns alle immer wieder daran, dass es keine Trennung für immer war. Am Abend ihrer Abreise, einem milden Spätsommerabend, holte ich den Koran und hielt ihn unter dem Türrahmen hoch, damit Negar auf ihrem Weg nach draußen dreimal darunter hergehen konnte. Es war ein Abschiedsritual, das wir seit der Revolution viel zu oft für unsere Lieben vollzogen haben. Javad und ich fuhren Negar zum Flughafen. Wir nahmen die Schnellstraße Richtung Süden, vorbei an den alles überragenden Wandgemälden mit den bärtigen, finsteren Kriegsmärtyrern und den Reklametafeln, die für die palästinensische Intifada warben.

Wir bogen in die von Bäumen gesäumte, vierspurige Allee zum Flughafen ein, fuhren vorbei an dem Terminal, der Pilgern auf ihrem Hadsch nach Mekka vorbehalten war, und parkten beim vertrauten grauen Hauptgebäude des Flughafens Mehrabad, dem Schauplatz so vieler schmerzlicher Abschiede in diesen langen Jahren. Bald würde die Regierung ihren neuen internationalen Flughafen Imam Khomeini am Rande von Saveh, einer Stadt südlich von Teheran eröffnen, aber im Moment reisten wir noch immer vom Mehrabad ab, dem veralteten, aber geschichtsträchtigen Flughafen am Südrand der Stadt.

Auf dem kleinen Parkplatz drängten sich mit Taschen oder Blumensträußen beladene Familien auf der Suche nach verrosteten, klapprigen Kofferkulis. Mullahs in ihren Roben und mit Turbanen schritten ebenso an uns vorbei wie Männer in eleganten Geschäftsanzügen, Frauen in schwarzen Tschadors und Frauen mit hohen Absätzen und hauchdünnen Schleiern.

Ich begleitete Negar zur Sicherheitskontrolle für Frauen und legte mir meine Abschiedsworte zurecht, während eine ernste Frau in einem schwarzen Tschador Negars Ticket überprüfte, hinter ihrem Rücken zwei große Porträts der Ayatollahs.

»Ich hoffe nur, dass du zurückkommst, wenn du fertig bist«, flüsterte ich. »Es ist nicht wirklich wichtig, wie viel du verdienst. Du lebst nicht auf großem Fuß, und wir können dir helfen. Ich will nur, dass du dir einer Sache ganz sicher bist. Ich weiß, dass es hier nicht immer einfach ist«, sagte ich und warf einen Blick auf die verdrießliche Frau in dem Tschador und auf die Porträts der Geistlichen an der Wand, »aber du sollst wissen, dass du dich in einem Land, in dem du zu Hause bist, wohler fühlen wirst.«

Ich spürte einen Kloß im Hals, setzte das auf, was Negar mein »ernstes Gesicht« nennt, schob sie durch den Sicherheitsvorhang und floh.

In der ersten Woche war ihre Abwesenheit am schwersten zu ertragen. Ich bin normalerweise nicht nostalgisch und schon gar nicht so gefühlsduselig wie die iranischen Mütter, die ständig in der Vergangenheit ihrer Kinder leben. Doch in jener Woche erinnerten mich ganz normale Gerüche oder Geräusche an Negars Teenagerzeit. An den Sommer, in dem sie für die Aufnahmeprüfung ins College paukte und absolute Ruhe verlangte. Damals zwang sie Javad und mich, uns die Radionachrichten im Badezimmer anzuhören. An das düstere Jahr, in dem überall im Land Intellektuelle tot aufgefunden wurden und sie mit einem listigen Lächeln in mein Arbeitszimmer geschlichen kam und den Agatha-Christie-Roman *Zehn kleine Negerlein* schwenkte. An den Abend vor ihrer Abschlussfeier, an dem sie die Fäuste in die Hüften stemmte und sagte: »Komm mir morgen nicht damit, dass Soundso in den Hungerstreik getreten ist oder dass gerade irgendwer ins Gefängnis gesteckt wurde. Du sollst nämlich *kommen.*«

Glücklicherweise nahm mich zu der Zeit, als Negar wegging, meine Arbeit stärker in Anspruch als je zuvor. Es war das Jahr 2003, drei Jahre, nachdem die Reformer mit einem Erdrutschsieg den Majlis, das iranische Parlament, erobert hatten, unter ihnen vierzehn fortschrittliche weibliche Parlamentsabgeordnete. Es war das erste Mal seit der Revolution, dass das Verhältnis von Frauen und Männern im iranischen Parlament ähnlich war wie in europäischen Ländern. Doch in jenen drei Jahren hatten die Frauen keinen Platz zum Sitzen – sie hatten buchstäblich keine Stühle. Wenn sie es schon geschafft hatten, sich ins Parlament der Islamischen Republik wählen zu lassen, dann sollte man meinen, sie seien auch dazu in der Lage gewesen, für Stühle zu sorgen.

Oder sich zumindest öffentlich darüber zu beschweren, dass sie keine hatten. Sie taten nichts von beidem, und ich fand das Ganze nur durch Zufall heraus.

Damals bat mich eine der Parlamentsabgeordneten, einen Entwurf zum Familienrecht auszuarbeiten. »Schreiben Sie etwas, das den Frauen zu mehr Rechten verhilft, aber so, dass es sich mit dem Islam vereinbaren lässt«, sagte sie, »damit wir es im Plenarsaal verteidigen können.« Ich erklärte mich dazu bereit, und eines Nachmittags lud mich die Frauenfraktion zum Mittagessen ins Parlamentsgebäude ein, damit wir meinen Entwurf besprechen konnten. Ich fuhr ins Zentrum zu dem alten Gebäude auf dem Sepah Boulevard und parkte nicht weit entfernt von seiner Steinfassade. Erfreut stellte ich beim Mittagessen fest, dass das Essen in der Cafeteria des Majlis weder überkandidelt, noch allzu einfach gehalten war. Zu lange war das Mittagessen im Iran einer Aussage über den Status gleichgekommen: Unter dem Schah symbolisierten mittägliche Ausflüge zu Restaurants in Paris den Gipfel der Genusssucht. In den Anfängen der Revolution waren Mittagessen außergewöhnlich lieblos und wie aus der Kantine, um den Sieg des muslimischen Proletariats zu betonen. Das jetzige Mittagessen war einfach ein normales Mittagessen – was nach jahrzehntelangen, bedeutungsgeladenen Mahlzeiten eine Errungenschaft war.

Nach dem Tee zogen wir uns in das Amtszimmer der Frauen zurück. Als wir uns dem Flurende näherten, stellte ich beunruhigt fest, dass ihr Amtszimmer keine Tür hatte, sondern nur einen Vorhang. Wir betraten einen leeren Raum, dessen Boden mit einem maschinengewebten Teppich bedeckt war. Ich suchte nach einer anderen Tür, einer, die in den Raum führte, in dem sie saßen und arbeiteten. Aber sie legten ihre Sachen auf den Boden und nahmen im Schneidersitz Platz.

»Wieso gibt es hier keine Stühle?«, fragte ich. »Warum gibt es hier nicht einmal einen Kopierer? Das ist schließlich das *Parlament*!«

»Nun ja, wir haben schon oft um einen Kopierer gebeten«, sagte eine der Abgeordneten, »aber man hat uns gesagt, bei der geringen Anzahl von Frauen sei eine eigene Büroausstattung für uns nicht zu rechtfertigen. Wir dürfen natürlich die Büros der Männer benutzen, aber wir sind lieber hier, weil es normalerweise so heiß ist. Hier können wir zumindest den Tschador ausziehen und bekommen ein bisschen Luft.«

Das war der Moment, der mir das Herz schwer machte. Wir befanden uns im Parlament, genau in den Räumen, in denen diese Frauen Gesetze erlassen und die Bedingungen für Abermillionen Frauen verändern sollten, und sie hatten sich nicht einmal einen Tisch beschaffen können. Welche gesellschaftlichen Veränderungen würden sie herbeiführen können, wenn sie innerhalb dieser Institution derart wenig erreichten? Es war so heiß und unsere *roopooshs* und Tschadors so schwer, dass wir sie auszogen und es uns auf dem Teppich bequem machten. Eine der Abgeordneten streckte sich aus und machte ein Nickerchen.

»Ich denke, meine Lösung wird Ihnen gefallen«, begann ich. Ich erklärte den Gesetzesentwurf, der alles enthielt, was uns hinsichtlich des Scheidungsrechts wichtig war, und auf eine Weise in die Scharia, das islamische Recht, eingebettet war, dass er sich voll und ganz rechtfertigen ließ. Die Abgeordneten waren begeistert. »Wunderbar«, sagte eine von ihnen, »aber behalten Sie es einstweilen noch für sich, dass Sie diesen Entwurf verfasst haben. Nicht alle im Parlament sind Reformer. Es gibt auch einflussreiche Fundamentalisten, und wenn die herausfinden, dass dieses Gesetz von Ihnen stammt, könnte es allein deswegen dem Untergang geweiht sein.«

Zwei Monte später wurde die Gesetzesvorlage, noch bevor darüber im Majlis abgestimmt werden konnte, bereits in den verschiedenen Parlamentsausschüssen abgelehnt. Die weiblichen Abgeordneten hatten die Ausschüsse nicht davon überzeugen können, dass der Entwurf mit dem islamischen Recht übereinstimmte, und baten mich, zu kommen und dies nachzuweisen. Als ich am folgenden Nachmittag ins Parlamentsgebäude kam, waren dort ungefähr zwanzig Abgeordnete, die meisten von ihnen Turban tragende Geistliche; lediglich zwei Frauen waren anwesend.

Im wichtigsten Abschnitt der Gesetzesvorlage ging es um das Scheidungsrecht. Gemäß der zu dieser Zeit geltenden Interpretation des Islam konnte ein Mann sich problemlos von seiner Frau scheiden lassen; im Grunde genommen brauchte er nur unter einem Baum oder in der örtlichen *kabab*-Bude auszurufen »Ich lasse mich von dir scheiden! Ich lasse mich von dir scheiden! Ich lasse mich von dir scheiden!«, und damit war die Sache erledigt. Für eine Frau hingegen war es nahezu unmöglich, sich scheiden zu lassen; allein um den Prozess einzuleiten, brauchte sie die schriftliche Erlaubnis ihres Mannes, und sie musste nachweisen, dass dieser geisteskrank, unfruchtbar oder auf andere Weise eheuntauglich war.

Das klassische islamische Recht, die Scharia, war in Bezug auf die Scheidung nicht in jedem Fall so starr, doch die Verfasser des iranischen Strafgesetzbuches hatten sich für die strengste Auslegung entschieden. So kann sich zum Beispiel einer Lehrmeinung zufolge eine Frau, die auf ihre *mehrieh* (Unterhaltsabfindung) verzichtet, aus dem einfachen Grund von ihrem Mann scheiden lassen, dass sie ihn nicht mag. Damit soll der Frau die Möglichkeit gegeben werden, aus der Ehe auszusteigen. Der Preis, den sie hierfür zahlt, ist der Verzicht auf die *mehrieh*, die ihr im Fall mangelnder Ehetauglichkeit oder einer einvernehmlichen Scheidung zustünde. Das geltende iranische Gesetz verlangte jedoch bei einer Scheidung aus Gründen der Abneigung gegenüber dem Ehepartner neben dem Verzicht auf eine Unterhaltsabfindung *zusätzlich* die Zustimmung des Mannes. Das erschwerte einer Frau neben den finanziellen Nachteilen die Scheidung noch mehr.

Ich hatte mich beim Verfassen des Entwurfs stundenlang mit alten Gesetzesbüchern beschäftigt. Das islamische Gesetz war über Jahrhunderte weitergegeben und studiert worden, und diejenigen, die es anwendeten – Seminaristen, Juristen und Anwälte –, zogen alte Texte als Quellen zurate. Im Verlauf der Jahrhunderte hatten islamische Rechtsgelehrte fast alle Situationen, in die Männer und Frauen bei ihrem Zusammenleben auf dieser Erde geraten könnten, vorausgesehen, und zu jeder dieser Situationen die Position der Scharia skizziert. Sie hatten sich vorgestellt, dass sich eine Frau in manchen Fällen nicht von ihrem Mann scheiden lassen wollte, weil er unfruchtbar, geisteskrank oder gewalttätig war, sondern einfach *weil sie ihn nicht mochte*, und sie hatten einen Weg gefunden, der ihr dies ermöglichte. Beim Entwurf des Gesetzes hatte ich jede einzelne Bestimmung, die ich vorschlug, aus den alten Texten hergeleitet.

Als ich das Gesetz vor dem Ausschuss verteidigte, raffte der herrische, traditionsorientierte Geistliche, der neben mir saß, seine Robe zusammen und fragte: »Warum haben Sie geschrieben, die Zustimmung des Mannes zu einer Scheidung sei nicht erforderlich?«

»Weil sie nicht erforderlich ist«, sagte ich. »Und ich werde es Ihnen beweisen.« Ich zog das *Shahr-e Lomeh*, das schiitische Lehrbuch der Rechtswissenschaft, aus meiner Tasche. »Das ist das Buch, das man im Seminar studiert und über dessen Inhalt man geprüft wird, wenn man ein Mullah wird«, sagte ich. »In diesem Buch steht an keiner Stelle geschrieben, dass die Zustimmung des

Mannes zur Scheidung erforderlich ist. Warum also bestehen Sie darauf?«

Er sagte kein Wort, ließ sich jedoch einen Saaldiener kommen.

Einen Moment später tippte mir ein zweiter Saaldiener auf die Schulter: »Da ist ein Anruf für Sie.« Ich war überrascht. Wenn ich mich richtig erinnerte, hatte ich niemandem davon erzählt, dass ich an diesem Nachmittag im Parlament sein würde. In der Annahme, dass es sich vielleicht um einen Notfall in der Familie handelte, eilte ich hinaus.

»Wo ist das Telefon?«, fragte ich den Saaldiener draußen auf dem Gang.

»Es hat überhaupt niemand angerufen. Aber wir haben genug von Ihnen gehört, und man will jetzt über den Entwurf abstimmen. Und in der Zeit darf niemand anderes anwesend sein.«

»Kann ich wenigstens meine Tasche und meine Unterlagen holen?«

»Nein, bleiben Sie hier. Ich werde sie für Sie holen.«

Bevor er davoneilte, fiel mir ein, dass sich eine Vertreterin der Gerichtsbehörde noch im Raum aufhielt. »Wieso darf sie dabeibleiben und ich nicht?«, fragte ich ihn.

Der Saaldiener räusperte sich verlegen. »Nun, sie ist von der Gerichtsbehörde. Das ist etwas anderes.«

Wollen die da drin vielleicht gar nicht über den Entwurf abstimmen, fragte ich mich, sondern haben mich gerade rausgeworfen? Sind sie tatsächlich so unverschämt, mich von einer Debatte auszuschließen?

An jenem Abend rief mich eine der Abgeordneten zu Hause an. »Es tut mir *so* Leid«, sagte sie. »Eine halbe Stunde lang war uns überhaupt nicht klar, dass man Sie rausgeworfen hatte. Als wir dann begriffen, was passiert war, haben wir protestiert. Auf jeden Fall möchten wir uns bei Ihnen entschuldigen.«

Das Gesetz wurde letzten Endes nicht verabschiedet. Ich begriff nicht, warum die Frauenfraktion es nicht zu einem früheren Zeitpunkt der Legislaturperiode vorgeschlagen hatte, um volle zwei Jahre Zeit zu haben, es durchzukämpfen. Womöglich beeinträchtigte der fehlende Tisch oder der fehlende Kopierer ihre Fähigkeit, Gesetze zu erlassen. Wer weiß. Jener Nachmittag im Majlis zeigte, wie die Hardliner in der Regierung bei ihrem Umgang mit mir jegliche Vernunft fahren ließen. Manchmal legten sie mir kleine Hindernisse in den Weg und warfen mich aus einer Parlamentssitzung. Bei anderen Gelegenheiten drohten sie mir offen und hofften, meine Angst würde mich zwingen, aufzugeben.

Vor allem an folgende Situation kann ich mich noch gut erinnern: Man warnte mich davor, einen Fall zu übernehmen, der zufälligerweise den Ehemann einer sehr engen Freundin betraf – Siamak Pourzand, einen Journalisten, der mit Mehrangiz Kar verheiratet war, einer Anwaltskollegin und seit vielen Jahre meine Vertraute. Ende 2001 wurde der 71-jährige Pourzand aufgrund vager Anschuldigungen verhaftet, die man später folgendermaßen zusammenfasste: Er hatte »Verbindungen zu Monarchisten und Konterrevolutionären«, er »spionierte und untergrub die Sicherheit des Staates« und er »raubte jungen Menschen ihre Illusionen«. Damals schwand die Toleranz des Systems gegenüber der unabhängigen Presse von Tag zu Tag mehr, und beim Freitagsgebet hatte ein prominenter Ayatollah verkündet, ein Agent der US-Regierung sei mit einem Koffer voller Bargeld im Iran gelandet, das an die Journalisten der Reformpresse verteilt werden solle. Seine Rede war Ausdruck des erneuten Versuchs, unabhängige Journalisten zu diskreditieren, und Pourzand, dessen Tochter im Ausland offen die monarchistische Opposition unterstützte, eignete sich gut als erste Zielscheibe.

Während er in Haft saß, sendete das staatliche Fernsehen ein Interview, bei dem ein dünnerer und unnatürlich klingender Pourzand »gestand«, mit der iranischen Opposition im Exil zusammenzuarbeiten. Dann ließ man mehrere Journalisten und Aktivisten zum Hauptquartier der Sicherheitsbehörden kommen, wo man sie in die Mangel nahm, weil Pourzand sie angeblich belastet hatte. Auch ich wurde, wie man mir sagte, aus diesem Grund vorgeladen. Der Vernehmungsbeamte fragte mich, mit wem ich mich treffe, wenn ich ins Ausland reise; auch seine weiteren Fragen zielten darauf auf, mich in die Falle zu locken, die Namen politisch fragwürdiger Bekannter preiszugeben.

Als ich ein paar Tage zuvor gegen Mitternacht mit meinen Töchtern nach Hause gekommen war, hatten uns zwei herumlungernde fremde Männer in unserer Straße angesprochen, sie hielten ein paar verwelkte Blumenstängel in der Hand. Sie wollten rechtlichen Rat, gaben sie an, und verschwanden auch nicht, als ich sie bat, mich während der Bürozeiten anzurufen. Genau in diesem Moment waren etwas weiter oben in der Straße die Gäste einer Hochzeitsfeier zu ihren Autos unterwegs; die Männer warfen mit den Blumenstängeln nach mir und rannten dann schnell weg. Ich hatte ihr merkwürdiges Verhalten und ihr plötzliches Verschwinden als vereitelten Anschlag auf mein Leben verstanden und darüber auch in jener Nacht mit einer Freundin am Telefon gesprochen.

Dass mein Telefon abgehört wurde, stand eindeutig fest, denn nun erinnerte der Vernehmungsbeamte an jenen Abend und unterstellte mir, Angst vor Mordanschlägen zu verbreiten, um dem Ruf des Landes zu schaden. Sie hätten die Nase voll von mir, fügte er hinzu. Wenn ich meine Arbeit fortsetzte, würde man mich der Spionage beschuldigen und meinen Namen mit Pourzands Akte in Verbindung bringen. »Und dann werden Sie mit dem Rücken an der Wand stehen, und zwar abgesegnet von Recht und Gesetz«, warnte er mich in Unheil verkündendem Ton. Er meinte damit nichts anderes, als dass ich einem Exekutionskommando gegenüberstehen würde.

Aufgrund der heftigen Kritik internationaler Menschenrechtsorganisationen an der Regierung durfte Pourzand einige Monate später das Gefängnis für zwei Monate verlassen. Als er erneut eingesperrt war, rief er mich an und fragte, warum ich ihn nie im Gefängnis besuche. »Ich darf Sie nicht besuchen«, erklärte ich ihm, »es sei denn, Sie wären mein Mandant.« In der Zwischenzeit hatte seine Frau einen Parlamentsausschuss ersucht, sich des Falls anzunehmen. Als deutlich wurde, dass dieser nichts unternahm, schaltete ich mich ein und wurde darüber informiert, dass es mehr schaden als nützen würde, seinen Fall aufzurollen. Pourzand blieb in Haft, und sein Gesundheitszustand verschlechterte sich.

Dies war also wieder einmal ein Versuch, mich so einzuschüchtern, dass ich meine juristische Arbeit aufgab. Der Vorfall zeigte, an wie vielen Fronten das System versuchte, Menschen wie mich, ob Journalisten oder Aktivisten, verletzbar zu machen. Wir wurden in die erfundenen Rechtsfälle anderer verwickelt und dann in den Arenen schachmatt gesetzt, die unsere eigenen Arbeitsbereiche betrafen.

Als ich diesem Geistlichen im Parlament gegenüber meinen Trumpf ausgespielt hatte – sein eigenes Seminar-Lehrbuch –, als er darauf rein gar nichts hatte antworten können, hatte er nicht nachgegeben, sondern auf Gewalt zurückgegriffen. Der Vorfall zeigte auch, wie schwierig es war, im theokratischen Iran über die Rechte der Frau zu verhandeln. Mein Gesetzentwurf basierte nicht auf der islamischen Lehrmeinung einer Randgruppe, sondern auf zentralen Texten, die in den theologischen Schulen der heiligen Stadt Qom gelehrt wurden. Dies machte deutlich, dass es auch innerhalb eines islamischen Herrschaftssystem möglich war, Frauen ein Grundrecht zu gewähren, vorausgesetzt, die Regierung war geneigt, den Glauben im Geiste der Gleichheit zu interpretieren.

Im Islam gibt es eine als *ijtihad* bekannte Tradition der rationalen Auslegung, die seit Jahrhunderten von Juristen und Geistlichen gepflegt wird, um die Bedeutung der Lehren des Korans sowie deren Anwendung auf moderne Vorstellungen und Situationen zu diskutieren. Im sunnitischen Islam, der den *ijtihad* ablehnt, wird dieser seit Jahrhunderten nicht mehr praktiziert, doch im schiitischen Islam sind der Prozess und der Geist des *ijtihad* lebendig. *Ijtihad* ist ein wesentliches Element des islamischen Rechts, weil es sich bei der Scharia eher um eine Sammlung von Grundsätzen als um kodifizierte Normen handelt. Gelangt man durch den Prozess des *ijtihad* zu einer Entscheidung oder bestimmten Meinung, so bedeutet dies, dass ein Jurist eine bestimmte Frage (ob zum Beispiel eine Frau im 20. Jahrhundert wegen Ehebruchs gesteinigt werden sollte) durch die Anwendung von Vernunft und durch Deduktion bewertet und die mit dieser Frage zusammenhängenden Interessen nach Prioritäten ordnet.

Während der ersten Jahre nach der Revolution entschied Ayatollah Khomeini trotz der strengen Einstellung der führenden Geistlichen, dass die nationalen Medien Musik senden durften. Er kam zu dem Schluss, dass die jungen Leute sonst vom westlichen Radio geködert würden und dies letztendlich schädlicher für die Islamische Republik wäre. Durch den Prozess des *ijtihad* also gelangte er zu der Einsicht, dass eine Praxis aus dem siebten Jahrhundert für die Gegenwart ungeeignet sei.

Einerseits zwingt der *ijtihad* das islamische Recht zu Flexibilität und schafft Raum, um islamische Werte und Traditionen an unser Leben in der modernen Welt anzupassen. Doch genau diese Flexibilität macht es andererseits schwer, den *ijtihad,* und die islamische Rechtswissenschaft insgesamt, als Fundament unveräußerlicher, allgemein gültiger Rechte zu betrachten. Der *ijtihad* befreit uns, weil er es uns ermöglicht, die Lehren des Korans immer und immer wieder neu auszulegen; das bedeutet aber auch, dass die Geistlichen die Allgemeine Erklärung der Menschenrechte mit nach Hause nehmen und jahrhundertelang über sie diskutieren können. Es bedeutet, dass sich immer wieder ein Einwand finden lässt. Es bedeutet, dass patriarchalische Männer und mächtige autoritäre Regime, die im Namen des Islam unterdrücken, den *ijtihad* dazu benutzen können, den Islam gemäß der ihren Vorstellungen und ihrem politischen Programm entsprechenden rückschrittlichen und unversöhnlichen Weise zu interpretieren.

Wie die Geschichte mit dem Mullah zeigte, der seinen Saaldiener herbeizitierte und mich des Sitzungssaals verwies, kann man auf die Vernunft der Menschen beim Kampf um die Rechte der Frau oft keineswegs zählen, und es handelt sich auch keineswegs immer um einen fairen Kampf. Damit soll nicht gesagt werden, der Islam und die Gleichberechtigung der Frau seien miteinander unvereinbar. Es heißt aber, dass in einer Theokratie, die sich auf den Islam beruft, die Religion wie durch ein Kaleidoskop gebrochen wird, sodass sich die Interpretationen ständig verändern und vermischen und der Standpunkt des Mächtigsten vorherrscht.

Die Erfahrungen der iranischen Reformbewegung – die Amtszeit Khatamis und die kurze Periode eines reformorientierten Parlaments –, machten die Schwierigkeiten mehr als deutlich, unter einem theokratischen Regime Reformen durchzuführen. Ende der Neunzigerjahre, ja sogar noch nach der Jahrtausendwende, drehten sich die Debatten in den politischen Kreisen des Iran um Reformen. Fortschrittliche Geistliche sowie populäre Intellektuelle und Philosophen umrissen ihre Vision einer islamischen Reformation und zeigten auf, wie die Islamische Republik von innen heraus demokratisiert werden könnte. Doch das Scheitern der Reformbewegung stellte die Bedeutung der ganzen Debatte infrage. Was nützte ein reformistischer, toleranter Islam, wenn die theokratische Verfassung der Islamischen Republik und die mächtige alte Garde, die diese verteidigte, ihre Interpretation als von Gott sanktioniert und unumstößlich betrachtete?

Der mutige Journalist Akbar Ganji, in jüngster Zeit der wichtigste politische Gefangene des Landes, entwickelte, während er die Haftstrafe für seine Kritik am Regime absaß, einen Lösungsvorschlag. Ich habe Ganji schon an früherer Stelle erwähnt, denn es waren seine Zeitungsartikel, in denen eine Verbindung zwischen den in den Neunzigerjahren an Dissidenten verübten Morden und ranghöheren Beamten des Regimes hergestellt wurde. Wenn in der Islamischen Republik Tabus fielen, dann deswegen, weil Leute wie er alles geopfert hatten – ihre Gesundheit, ihre Karriere und ihre Familie. Im Jahr 2000 wurde Ganji für seine Artikel zu sechs Jahren Gefängnis verurteilt. Im Evin schrieb er dann das Buch A Manifesto for Republicanism, in dem er für die völlige Trennung von Religion und Staat eintrat und den obersten geistlichen Führer aufrief, zurückzutreten. Sein Manifest sorgte – was sicher Ganjis Absicht gewesen war – in der Islamischen Republik für Furore. Zum ersten Mal hatte ein prominenter Dissident, ein gläubiger Muslim und zudem ein ehemaliger Revolutionär, dafür plädiert, das islamische System durch eine weltliche Demokratie zu ersetzen.

Ganji schrieb, den meisten Iranern mangele es nicht an einem demokratischen Bewusstsein; sie zögerten allerdings, den Preis für die Demokratie zu zahlen. Er riet zu zivilem Ungehorsam oder wenigstens einer Strategie des »Nicht-Kooperierens mit dem Despoten«.

Ich begegnete Ganji gelegentlich im Evin, wenn ich dort meine Mandanten besuchte. Eines Nachmittags fragte ich ihn: »Warum ist über Sie und Ihre Arbeit nichts in der Presse zu lesen?« Das war mir völlig unverständlich, denn in Fällen wie dem seinen bestand die Aufgabe des verteidigenden Anwalts neben der Anwaltstätigkeit vor allem in der Pressearbeit. »Die Leute vergessen Sie langsam«, fügte ich hinzu.

»Ich habe einen schlechten Anwalt gewählt«, sagte er. »Die Behörden haben mir zu verstehen gegeben, das Gericht würde meine Haftstrafe verkürzen, wenn ich mich von ihm vertreten lasse. In drei Jahren hat er mich kein einziges Mal im Gefängnis besucht. Einmal habe ich ihn im Gefängnishof gesehen, doch er wandte sich ab und tat so, als würde er mich nicht bemerken. Was soll ich tun? Ich sitze hier fest.«

Ich bot ihm sofort an, seinen Fall zu übernehmen, und er begann zu strahlen. Doch als ich seine Akte in die Hand bekam, gab es nicht mehr viel, was ich für ihn tun konnte. Die Behörde schloss mich vom Besuchsrecht aus, obwohl ich seine Anwältin war und uns das Gesetz folglich Besuche zugestand. Das Urteil war endgültig, und die Richterschaft verspürte keinerlei Neigung, gegenüber jemandem, der vor seiner Verhaftung für einen Skandal von historischer Größenordnung gesorgt und dann von seiner Zelle aus das Ende des islamischen Systems gefordert hatte, auch nur einen Fingerbreit nachzugeben. Im letzten Jahr seiner Haftstrafe trat Ganji, vielleicht weil er vermutete, dass man die Strafe verlängern würde, in den Hungerstreik und verlangte seine nicht an Bedingungen geknüpfte Entlassung aus dem Gefängnis. Es war letzten Endes ein Machtspiel mit den Hardlinern unter den

Geistlichen, entscheidend war, wer als Erster nachgeben würde. Tage und Wochen vergingen, und Ganji nahm ein Kilo nach dem anderen ab. Als die Ärzte nach fünfzig Tagen warnten, Ganji würde einen irreparablen Hirnschaden davontragen, brach er den Hungerstreik ab.

Ich erwähne Akbar Ganji deswegen, weil sein Kampf ein Beispiel für die Veränderungen ist, die im Iran stattfinden. Als er in den Hungerstreik trat, arbeitete die Presse schon nicht mehr in der Atmosphäre relativer Freiheit und Unabhängigkeit, von der die Reform-Ära anfänglich, das heißt im Jahr 1999, geprägt war. Viele Iraner hatten, wie ich feststellte, nichts von Ganjis Hungerstreik erfahren, doch sein Manifest war in Umlauf. Der Unterschied zwischen heute und dem Iran des Jahres 1979 ist der, dass die Informationstechnologie und das Internet eine absolute Nachrichtensperre unmöglich gemacht haben. Als ich im Fernsehen die im Krankenhaus aufgenommenen Bilder von Ganjis ausgezehrtem Körper sah, hatte ich den Gedanken, dass erst zukünftige Generationen sein Opfer zu schätzen wissen würden.

An einem milden Juniabend im Jahr 2003 versammelten sich über tausend Studenten auf dem Gelände einer Universität in Ost-Teheran und zündeten Kerzen für ihre Kommilitonen an, die bei den Protesten an diesem Tag verletzt worden waren. »Khatami, mit deinem Schweigen billigst du diese Morde«, skandierten sie, während sie über den Campus marschierten und den Rücktritt des Präsidenten forderten.

Fünf Tage zuvor hatten Studenten einer anderen Teheraner Universität eine Demonstration durchgeführt, bei der es angeblich um die Erhöhung der Studiengebühren ging. Unter diesem Vorwand hatten die Studenten schon während meiner Collegezeit gegen die Regierung demonstriert. Studenten anderer Universitäten hörten von der Demonstration und organisierten ihre eigene. Schnell gewannen die vereinzelten Proteste an Dynamik und entwickelten sich zu einer anhaltenden Unruhewelle. Immer mehr Studenten schlossen sich den Protesten an und forderten das Ende des islamischen Systems. In den vergangenen Jahren hatten Studentenproteste dieser Art wie schüchtern anberaumte Treffen gewirkt, bei denen man Redefreiheit, die Freilassung politischer Gefangener und Gesetzesänderungen forderte. Dieses Mal waren die Studenten mit Rucksäcken voller Steine bewaffnet und forderten eine Änderung des Systems. Die jugendliche Hoffnung, die die Reformbewegung gekennzeichnet hatte, war Verzweiflung und nackter Wut gewichen.

Am sechsten Tag der Unruhen, die überall in Teheran ein Chaos ausgelöst hatten, stationierten die Behörden, entschlossen, die Kontrolle über die Straßen wiederzuerlangen, gegen Abend überall in der Stadt ihre Sicherheitskräfte. Unter dem silbernen Licht eines beinahe vollen Mondes errichteten die Mitglieder islamischer Selbstschutzgruppen, bärtig und mit über die Hose hängenden Hemden, Kontrollpunkte um die Plätze herum, patrouillierten Sicherheitskräfte in Zivil an Straßenecken und sperrten Polizeiwagen die Straßen ab, die zu den Universitäten führen. Wenn man zufällig nach Mitternacht durch die Stadt gefahren wäre, hätte man geglaubt, in Teheran sei der Krieg ausgebrochen. Auf den Schnellstraßen fuhren lange Kolonnen von Militärlastwagen und Polizeifahrzeugen, als seien sie zu einer Schlacht unterwegs.

Das System schlug die Proteste mit der ihm eigenen Brutalität nieder, die jedoch diesmal noch dadurch verschärft wurde, dass die Regierung glaubte, die Amerikaner würden den Angriff auf ihre Autorität unterstützen. »Zum ersten Mal sprechen sich die

Menschen für einen freien Iran aus, und das halte ich für positiv«, hatte Präsident Bush zu Reportern gesagt. Es erzürnte das islamische System immer, wenn Amerika öffentlich prodemokratische Phänomene im Iran – ob es um einen Einzelnen, um einen Trend oder um eine Demonstration ging – guthieß, und normalerweise führte dies zu einem noch härteren Vorgehen. Das war dieses Mal nicht anders.

Das staatliche Fernsehen zeigte Bilder verhafteter Demonstranten, die mit blauen Flecken und finsterem Blick vor der Kamera saßen und ihren Überzeugungen abschworen. Studentenvereinigungen veröffentlichten die Namen der schätzungsweise viertausend Studenten, die seit dem Beginn der Proteste vermisst wurden. Freunde und Familienangehörige vermisster Verhafteter marschierten zu dem Ort in Teheran, zu dem man geht, wenn jemand während einer Demonstration verschwindet: zum Evin. Nach größeren Unruhen stehen immer etliche Eltern vor dem Gefängnis und warten auf Nachrichten von ihren Kindern. Dieser Anblick ist ergreifend und eindrucksvoll – Mütter in ihren schwarzen Tschadors, die vor dem am Fuß der Berge gelegenen Gefängnis verzweifelt auf dem Randstein sitzen.

Da Fotojournalisten eine Geschichte nicht ohne Bilder erzählen können, fuhr die iranisch-kanadische Fotografin Zahra Kazemi am 23. Juni zum Gefängnis, um Fotos zu machen. Mit ihrem gültigen, von der Regierung ausgestellten Presseausweis, so glaubte sie, könne sie dies problemlos tun. Als ein Gefängniswärter sah, dass sie Fotos machte, forderte er sie nicht auf, damit aufzuhören, sondern verlangte, dass sie ihm die Kamera aushändigte. Aus Angst davor, dass die Familien, von denen sie bereits Fotos gemacht hatte, schikaniert werden könnten, zückte sie zunächst ihren Presseausweis und zog dann den Film ans Licht. Wütend brüllte der Wärter sie an: »Ich habe Sie nicht darum gebeten, den Film herauszuholen. Ich habe Sie aufgefordert, mir Ihre Kamera zu geben.«

»Sie können die Kamera haben«, antwortete sie, »aber der Film gehört mir.« Zahra Kazemi wurde verhaftet und drei Tage lang von Polizeibeamten, Vernehmungsbeamten und Sicherheitsbeamten verhört.

An einem jener Nachmittage kam eine Freundin zu mir ins Büro und berichtete, dass Ziba, wie Zahra Kazemi von ihren Freunden genannt wurde, verhaftet worden sei. »Ihre Familie weiß nichts davon«, sagte sie, »und ich habe Angst, Kontakt mit der kanadischen Botschaft aufzunehmen, weil man sie bei ihrer Verhaftung als Spionin beschimpft hat. Was, wenn sie rauskriegen, dass ich mit der Botschaft Kontakt aufgenommen habe und mich dann ebenfalls der Spionage beschuldigen?«

»Ruf die Botschaft einfach von einem öffentlichen Telefon aus an und nenn deinen Namen nicht«, sagte ich. »Die müssen davon erfahren.«

Vier Tage später wurde Ziba in ein Teheraner Krankenhaus eingeliefert. Die Zeitungen brachten Geschichten über die Festnahme einer iranisch-kanadischen Fotografin und nannten sie eine Spionin, die als Journalistin getarnt in den Iran gekommen sei. Erst eine Woche später erfuhren ihre Verwandten, dass sie nicht länger in Haft war, sondern auf einer von Sicherheitsbeamten bewachten Station im Koma lag. Nach einer weiteren Woche starb sie.

Nachdem man Zibas Tod bekannt gemacht hatte, kam es zu einer hässlichen Kontroverse, an der die Hardliner unter den Richtern, die Regierung Präsident Khatamis und die Regierung Kanadas beteiligt waren. Ziba Kazemi hatte sowohl die kanadische als auch die iranische Staatsbürgerschaft, und Kanada drängte nun die iranische Regierung, ihren Leichnam nach Montreal zu überführen und ihre Mörder zu bestrafen. Zunächst behauptete die iranische Regierung, Ziba habe während der Verhöre einen Schlaganfall bekommen, eine wenig überzeugende Geschichte. Später hieß es, die Fotojournalistin sei gefallen und habe sich den Kopf aufgeschlagen. Erst als Mohammad Ali Abtahi, der Vizepräsident des Iran, zugab, ihr Tod sei die Folge von Schlägen, die man ihr zugefügt habe, wurde den Hardlinern bewusst, wie schwierig es sein würde, die wahre Todesursache zu vertuschen. Sie schienen in der Tat nicht auf die immer lauter werdende Missbilligung in der gesamten Welt gefasst zu sein.

Nicht lange nachdem die Zeitungen Zibas Tod bekannt gegeben hatten und das System begann, sich hinsichtlich der Todesursachen zu widersprechen, rief mich eine andere ihrer Freundinnen an und fragte, ob sie mich zusammen mit Zibas Mutter aufsuchen könne. Eines späten Nachmittags kamen sie dann in mein Büro und erzählten mir beim Tee ihre Geschichten.

Zibas Freundin sagte, in ihrem Haus, in dem Ziba zur Zeit ihrer Festnahme gewohnt habe, seien zweimal Sicherheitsbeamte aufgetaucht. »Sie fragten mich immer wieder nach ihrem ›Gesundheitszustand‹ und den Medikamenten, die sie täglich nehmen müsse. Als ich sagte, sie sei nie krank gewesen, verlangten sie, ihre Sachen zu sehen. Ich führte sie ins Badezimmer, wo sie ihre Toilettenartikel inspizierten. Sie stürzten sich dann auf eine Flasche mit Multivitaminen und auf ein kleines Päckchen Kalzium. ›Sehen Sie‹, triumphierten sie und fuchtelten damit in der Luft herum, ›wir haben Ihnen doch gesagt, dass sie krank ist.‹ – ›Das sind Vitamine‹, erwiderte ich. ›Die nehmen auch gesunde Leute.‹ Erst später wurde mir klar, dass sie behaupten wollten, Ziba sei bereits krank gewesen; ihre Krankheit habe sich nur im Gefängnis verschlimmert.«

Zibas Mutter, eine zerbrechliche, ältere Dame, die nur dieses eine Kind gehabt hatte, hatte die weite Reise von Shiraz nach Teheran angetreten, um mit mir zu sprechen. Ihre Stimme zitterte, und sie hielt immer wieder inne, so als sei sie außer Atem.

»Sie haben mich in Shiraz angerufen«, sagte sie, »und mir gesagt: ›Zahra wurde festgenommen und ist im Gefängnis; Sie können sie besuchen, wenn Sie möchten.‹ Ich nahm noch am selben Abend einen Bus nach Teheran, um am nächsten Morgen beim Gefängnis zu sein. Als ich zum Verwaltungsbüro ging, ließen sie mich zwei oder drei Stunden warten. Von Zeit zu Zeit tauchte jemand auf und fragte: ›Welche Medikamente nimmt Ziba?‹ – ›Ich bin hier, um meine Tochter zu sehen‹, sagte ich. ›Hören Sie auf, mich auszufragen. Sie war völlig gesund. Was ist passiert, dass Sie mir solche Fragen stellen?‹«

»Bis vier Uhr nachmittags«, fuhr sie fort, »erhielt ich keine Antwort. Als sie sich schließlich anschickten, nach Hause zu gehen, sagte mir einer der Verwaltungsbeamten, Ziba sei krank und man habe sie ins Krankenhaus gebracht. Ich könne sie dort besuchen. Ich nahm ein Taxi und fuhr zum Krankenhaus. Als ich das Zimmer betrat, konnte ich nicht glauben, dass es meine Tochter war, die dort bewusstlos auf dem Bett lag, eine Sauerstoffmaske über dem Gesicht, angeschlossen an all diese blinkenden Maschinen. Ich trat an ihr Bett heran und hob vorsichtig ihr Hemd hoch, um zu sehen, was mit ihr passiert war. Ihre Brüste, ihre Arme, die Innenseite ihrer Oberschenkel waren übersät von Kratzern und Blutergüssen.

Am nächsten Tag besuchte ich sie wieder. Dieses Mal ließen sie mich nicht in ihr Zimmer, erlaubten mir aber, durch das Fenster hineinzusehen. Sie lag noch genauso da wie am Tag zuvor. Da wusste ich, dass sie nur durch Maschinen am Leben gehalten wurde. Ich wusste, dass ich mein einziges Kind verloren hatte.

Während sie noch im Koma lag, drängte mein Enkel in Kanada mich, ihren Leichnam dorthin überführen zu lassen. Als ich den Justizbehörden und dem Informationsministerium mitteilte, dass dies die Entscheidung der Familie sei, bestanden sie auf einer Beerdigung im Iran. Sie drohten mir. Sie sagten, sie würden Zibas Freunde ein Leben lang schikanieren, wenn wir diese Entscheidung nicht akzeptierten. Ich war beunruhigt und verwirrt und machte mir Sorgen, was passieren würde, wenn ich dagegenhielt. Also stimmte ich zu. Nur wenige Stunden, nachdem Ziba schließlich gestorben war, wurde ihr Leichnam nach Shiraz geflogen, um dort beerdigt zu werden.«

Als Zibas Mutter innehielt, um einen Schluck Tee zu trinken, und ich mir vorstellte, wie sie ganz allein mit diesen Einschüchterungsversuchen hatte fertig werden müssen, wurde mir das Herz schwer. Sie konnte weder lesen noch schreiben, noch war sie sehr mobil. Als dann ein vom Gericht ernannter Anwalt aus Teheran, ein Schönredner, an ihre Tür in Shiraz geklopft und sie gebeten hatte, eine Vollmacht zu unterschreiben, damit er Zibas Mörder aufspüren könne, hatte sie sich damit einverstanden erklärt. Sie hatte die Papiere unterschrieben, ohne sie zu lesen. Als sie später am Abend einem Verwandten eine Kopie zeigte, erfuhr sie erst, dass sie nicht nur das Recht, einen Prozess anzustrengen, sondern auch das Recht, den Nachlass zu regeln, überschrieben hatte. Ihre Verwandten rieten ihr, sich einen vernünftigen Anwalt zu suchen. Deswegen war sie zu mir gekommen.

»Ich kann es mir nicht leisten, Sie zu bezahlen«, sagte sie zögernd. »Das ist schon in Ordnung«, versicherte ich ihr schnell. »Ich würde sowieso kein Geld von Ihnen annehmen. Aber lassen Sie uns zur Sache kommen.« Ich schrieb sofort in ihrem Namen einen Brief an das Gericht und erklärte die mit dem vom Gericht ernannten Anwalt getroffene Übereinkunft für null und nichtig. Dann bereiteten wir uns auf den Prozess vor, der in der folgenden Woche beginnen sollte.

Am ersten Prozesstag blieb ich zu Hause und bat Zibas Mutter, meinem Beispiel zu folgen. Das Gericht sollte nicht erfahren, dass ich Zibas Mutter vertrat, da nach iranischem Recht am ersten Prozesstag entschieden würde, ob der Prozess öffentlich oder nichtöffentlich sein sollte. Ich wusste, dass man sich sofort für einen nichtöffentlichen Prozess entscheiden würde, wenn ich dort auftauchte. Zibas Mutter schickte von Shiraz aus einen Brief, in dem sie schrieb: »Gott ist mein Anwalt.« Während der Eröffnungssitzung dachte sich der Gerichtsvorsitzende, dass es, da es keinen Anwalt gab und Zibas Mutter sich nicht einmal die Mühe gemacht hatte, aus Shiraz anzureisen, ein Zeichen des guten Willens sei, wenn man den Prozess für öffentlich erklärte. Meine kleine List hatte funktioniert, denn das Gericht konnte seine Entscheidung nicht rückgängig machen.

Bevor ich zehn Tage später wie geplant nach Paris reiste – die Reise, während der ich erfuhr, dass mir der Nobelpreis verliehen werden sollte –, setzte ich mich noch mit Zibas Mutter zusammen, um unsere Strategie vor Gericht zu besprechen. Ziba war nicht die Erste, die in einem iranischen Gefängnis gestorben war, aber zum ersten Mal hatte ein derartiger Fall internationales Aufsehen erregt. Ich vertrat Zibas Familie, weil ich der Welt zeigen wollte, was in iranischen Gefängnissen geschah, und damit hoffentlich verhindern konnte, dass sich eine derartige Brutalität wiederholte.

Der Prozessverlauf entsprach nicht unseren Erwartungen. Der Richter erklärte, es sei unmöglich, den Beamten zu identifizieren, der Ziba den tödlichen Schlag versetzt hatte.

Zibas Mutter hatte mir zu unserem Treffen Zitronen aus Shiraz mitgebracht, deren Duft sich in meinem Büro ausbreitete, so wie der Duft der Orangenblüten von Shiraz im Frühling die Luft erfüllt.

Der Nobelpreis

Im September 2003 wurde ich zu einem Seminar über die Stadt Teheran nach Paris eingeladen. Die iranische Botschaft in Frankreich protestierte anfänglich gegen meine Teilnahme, da meine Überzeugungen der offiziellen Position der iranischen Regierung widersprachen. Das System schien zu glauben, selbst im Ausland kontrollieren zu können, was über den Iran gesagt oder gedacht wurde, und betrachtete Ansichten, die seinen eigenen zuwiderliefen, als unzulässig. Die Botschaft drohte, für das Seminar bestimmte iranische Filme und Kunstwerke nicht außer Landes zu lassen, falls ich tatsächlich teilnehmen würde. Die Stadt Paris, die das Seminar organisierte, bestand jedoch auf meiner Teilnahme, und die iranische Regierung gab schließlich nach.

Ich nahm meine jüngere Tochter Nargess mit nach Paris, und zwischen Seminar-Vorführungen von Filmen wie *SOS Tehran* zeigte ich ihr die Stadt und genoss ihre Begeisterung über den Eiffelturm und den Louvre, die Champs-Elysées und die großartige Architektur der Stadt. Wir wohnten bis zur letzten Nacht unseres Aufenthaltes in einem Hotel. Dann wurden wir von Dr. Abdol-Karim Lahiji, einem alten Freund von mir, den ich vor der Revolution im Justizministerium kennen gelernt hatte, eingeladen. Unser Besuch neigte sich allzu schnell dem Ende zu und am nächsten Morgen packten wir unsere Koffer, damit Dr. Lahijis Frau uns zum Flughafen bringen konnte. Ehrlich gesagt hatte ich einige

Zeit zuvor gehört, mein Name habe irgendwann auf der Liste der Kandidaten für den Friedensnobelpreis gestanden. Dann hatte jedoch eine iranische Zeitung berichtet, dass man ihn gestrichen habe, sodass ich nicht mehr viel über die Angelegenheit nachgedacht hatte und während des Aufenthalts in Paris weder den Fernseher noch das Radio einschaltete.

Am Freitagmorgen verabschiedete sich Dr. Lahiji von uns, bevor er zur Arbeit ging; als wir gerade unsere Koffer zur Tür schleppten, klingelte das Telefon. Der Anruf war für mich. Ich ging also zurück in die Küche und griff nach dem Hörer. Der Mann am anderen Ende der Leitung sagte, er rufe im Namen des Friedensnobelpreiskomitees an. Er bat mich, wegen einer sehr wichtigen Nachricht in der Nähe des Telefons zu bleiben. Da ich annahm, einer meiner Freunde spiele mir einen Streich, legte ich den Hörer ungeduldig auf. Zehn Minuten später erhielt ich einen weiteren Anruf. Erneut bat man mich, in der Nähe zu bleiben. Ich erklärte, dass ich zum Flughafen müsse, doch der Anrufer sagte, die Nachricht sei wirklich äußerst wichtig. Als ihm klar wurde, dass ich ihm nicht glaubte und nahe daran war, erneut aufzulegen, reichte er das Telefon an jemand anderen weiter. Jetzt wurde mir erklärt, ich gehöre zu den Kandidaten für den Preis und möge doch bitte noch ein paar Minuten warten. Dann hörte ich wie jemand sagte, ich hätte den Friedensnobelpreis gewonnen. Völlig fassungslos fragte ich mich, ob ich das Flugzeug zurück nach Teheran nehmen sollte oder nicht.

Von da an klingelte das Telefon ununterbrochen; ein Journalist nach dem anderen meldete sich. Ich rief Dr. Lahiji bei der Arbeit an und fragte ihn, ob er etwas über die Sache gehört habe. Ich stand quasi unter Schock und wusste nicht, was ich als Nächstes tun sollte. Dr. Lahiji schlug vor, ich solle meinen Flug verschieben, da sich schwer voraussagen lasse, wie die iranische Regierung reagieren würde. In Teheran, so meinte er, hätten die Reporter und Journalisten aus aller Welt keinen freien Zugang zu mir. Deswegen sei es besser, erst einmal hier zu bleiben. In zwei Stunden, sagte er, würde er eine Pressekonferenz für mich organisieren.

Der Raum war überfüllt mit Reportern, die mich schon mit Fragen bombardierten, noch bevor ich das Podium betreten hatte. Ihre Fragen prasselten nur so auf mich ein, und ich versuchte, so schnell und genau wie möglich zu antworten.

Auf der Pressekonferenz in Paris nach Erhalt des Friedensnobelpreises

Nachdem verkündet worden war, dass ich den Friedensnobelpreis gewonnen hatte, kam ein Abgesandter der iranischen Botschaft in Paris auf mich zu und informierte mich auf steife, förmliche Weise, dass der Botschafter mir seine Glückwünsche übersende. In der Botschaft ging man davon aus, dass ich mich direkt nach Erhalt des Preises in Schimpfreden gegen die Islamische Republik ergehen würde. Das lag mir jedoch fern und war auch früher nie meine Absicht gewesen. Nachdem sie bei der Pressekonferenz festgestellt hatten, dass meine Erklärungen so überlegt und höflich waren wie immer, schickte man zwei Leute von der Botschaft mit einem Koran als Geschenk herüber. Der Botschafter, so sagten sie, habe leider einen Termin und könne mir nicht persönlich gratulieren, würde jedoch gerne mit mir am Telefon sprechen. Sie stellten seinen Anruf durch, und wir sprachen kurz miteinander.

Als die Pressekonferenz vorüber war und ich einen Moment zur Ruhe kam, fiel mir plötzlich ein, dass ich meine Mutter anrufen und ihr erklären musste, dass ich erst einen Tag später nach Teheran zurückkommen würde. Abends rief mein Bruder aus Teheran an und erzählte mir, dass mich bei meiner Ankunft ein Begrüßungskomitee erwarten würde. Offensichtlich war man sich jedoch nicht sicher, in welchem Teil des Flughafens man mich empfangen sollte, und ich bestand darauf, nicht durch den VIP-Empfangsbereich der Regierung geführt zu werden. Ein paar Mitglieder des Empfangskomitees waren der Meinung, dass es besser sei, wenn ich warten würde, bis man einen angemessenen Empfang am Flughafen auf die Beine gestellt hätte, und den Menschen Zeit gäbe, aus den Provinzen nach Teheran zu kommen. Andere meinten, wir müssten den Moment nutzen und ich müsse rechtzeitig nach Teheran zurückkommen, um mit den Iranern zu feiern, solange die Nachricht noch ganz neu sei. Ich persönlich empfand die unaufhörlichen Interviews und den Trubel als ermüdend und wollte trotz des Durcheinanders nach Hause.

Am Flughafen drängten sich am nächsten Tag zahlreiche Menschen, die mir Glück wünschen und Auf Wiedersehen sagen wollten. Dr. Lahiji und ich verabschiedeten uns in einem Konferenzraum, den die Botschaft reserviert hatte. Im Flugzeug kam der iranische Flugkapitän auf mich zu, gratulierte mir und führte Nargess und mich dann in die erste Klasse. Schon bald überbrachte die Stewardess mir die Glückwünsche anderer Fluggäste. Als sie mit immer neuen Glückwunschbriefchen kam, beschloss ich, durch das Flugzeug zu gehen und den Menschen die Hand zu schütteln. Sie gratulierten mir überschwänglich, nur zwei äußerst ernst dreinblickende Männer warnten mich, die Ehre derer, die Leib und Leben für das Volk und den Islam hingegeben hatten, nicht zu untergraben.

»Die Ehre der Märtyrer«, sagte ich, »ist so kostbar, dass sie nicht durch einen Einzelnen befleckt werden kann; seien Sie dessen versichert.«

Der Kapitän verkündete, er werde unsere Reise den Friedensflug nennen, und lud meine Tochter und mich ins Cockpit ein. Als wir dort hinkamen, drehte er dem Steuerpult den Rücken zu, um mit uns zu sprechen, und einen Moment lang befürchtete ich, das Flugzeug könne abstürzen. »Darf ich fragen, warum Sie nicht nach vorne schauen?«, sagte ich nervös. Er erklärte mir, dass der Autopilot eingeschaltet sei, und ich kam mir reichlich dumm vor.

Als wir zu unseren Plätzen zurückkehrten, lehnte ich mich in meinem Sitz zurück und hatte endlich einen Moment Zeit, darüber nachzudenken, was dieser Preis bedeutete. Meine Gedanken überstürzten sich: Unsere finanzschwache regierungsunabhängige Organisation konnte sich endlich Büromöbel leisten. Was würde die iranische Regierung denken? Wäre ich jetzt sicherer, irgendwie geschützt durch diesen Preis im Namen des Friedens? Oder würde er jene verärgern, die mir gegenüber so wenig Toleranz aufbrachten, die geplant hatten, mich umzubringen, als ich bei weitem noch nicht so bekannt war?

Als der Himmel draußen dunkler und es im Flugzeug ruhiger wurde, dachte ich über die tiefere Bedeutung des Preises nach. Nicht eine Sekunde lang hatte ich geglaubt, dass er für mich als Individuum bestimmt war. Bei einer Auszeichnung dieser Art konnte es nur um die Sache gehen, welcher der Betreffende sein Leben widmet, und um den Weg, dem er bei dem Streben nach einem höheren Ziel gefolgt war. Während der letzten dreiundzwanzig Jahre – von dem Tag an, an dem man mich meines Amtes als Richterin enthoben hatte, bis zu den Jahren meiner Tätigkeit in den Revolutionsgerichten Teherans – hatte ich eines immer wiederholt: Eine Interpretation des Islam, die sich mit den Prinzipien der Gleichheit und der Demokratie in Einklang befindet, ist ein authentischer Ausdruck des Glaubens. Nicht die Religion ist die Fessel der Frauen, sondern das selektive Diktat derer, die sie von der Welt abgeschlossen sehen wollen. Meine Arbeit basiert auf diesem Glauben und auf der Überzeugung, dass ein Wandel im Iran friedlich und von innen heraus herbeigeführt werden muss.

Für diese Einstellung bin ich die meiste Zeit meines Erwachsenenlebens angegriffen worden; ich wurde bedroht von denjenigen im Iran, die mich für meine Behauptung, der Islam könne zukunftsgerichtet sein, als Ketzerin brandmarken, und ich wurde im Ausland von Kritikern der Islamischen Republik verurteilt, deren Haltung nicht weniger dogmatisch ist. Im Lauf der Jahre habe ich alle möglichen Affronts und Angriffe hinnehmen und mir sagen lassen müssen, dass ich den wirklichen Geist der Demokratie wohl nicht verstanden hätte, wenn ich im gleichen Atemzug behaupten würde, dass Freiheit und Menschenrechte nicht notgedrungen im Widerspruch zum Islam stehen. Als die Erklärung des Nobelpreiskomitees verlesen wurde und ich hörte, dass neben meinem Kampf für die Rechte der Iraner auch ausdrücklich meine Religion erwähnt wurde, da wusste ich, was mit diesem Preis gewürdigt werden sollte: der Glaube an eine positive Interpretation des Islam und die Überzeugung, dass die Kraft dieses Glaubens den Iranern helfen wird, die auf friedliche Weise einen Wandel in ihrem Land herbeiführen wollen.

Als unter uns die funkelnden Lichter Teherans näher kamen und das Flugzeug den Landeflug begann, berührte meine Tochter mich leicht an der Schulter. Nach der Landung bat der Steward mich, als Erste auszusteigen, und begleitete mich zum Ausgang. Als sich die Tür öffnete, sah ich als Erstes das strahlende Gesicht meiner Mutter. Ich nahm ihre weichen, faltigen Hände in meine und presste sie an meine Lippen. Dann lehnte ich mich zurück, und erst in diesem Moment bemerkte ich die riesige Menschenmenge. Ayatollah Khomeinis Enkelin trat vor und legte mir einen Kranz aus zarten Orchideen um den Hals. Von allen Seiten drängten Menschen herbei, und ich legte schützend den Arm um die schmalen Schultern meiner Mutter und betrachtete die Sicherheitsbeamten, die nicht zu wissen schienen, was sie tun sollten. Das wäre ja noch schöner, dachte ich, wenn ich erst den Nobelpreis gewinne und dann von der Menge, die mich willkommen heißen will, erdrückt werde, und beschloss, der Polizei die Gelegenheit zu geben, einen Ring um uns zu bilden. Ich holte tief Luft und rief, so laut ich konnte, *Allahu akbar!* Alle, vom Flughafenpersonal bis zu den tausenden Umstehenden, erstarrten vor Überraschung. Genau in diesem Moment umringte die Polizei uns und geleitete uns in einen Warteraum.

Dort erwarteten mich der populäre Vizepräsident und der Regierungssprecher und begrüßten mich herzlich. Wir wechselten ein paar Worte und eilten dann hinüber zu einem provisorischen Gerüst, das man für meine Ankunft errichtet hatte, denn es ging bereits auf Mitternacht zu und draußen warteten, dem dumpfen Lärm der Menge nach zu urteilen, hunderttausende auf mich. Ich traute meinen Augen nicht, als man mich schließlich emporhob – ein Meer von Menschen, wohin ich auch blickte. Die Menge füllte nicht nur den Terminalbereich des Flughafens, sondern auch den großen Boulevard, der in die Stadt führt. Das letzte Mal waren 1979 so viele Menschen zum Teheraner Flughafen geströmt. Damals war Ayatollah Khomeini aus Paris angekommen. Doch dieses Mal konnte man an den vielen Kopftüchern sehen, dass die Menge hauptsächlich aus Frauen bestand. Einige trugen den schwarzen Tschador, doch die meisten Schleier leuchteten in hellen Farben, und die Gladiolen und weißen Rosen, die sie schwenkten, blitzten in der Dunkelheit der Nacht auf.

»Sie sind hierher gelaufen«, flüsterte mein Bruder mir ins Ohr. »Sie sind gefahren, bis die Straßen verstopft waren, haben ihre Autos stehen gelassen und sind zu Fuß gegangen. Alle Flüge wurden gestrichen, weil sämtliche Straßen zum Flughafen verstopft sind.«

Auf dem Flughafen in Teheran nach Erhalt des Friedensnobelpreises

Die meisten Menschen, die Shirin Ebadi auf dem Flughafen begrüßen, sind Frauen

In der Ferne stand eine Gruppe von Universitätsstudenten und sang *Yar-e Dabestani*, ein bittersüßes Volkslied, das zur Hymne der jungen prodemokratischen Bewegung geworden ist. Normalerweise singen sie es bei Treffen, um sich Mut zu machen, bevor sie von den Paramilitärs angegriffen werden, oder wann immer sie sich treffen, zwar voller Angst vor dem, was kommen wird, aber doch entschlossen genug, sich zu versammeln, was schon an sich ein Risiko ist. Die Melodie ist traurig, aber elektrisierend, und zum ersten Mal seit langer, langer Zeit spürte ich Hoffnung

Überreichung des Friedensnobelpreises

in mir aufkeimen, als sie zu der Zeile gelangten: »Wessen Hände, wenn nicht meine und deine, können diese Vorhänge zurückziehen?«

Ich hatte kein entsprechendes Mikrofon zur Verfügung, um zu einer so großen Menschenmenge zu sprechen. Deswegen entschuldigte ich mich, winkte und kletterte schließlich wieder vom Gerüst. Als wir schließlich zu unserem Auto kamen und langsam losfuhren, teilte die Menge sich, um uns durchzulassen. Am Fenster glitten die Gesichter an mir vorbei, hoffnungsvoll, ernst, stolz, aber vor allem so *lebendig*. In der Nähe des vom Schah im Süden von Teheran auf dem heutigen Freiheitsplatz errichteten Triumphbogens entdeckte ich eine Frau mit einem Kind an der Hand, ein behelfsmäßiges Plakat in der anderen Hand haltend. Es verschlug mir den Atem, denn auf dem Plakat stand einfach: »DAS ist der Iran.«

Nachwort

Auf meinem Schreibtisch in Teheran habe ich eine aus der Zeitung ausgeschnittene politische Karikatur, die ich bei der Arbeit gern in Sichtweite habe. Es handelt sich um die Abbildung einer Frau, die einen futuristischen Schutzhelm trägt, einen Stift in der Hand hält und sich über ein leeres Blatt Papier beugt. Sie erinnert mich an eine Erkenntnis, die ich im Laufe meines Lebens gewonnen habe und die über die Jahrhunderte hinweg die Geschichte der iranischen Frau prägt – dass das geschriebene Wort das machtvollste Werkzeug ist, um uns sowohl vor den Tyrannen von heute als auch vor unseren eigenen Traditionen zu schützen. Ob es sich um die Märchenerzählerin Scheherazade handelt, die ihre eigene Enthauptung dadurch abwenden konnte, dass sie sich tausendundeine Nacht lang Geschichten ausdachte, oder um Dichterinnen des letzten Jahrhunderts, die das in unserer Kultur vorherrschende Frauenbild durch ihre Verse infrage stellten, oder um Anwältinnen wie mich, die die Machtlosen vor Gericht verteidigen – iranische Frauen haben sich seit Jahrhunderten auf Worte verlassen, um die Wirklichkeit zu verändern.

Obwohl Worte friedliche Waffen sind, bin ich im Lauf der letzten fünfzehn Jahre während meines Kampfes für die Menschenrechte und die Opfer von Gewalttaten im Iran schikaniert, bedroht und inhaftiert worden. Ich hatte schon lange vor, einen Bericht über diese Jahre aus der Perspektive einer Frau zu schreiben, die von der islamischen Revolution ins Abseits gedrängt wurde, trotzdem im Iran blieb und für sich eine berufliche und politische Rolle in der bedrohlich erstarkenden Theokratie fand. Anhand meines eigenen Weges wollte ich zeigen, wie der Iran sich veränderte, weil sich Veränderungen in der Islamischen Republik so langsam und subtil vollziehen, dass man sie leicht übersieht. Wenn man an einer belebten Kreuzung der Hauptstadt steht oder der Predigt bei den Freitagsgebeten lauscht, kommt man nicht unbedingt auf die Idee, dass 63 Prozent der Studenten an iranischen Universitäten und 43 Prozent der Gehaltsempfänger des Landes Frauen sind. Ich wollte gerne ein Buch schreiben, das dazu beitragen würde, die in der westlichen Welt herrschenden Klischeevorstellungen vom Islam zu korrigieren, besonders die von der Muslimin als fügsames, hilfloses Wesen. Die in der Islamischen Republik herrschende Zensur hätte es unmöglich gemacht, dort eine ehrliche Darstellung meines Lebens zu veröffentlichen. Meine Arbeit bringt es mit sich, dass ich in Opposition zu unserem System stehe, und ich befürchte, dass ich niemals etwas im Iran werde veröffentlichen können, ohne meinen Helm abzunehmen.

Als ich 2003 den Friedensnobelpreis erhielt, glaubte ich, dass ich zumindest im Westen, in offenen Gesellschaften, die die Redefreiheit schützten, einen Bericht publizieren könnte, der die Klischeevorstellungen über muslimische Frauen korrigieren helfen würde. Ich war der Meinung, dass er einen Beitrag zu der lauter werdenden Diskussion über den Islam und den Westen leisten und eine breite Öffentlichkeit erreichen könnte. Er könnte nicht nur helfen, die Debatte über die islamische Kultur und ihre Auseinandersetzungen mit dem modernen Amerika zu gestalten, sondern auch eine Kommunikation zwischen den Vereinigten Staaten und dem Iran in Gang zu setzen, die ich angesichts des kalten Kriegs zwischen den beiden Staaten für dringender denn je halte. Ich nahm an, dass die Stimmen der Iraner, die sich nicht von ihrer Regierung und deren Diplomaten vertreten sehen, vor allem in Amerika willkommen sein würden.

Ich teilte meine Absicht, ein Buch zu schreiben, einem Universitätsprofessor in den USA mit, meinem guten Freund Dr. Muhammad Sahimi, und bat um seine Hilfe. Nachdem Dr. Sahimi mit verschiedenen Literaturagenten gesprochen hatte, stellte er mir eine Frau namens Wendy Strothman vor. Sie hatte zwei meiner Vorträge an US-amerikanischen Universitäten gehört und war fest davon überzeugt, dass meine Geschichte in Amerika auf große Resonanz stoßen würde. Das einzige Hindernis würde, wie ich zu meinem Entsetzen bei unserem ersten Gespräch im Mai 2004 erfuhr, die amerikanische Regierung darstellen. Die Vorschriften in den Vereinigten Staaten machten es praktisch unmöglich, meinen Bericht dort zu veröffentlichen.

Obwohl bundesstaatliche Gesetze vorschreiben, dass US-Handelsembargos den freien Informationsfluss nicht behindern dürfen, regulierte das Office of Foreign Assets Control (OFAC) des US-Finanzministeriums den Import von Büchern aus dem Iran und anderen mit einem Embargo belegten Ländern. Und obwohl das Einfuhrverbot den Informationsfluss zwischen den Nationen angeblich nicht vollständig blockierte, war dies dennoch der Fall, da es die Publizierung von »noch nicht fertig gestelltem und vorhandenem Material« verbot. Das bedeutete, dass ich meinen Bericht zwar in den Vereinigten Staaten veröffentlichen konnte, dass jedoch jeder amerikanische Literaturagent, Verleger oder Lektor, der mir dabei helfen würde, illegal handelte, und ebenso jeder Verleger, der für das Werk Werbung machte.

Zu Anfang hatte keine von uns eine Vorstellung davon, welch schwere Strafen auf Verstöße gegen diese Vorschriften stehen konnten. Wir erfuhren aber bald, dass Wendy im Fall einer Zuwiderhandlung mit einer hohen Geldstrafe belegt und möglicherweise sogar hätte inhaftiert werden können.

Im Iran zensiert das islamische System Bücher, errichtet Internet-Firewalls und verbietet das Satellitenfernsehen in dem Bemühen, den Iranern den Zugang zu Informationen aus der Außenwelt zu verwehren. Es war für mich unbegreiflich, dass die US-Regierung, die selbst ernannte Schützerin eines Lebens in Freiheit, zu regulieren versuchte, was Amerikaner lesen durften und was nicht, eine Methode, die man Zensur nennt, wenn sich ein autoritäres Regime ihrer bedient. Worin lag der Unterschied zwischen der Zensur im Iran und dieser Zensur in den Vereinigten Staaten?

Als die Verleger bei den Behörden wegen der Vorschriften auf eine Erklärung drängten, erklärte man diese als Teil der nationalen Sicherheitsvorkehrungen und beharrte darauf, dass es möglich sei, eine Ausnahmegenehmigung zu beantragen. Doch eins hat mich die Verteidigung der Opfer vor den Gerichten der Islamischen Republik gelehrt: dass nämlich ein Einzelfall selten die richtige Schlacht darstellt; ein Fall ist ein Symptom der Ungerechtigkeit, die das Gesetz selbst in sich birgt.

Als Friedensnobelpreisträgerin hatte ich die besten Aussichten, eine Ausnahmegenehmigung zu erhalten, weil ich im Iran für meinen Kampf um die Einhaltung der Menschenrechte im Gefängnis gesessen hatte und ein Verbot meines Berichts schwer zu erklären gewesen wäre. Doch mit einer solchen Genehmigung hätte ich nichts erreicht für die Vielzahl von Schriftstellern und Wissenschaftlern im Iran oder in anderen mit einem Embargo belegten Ländern, die von Zeitschriften und Verlagen aus Angst vor den Vorschriften des Finanzministeriums abgewiesen wurden. Die Vorschriften behinderten den intellektuellen Austausch auf dem Gebiet der Geistes- und Naturwissenschaften und hinderten die Wissenschaftler daran, gewonnene Erkenntnisse weiterzugeben – wie zum Beispiel solche aus der Erdbebenkatastrophe in Bam im Jahr 2003, bei der fast 30 000 Iraner ums Leben kamen.

Als lebenslange Verteidigerin der freien Meinungsäußerung konnte ich den Gedanken nicht ertragen, eine Regierungsgenehmigung zu beantragen, um mein Buch zu veröffentlichen. Ich wünschte keine Sonderbehandlung wegen meiner Prominenz und für mich ging es in diesem Fall rasch um etwas Grundsätzliches: um das Recht auf Redefreiheit, und das Recht und die Pflicht der amerikanischen Öffentlichkeit, Stimmen aus der ganzen Welt zu hören. Wendy sicherte mir jede Unterstützung beim Kampf gegen diese Vorschriften zu, und wir begannen, nach einem Rechtsbeistand zu suchen, der uns bei unseren Bemühungen unterstützen sollte. Nach einigen quälenden Monaten fanden wir Philip Lacovara, einen angesehenen Anwalt, der in der Watergate-Affäre vor dem Obersten Bundesgericht aufgetreten und Partner der Kanzlei Mayer, Brown, Rowe & Maw war, die uns anbot, unsere Klage gegen die US-Regierung als Pro-bono-Fall zu übernehmen.

Am 26. Oktober 2004 reichten Wendy und ich bei einem Bundesgericht in New York Klage gegen das Finanzministerium ein und schlossen uns damit einer Klage an, die im September von verschiedenen amerikanischen Organisationen erhoben worden war. Diese vertraten Verleger, Lektoren und Übersetzer. Unsere Klage focht die Gültigkeit der bestehenden Regelungen in Bezug auf den Import von »Informationsmaterial« aus mit einem Embargo belegten Ländern an und begründete dies damit, dass sie legale Rechte, die der Erste Zusatzartikel zur Verfassung der Vereinigten Staaten garantierte, verletzten.

In meiner Erklärung wies ich darauf hin, dass mit diesem Verbot eine wichtige Gelegenheit verpasst werde: Zum einen hinderte es die Amerikaner daran, von einer Vielzahl verschiedener Stimmen mehr über mein Land und seine Bewohner zu erfahren, zum anderen wurde damit die Chance vertan, zu einem besseren Verständnis zwischen unseren beiden Nationen zu gelangen.

Meines Erachtens zeigen die Vorschriften auch, wie verwickelt und gestört die Beziehungen zwischen den Vereinigten Staaten und dem Iran immer noch sind. Das Fehlen eines ehrlichen Austausches ist für beide Länder gefährlich. Es hat dazu geführt, dass beide traumatische Erlebnisse erleiden mussten, die in ihrer jüngeren Geschichte einzigartig sind: der Sturz einer demokratischen Regierung im Iran durch die CIA im Jahr 1953 und – als verspätete Antwort darauf – die Besetzung der US-Botschaft in Teheran im Jahr 1979. Es bekümmert mich, dass sich beide Länder trotz dieser belastenden Vorgeschichte weiterhin so verhalten, als sei ihr Schicksal nicht eng miteinander verwoben, als könnten sie vor den gegenseitigen Berührungspunkten die Augen verschließen.

Wie dem auch sei, die Vereinigten Staaten sind heute die alleinige Supermacht in der Welt, und der Iran ist das strategisch wichtigste Land in einer unruhigen, für die Interessen der Vereinigten Staaten enorm wichtigen Region. Daraus ergeben sich eine Reihe von Verwicklungen: Die Einflusssphäre des Iran reicht bis weit in den Irak hinein, wo Amerika mit einem unguten Gefühl das Chaos zu beherrschen versucht, und die neuen Führer der irakischen Regierung sind enge Freunde der Islamischen Republik. Und trotz der offiziellen Haltung ihrer Regierung bleiben die jungen Leute im Iran munter proamerikanisch eingestellt, die letzte Nische für dieses Gefühl inmitten eines aufgebrachten Mittleren Ostens. Der Iran und die USA wissen, dass sie strategische Interessen teilen; diese Erkenntnis versetzte sie in die Lage, ihre

Kräfte zu bündeln, um Afghanistans Zukunft nach dem Sturz der Taliban zu ordnen. Doch bei den gestörten Beziehungen spielen Ideologien und gegenseitiges Misstrauen ebenso eine Rolle wie die Realpolitik, weshalb der Austausch von Ideen – vor allem Zugang zu Kultur und Einstellungen des jeweils anderen über die offizielle Rhetorik hinaus – so dringend erforderlich ist.

Am 16. Dezember 2004 überarbeitete das Finanzministerium seine Vorschriften über die Publikation der Werke von Angehörigen der Staaten, die mit einem Embargo belegt waren. Ansonsten hätte es damit rechnen müssen, dass ein Bundesgericht sein Vorgehen als verfassungswidrig erklärt hätte. Zwei Monate später erklärte Präsident Bush in seiner Rede an die Nation dem iranischen Volk: »So wie Sie für Ihre Freiheit eintreten, so steht Amerika hinter Ihnen.« Man kann sich nur schwerlich vorstellen, dass der amerikanische Präsident diese Erklärung abgab, während gleichzeitig das Recht der Iraner, Berichte von ihrem Eintreten für die Freiheit in Amerika zu veröffentlichen, noch immer gefährdet war.

In der langen und von Gewalt geprägten Geschichte unserer beiden Länder ist die Überarbeitung der Vorschriften seitens des Finanzministeriums ein bescheidener Schritt, doch sein symbolischer Wert ist für mich sehr ermutigend. Ist es schließlich nicht bemerkenswert, dass eine iranische Frau, die in ihrem Heimatland lebt, dafür sorgen konnte, dass die Verfahrensrichtlinien der US-Regierung gerechter wurden? Dies war ein Sieg, den ich mit zurück in den Iran nahm und von dem ich häufig sprach, weil er wie ein Lehrstück war, das uns zeigte, was möglich war, wenn wir nach vorne blickten. Er erlaubte mir, einem politischen Gemeinplatz in der Rhetorik der Islamischen Republik zu widersprechen: dass Amerika nur die Sprache der Gewalt versteht. Kriegslust und eine Politik des äußersten Risikos haben uns dorthin gebracht, wo wir heute stehen, doch sie sind beiden Seiten in Fleisch und Blut übergegangen. Vielleicht werden wir viele Jahrzehnte benötigen, um das gewaltige Misstrauen abzubauen. Doch solch kleine Schritte erinnern uns daran, dass unsere Schicksale auf erfolgreiche Weise miteinander verflochten sein können, wenn wir uns des politischen Prozesses bedienen, um die Position des jeweils anderen zu verändern.

In Anbetracht der Kluft zwischen den Erwartungen des Westens an den Iran und der Neigung des iranischen Systems zu Kompromissen scheint es allzu optimistisch zu sein, so großen Wert auf den politischen Dialog zu legen. Ich konzentriere mich auf den politischen Prozess nicht deshalb, weil ich glaube, dass wir in naher Zukunft am Verhandlungstisch eine neue Beziehung zueinander gestalten werden, sondern weil ich keine anderen Möglichkeiten sehe. Es ist die Aufgabe des Iran, einen friedlichen Übergang zu einer demokratischen Regierung zu finden, die den Willen der Mehrheit der Iraner repräsentiert. Nach der noch nicht lange zurückliegenden Revolution und den darauf folgenden acht Jahren sind die Iraner der Gewalt und des Blutvergießens müde. Viele sind bereit, für ihre abweichende Meinung ins Gefängnis zu gehen oder ihr Leben zu riskieren, aber ich sehe den Iran heute nicht als ein Land, in dem die Menschen bereit sind, zu den Waffen zu greifen und sie gegen ihre Regierung zu richten.

Der Westen hat seinerseits die Möglichkeit, den Iran auf diplomatischem Weg zu einer Verhaltensänderung zu zwingen – von der Einhaltung der Menschenrechte innerhalb des Landes bis zur Natur seines Atomprogramms. Die Drohung, einen Wechsel der Regierungsform mit militärischer Gewalt herbeizuführen – wie es sich einige aus der westlichen Welt vorbehalten –, gefährdet nahezu alle Anstrengungen, die demokratisch gesinnte Iraner in diesen letzten Jahren unternommen haben. Die Androhung militärischer Gewalt liefert der Regierung einen Vorwand, scharf gegen ihre Opposition vorzugehen, und untergräbt die entstehende Zivilgesellschaft, die hier langsam Form annimmt. Sie lässt die Iraner über ihren Groll gegen das Regime hinwegsehen und sich aus verletztem Nationalstolz hinter ihre ungeliebten Führer stellen. Ich kann mir kein alarmierenderes Szenario denken, keinen gefährlicheren innenpolitischen Wechsel als einen, der vom Westen hervorgerufen wird, in dem Glauben, er könne dem Iran die Demokratie entweder durch militärische Stärke oder durch die Anstiftung zu einem gewaltsamen Aufstand bringen.

Von größter Bedeutung ist, dass der Westen die Respektierung der Menschenrechte im Iran im Brennpunkt des Interesses hält, weil das islamische System gezeigt hat, dass es für solche Kritik empfänglich ist. Die Islamische Republik wird vielleicht entschlossen an ihrem Recht auf Atomkraft festhalten, selbst um den Preis von Sanktionen durch die internationale Gemeinschaft. Doch ihre verständigeren Politiker verstehen die Verletzung der Menschenrechte als eine selbst zugefügte Wunde, die die Verhandlungsstärke des Iran schwächt. Wenn die geistlichen Machthaber statt einer auf dem Verhandlungsweg gefundenen Lösung einen militärischen Schlag am Horizont ausmachen, gibt es für sie keine Motivation, die Rechte ihrer Bürger zu schützen. Ich halte Druck durch das Ausland für nützlich, doch es muss die richtige Art von Druck sein, gezielt und zweckdienlich. Denn schließlich hat die iranische Revolution ihre eigene Opposition selbst produziert, nicht zuletzt eine Nation von gebildeten, selbstbewussten Frauen, die sich für ihre Rechte einsetzen. Ihnen muss die Chance gegeben werden, ihre eigenen Kämpfe auszufechten und ihr Land ungestört umzugestalten.

Die friedliche Umgestaltung des Iran fordert, wie ich seit langem weiß, doch in diesen Tagen deutlicher denn je spüre, ein sehr hohes Opfer. Dass Menschen wie ich oder wie die Dissidenten, die ich vertrete, auf ihrem Weg umkommen werden, ist schlichte Realität. Wir wissen das nur allzu gut, denn unzählige unserer Kollegen und Bekannten sind im Laufe dieser langen Jahre getötet worden.

Seit man mir den Nobelpreis verliehen hat, haben die Anschläge auf mein Leben zugenommen, und die iranische Regierung hat rund um die Uhr Bodyguards zu meinem Schutz abgestellt. Es versteht sich von selbst, dass dieses Arrangement bestenfalls ein unerfreuliches ist. Es gibt Zeiten, die gefährlicher scheinen als andere, Zeiten, in denen die politische Atmosphäre in Teheran so dicht, so greifbar wird, dass wir nur noch flüsternd miteinander sprechen, aus Angst vor der puren Luft. In diesen Zeiten legen mir einige meiner Freunde und Verwandten nahe, einige Zeit im Ausland zu verbringen. Doch was nütze ich im Ausland, frage ich mich. Kann die Art meiner Arbeit, die Rolle, die ich im Iran spiele, über die Kontinente hinweg weitergeführt werden? Natürlich nicht. Und so erinnere ich mich daran, dass mein größter Feind die eigene Angst ist; dass es unsere Angst ist, die Angst der Iraner, die sich eine andere Zukunft wünschen, die unseren Gegnern Macht verleiht.

Und doch gibt es Zeiten, zu denen ich innehalte und erwäge, mich zurückzuziehen. Ich denke daran, dass ich mich kaum an der Kindheit meiner Töchter erfreuen konnte. Natürlich war ich physisch anwesend, packte ihre Lunchpakete und fuhr sie zur Schule. Doch ich konzentrierte mich so stark darauf, alles zusammenzuhalten, in Gang zu halten, auf meine und ihre Gesundheit, meine Arbeit, meine Ängste zu achten, dass ich vergaß, mich an ihren schönsten Jahren einfach zu erfreuen. Jetzt, nachdem ich dies erkannt habe, sind sie erwachsen und aus dem Haus gegangen, also überlege ich, um meiner selbst willen, ein wenig kürzer zu treten. Ich mache mir keine Illusionen, dass ich mich ganz zurückziehen könnte, denn das würde bedeuten, dass der Iran sich geändert hätte und Menschen wie ich nicht länger gebraucht würden, um die Iraner vor ihrer Regierung zu schützen. Sollte ich diesen Tag noch erleben, werde ich mich zurücklehnen und aus der Abgeschiedenheit meines Gartens heraus den Bemühungen der nächsten Generation Beifall spenden. Kommt er nicht, werde ich weitermachen wie bisher, in der Hoffnung, dass immer mehr meiner iranischen Mitbürger mich dabei unterstützen.

Was ich in diesem Buch berichtet habe, sind meine persönlichen Erinnerungen an zahlreiche Fälle und Begebenheiten, soweit sie mein Leben betrafen. Es handelt sich weder um politische Memoiren noch habe ich den Versuch unternommen, eine politische Analyse anzubieten, wie und warum bestimmte Dinge sich ereigneten. Viele der Fälle, die ich beschreibe, verdienen eine viel eingehendere Betrachtung, als ihnen hier zugestanden wurde, und ich hoffe, dass ich in der Zukunft weitere Bücher dazu nutzen kann, sie unter einer mehr analytischen Perspektive zu untersuchen.

Danksagung

Ich möchte zunächst Abdol-Karim Lahiji für Jahre unentbehrlicher Beratung danken. Zutiefst dankbar bin ich auch meinem treuen Freund Muhammad Sahimi für all seine Ratschläge und seine Unterstützung bezüglich meiner Aktivitäten außerhalb des Iran. Mansour Farhan bin ich für Freundschaft und Ratschläge zu Dank verpflichtet. Die Rechtsanwälte Philip Lacovara, Anthony Diana und Ryan Farley der Kanzlei Mayer, Brown, Rowe & Maw ermöglichten dieses Buch, da sie unsere Klage gegen das US-Finanzministerium als Pro-bono-Fall übernommen haben. Ich danke meiner Agentin Wendy Strothman und ihrem Kollegen Dan O'Connell für ihre Anstrengungen, dieses Buch in Amerika bis zur Publikation zu begleiten. David Ebershoff bei Random House redigierte das Manuskript mit dem Talent eines Erzählers und der Genauigkeit eines Historikers. Sein Engagement, diese Geschichte dem amerikanischen Publikum nahe zu bringen, hat mich enorm inspiriert. Schließlich lässt sich die hohe Wertschätzung, die ich meiner Ko-Autorin Azadeh Moaveni entgegenbringe, mit Worten nicht ausdrücken. Sie hat ihr unglaubliches Talent und zahllose Stunden und Tage harter Arbeit darauf verwendet, um aus meinem ursprünglichen Rohentwurf die endgültige Version dieses Buches zu erstellen.

Quellen

Abrahamian, Ervand, *Tortured Confessions: Prisons and Public Recantations in Modern Iran*, Berkeley 1999.

Behbahani, Farhad, Persönliches Interview, 28. August 2005.

Boroujerdi, Mehrzad, *Iranian Intellectuals and the West: The Tormented Triumph of Nativism*, Syrakus 1996.

Forouhar, Parastou, Persönliches Interview, 15. August 2005.

Human Rights Watch, »No Exit: Human Rights Abuses Inside the Mojahedin Khalq Camps«, Mai 2005.

Kapuściński, Ryszard, *Shah of Shahs*, San Diego 1982.

Kar, Mehrangiz, »Prison's Revelations«, *Payam-e Emrooz*, 2. Februar 2001.

Lahiji, Shahla, »Evin Hotel is Further Down the Road«, *Payam-e Emrooz*, 2. Februar 2001.

Milani, Abbas, *The Persian Sphinx: Amir Abbas Hoveyda and the Riddle of the Iranian Revolution*, Washington, D.C., 2000.

Milani, Farzaneh, »Silencing a modern Scheherazade«, *Christian Science Monitor*, 17. November 2004.

Moghadam, Valentine, *Women, work, and ideology in post-revolutionary Iran*, East Lansing 1988.

Mottahedeh, Roy, *Der Mantel des Propheten oder das Leben eines persischen Mullahs zwischen Religion und Politik*, München 1988.

Rahnema, Ali, *An Islamic Utopian: A Political Biography of Ali Shariati*, London 2000.

Sahimi, Muhammad, Persönliches Interview, 24. Juli 2005.

Sciolino, Elaine, *Persian Mirrors: The Elusive Face of Iran*, New York 2000.

Wilson, George, »Navy Missile Downs Iranian Jetliner«, *Washington Post*, 4. Juli 1988: A1.

Wright, Robin, *The Last Great Revolution*, New York 2000.

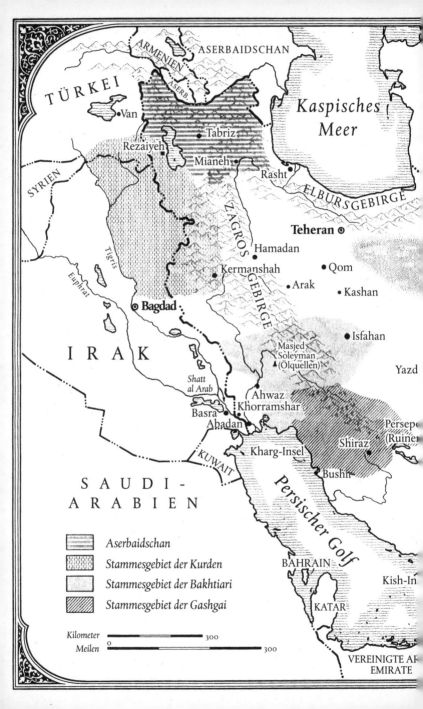

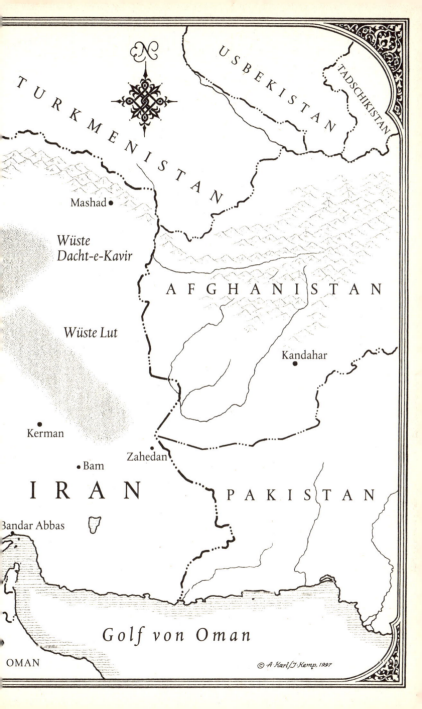

Urlaub bei den Mullahs

»Ein wunderbares Buch.« Süddeutsche Zeitung

Hier reinlesen!

Stephan Orth

Couchsurfing im Iran

Meine Reise hinter verschlossene Türen

Malik, 240 Seiten
Mit 48 Farbfotos, 30 Schwarz-Weiß-Abbildungen und einer Karte
€ 14,99 [D], € 15,50 [A]*
ISBN 978-3-89029-454-4

Es ist offiziell verboten. Trotzdem reist Stephan Orth als Couchsurfer kreuz und quer durch den Iran, schläft auf Dutzenden von Perserteppichen, erlebt irrwitzige Abenteuer – und lernt dabei ein Land kennen, das so gar nicht zum Bild des Schurkenstaates passt. Denn die Iraner sind nicht nur Weltmeister in Sachen Gastfreundschaft, sondern auch darin, den Mullahs ein Schnippchen zu schlagen.

Ein mitreißend erzähltes Buch über die kleinen Freiheiten und großen Sehnsüchte der Iraner.

MALIK

Leseproben, E-Books und mehr unter www.malik.de

Die neue Streitschrift des bekannten Philosophen

Michael Schmidt-Salomon
Die Grenzen der Toleranz
Warum wir die offene Gesellschaft verteidigen müssen

Piper Taschenbuch, 176 Seiten
€ 10,00 [D], € 10,30 [A]*
ISBN 978-3-492-31031-4

Die offene Gesellschaft hat viele Feinde. Die einen streiten für »Allah«, die anderen für die Rettung des »christlichen Abendlandes«, letztlich aber verfolgen sie das gleiche Ziel: Sie wollen vormoderne Dogmen an die Stelle individueller Freiheitsrechte setzen. Welche Entwicklungen sollten wir begrüßen, welche mit aller Macht bekämpfen? Michael Schmidt-Salomon erklärt, warum grenzenlose Toleranz im Kampf gegen Demagogen auf beiden Seiten nicht hilft und wie wir die richtigen Maßnahmen ergreifen, um unsere Freiheit zu verteidigen.

Leseproben, E-Books und mehr unter www.piper.de

Von Asylsuchenden zu Vorzeigemigranten

Masoud Sadinam /
Milad Sadinam /
Mojtaba Sadinam
Unerwünscht
Drei Brüder aus dem Iran erzählen
ihre deutsche Geschichte

Piper Taschenbuch, 256 Seiten
€ 10,00 [D], € 10,30 [A]*
ISBN 978-3-492-30879-3

Die drei Brüder Mojtaba, Masoud und Milad wachsen als Kinder regimekritischer Eltern im Iran auf. Als ihre Mutter bei einer verbotenen Flugblattaktion auffliegt, müssen sie untertauchen. 1996 wagen sie die Flucht nach Deutschland, ohne Geld, ohne Papiere und ohne ein Wort Deutsch zu sprechen. Wie ihnen dennoch eine Integration gegen alle Widerstände gelingt, davon erzählen sie in diesem Buch. Es ist das Protokoll eines Flüchtlingsschicksals – vor allem aber eine so noch nicht gelesene Parabel über Brüderlichkeit, Mut und Menschlichkeit.

Leseproben, E-Books und mehr unter www.piper.de